21世纪国家级经济管理实验教学示范中心规划教材

企业经营仿真模拟实验系列教材

ERP实验教程

（第二版修订）

主　编　王学军

副主编　王　峰　马钦援

兰州大学出版社

图书在版编目(CIP)数据

ERP 实验教程/王学军主编. —兰州:兰州大学出版社,2011.8
(企业经营仿真模拟实验)
ISBN 978-7-311-03720-8

Ⅰ.①E… Ⅱ.①王… Ⅲ.①企业管理—计算机管理系统,ERP—高等学校—教材 Ⅳ.①F270.7

中国版本图书馆 CIP 数据核字(2011)第 163314 号

策划编辑 陈红升
责任编辑 陈红升 王曦莹
封面设计 刘 杰

书 名 ERP 实验教程(第二版修订)
作 者 王学军 主 编
王 峰 隋姗姗 马钦援 副主编
出版发行 兰州大学出版社 (地址:兰州市天水南路 222 号 730000)
电 话 0931-8912613(总编办公室) 0931-8617156(营销中心)
0931-8914298(读者服务部)
网 址 http://www.onbook.com.cn
电子信箱 press@lzu.edu.cn
印 刷 兰州人民印刷厂
开 本 710 mm×1020 mm 1/16
印 张 17.25
字 数 331 千
版 次 2012 年 6 月第 2 版
印 次 2016 年 1 月第 5 次印刷
书 号 ISBN 978-7-311-03720-8
定 价 35.00 元

前 言

ERP 是 Enterprise Resource Planning 的缩写，中文含义是企业资源计划。站在企业管理角度来看，它代表了当前在全球范围内应用最广泛、最有效的一种企业管理方法；同时，站在信息技术运用角度看，这种管理方法正是通过计算机系统而得到了体现，因此，ERP 也反映为企业管理软件系统。

在我国，为适应企业对管理人才的需求，ERP 的教学已成为高校管理类专业教学的主要内容。概括来看，ERP 的教学主要体现为两大方面：一方面，ERP 的基本原理与运行，属于理论教学课程；另一方面，ERP 实验教学，主要表现为物理沙盘和电子沙盘。本实验教程建立在电子沙盘基础上，根据 ERP 在实践过程中的运用情况，搭载相关 ERP 较为成熟的电脑软件，通过模拟企业经营方式让学生充分参与实际操作。仿真环境较为成熟，促进学生迅速了解和体会企业决策支持系统、供应链管理、生产运营管理、客户关系管理、资金运营管理、人力资源管理以及企业绩效管理等中心环节的运行。

本书的主要创新点在于：

1.本书以企业经营理念为体系，以 ERP 软件为工具，既不同于 ERP 原理和应用的教学，也不同于纯计算机软件的教学。而是将二者密切结合形成的新的实验教学系统。

2.运用企业广泛使用的最新的 ERP 软件作为核心体系，仿真模拟企业经营现实。

3.以 ERP 电子沙盘作为主要表现形式，便于实验课的推广和应用。

4.软件整体性强，数据逻辑体系严密；既适合体系教学，又可以选择性教学。

5.软件系统体系性强，步骤细腻清晰，便于学生理解掌握。

ERP 实验课程是一种较新的教学模式，我们认为：教师应在充分理解 ERP 的原理和应用的基础上，熟练掌握 ERP 主流软件的使用；学生应熟悉软件过程与步骤，把握各种数据的范围和数据之间的经济关系，达到熟练使用软件和分析经济业务能力的基本要求。

本书为“21 世纪国家级经济管理实验教学示范中心”《企业经营仿真模拟

实验》丛书系列教材之一。本书由兰州大学、兰州财经大学和三亚学院等单位的相关老师合作而成,内容分为理论篇、操作篇、应用篇和创业篇四部分,共十四章。其中,第一章、第二章由王学军教授(兰州财经大学)执笔;第三章、第四章由王峰(兰州财经大学)执笔;第五章由杨小通(兰州大学)执笔;第六章、第七章由马钦援(兰州财经大学)执笔;第八章、第九章、第十章由隋姗姗(三亚学院)执笔;第十一章、第十二章由谢强(兰州财经大学)执笔;第十三章、第十四章由许云斐(兰州财经大学)执笔;各章的实验及数据由刘治宏、王玉龙(兰州财经大学)提供。本书由王学军教授进行统纲及总纂。

本书是 ERP 实验教学的一种新尝试,很多方面处于摸索和探讨阶段,加之作者水平局限,疏漏之处难以避免,欢迎各位读者批判与指正。

编者

2016 年 1 月

目 录

理 论 篇

操 作 篇

应 用 篇

创 业 篇

理论篇

第一章 ERP的时代背景

1.1 什么是ERP

ERP是Enterprise Resource Planning(企业资源计划)的简称,是上个世纪90年代美国Gartner Group Inc咨询公司根据当时计算机信息、IT(Information Technology)技术发展及企业对供应链管理的需求,预测在今后信息时代企业管理信息系统的发展趋势和即将发生变革,而提出了这个概念。ERP是指建立在信息技术基础上,以系统化的管理思想,为企业决策层及员工提供决策运行手段的管理平台。ERP系统集中信息技术与先进的管理思想于一身,成为现代企业的运行模式,反映时代对企业合理调配资源,最大化地创造社会财富的要求,成为企业在信息时代生存、发展的基石。

ERP是针对物资资源管理、人力资源管理、资金资源管理、信息资源管理集成一体化管理的企业信息管理系统。从本质上来讲,ERP系统是一种集成管理模式,这种集成管理模式要求ERP系统作为其核心的支撑技术而出现。这种集成管理模式有时也被称为ERP管理模式,它具有自动化、理性化、精细化、规范化、标准化、知识化和集成化等特征。

1.2 ERP的时代背景

全球经济一体化进程的不断加快,IT技术的飞速发展,Internet/Intranet技术和电子商务的广泛应用,人类已从工业经济时代跨入了知识经济时代,企业所处的商业环境已经发生了根本性变化。随着竞争程度的加剧,企业的生存和发展遇到了前所未有的压力,出现了许多重大而很难解决的问题。

例如:生产计划已经安排好,突然接到了紧急订单,对客户订单的承诺也往往难以兑现,那么如何以相对稳定的计划和活动来应对多变的市场需求,就成为一项重要课题;

例如:传统观点认为,低成本和高质量是不可兼得的,在当今时代下,如何能够实现高质量的同时实现低成本的思考,又成为一项重要课题;

再例如:在企业内部,不同部门之间的资源配置及其平衡,经常会出现较大的冲突,如何站在企业战略高度去考虑企业各部门资源的合理配置和平衡,也成为一项重要课题。

以上这些难题在运用传统管理的模式和手段条件下,是很难得到合理解决的。这就要求企业用一种新的管理方式和管理工具来全面管理企业各种资源,使得企业在竞争激烈的市场中能快速反应、提升竞争力。当今,以计算机为工具,电子网络为平台,业务流程为核心的信息管理系统的产生和发展,为解决这些问题奠定了必要基础。因此 ERP 随之产生。

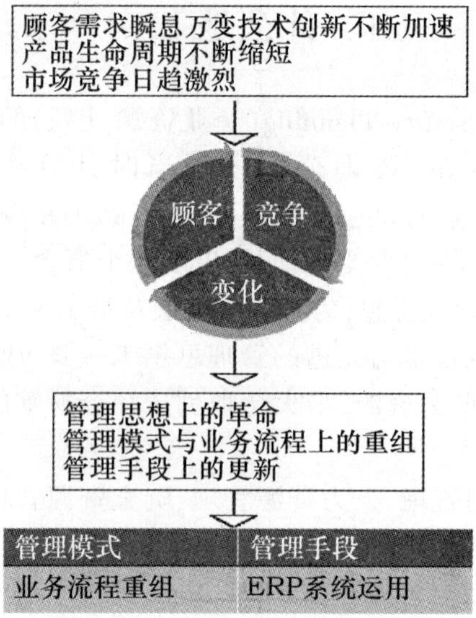

图 1-1 ERP 系统应用的时代背景图

1.3 ERP 能做什么

大量的 ERP 企业实践证明,ERP 更为显著的作用首先是给企业带来直接经济效益的提高,其次是管理的标准化、规范化,然后是行业竞争力的提高,同时 ERP 还对企业形象改善、管理思维提升、员工积极性的激励方面都有重要帮助作用。具体来说,ERP 对企业提高管理水平具有重要意义具体表现如下(表 1-1):

表 1-1 ERP 对企业提高管理水平具有重要意义

重要意义	具体内容
先进的信息系统平台	ERP 运用先进管理理念、思想、方法,借助信息技术、方法,建立一个高效统一的、集成的业务信息化平台,实现数据信息共享,提高集中管理水平。
规范基础管理	ERP 可以使企业明确采购、销售、库存、财务、生产计划业务等的岗位职责和各个工作流程。取代了大量的手工操作,优化了管理流程,实现了经营管理数据在指定范围内授权共享,为企业决策提供有力的信息支撑。
整合资源,提高效率,形成合力。	ERP 整合不同类型业务的产、供、销运作,人、财、物管理,使各种资源得到有效利用,优化配置,加大监控力度,提高经营管理及预测水平,为提高企业经济效益服务。

表 1-2 ERP 系统可以为企业带来的经济效益

定性的效益	提高产品开发效率和促进新产品开发
	提高产品质量
	提高管理水平
	为科学决策提供依据
	充分发挥人的作用
	提供更多的就业机会
	弥补由人为因素造成的管理漏洞
定量的效益	库存下降 30%~50%
	延期交货减少 80%
	采购提前期缩短 50%
	停工待料减少 60%
	制造成本降低 10%
	管理人员减少 10%
	生产能力提高 10%~15%

1.4 ERP 的发展阶段

ERP 管理思想与技术经历从物料需求计划 MRP (Material Requirement Planning)到制造资源计划 MRP II(Manufacturing Resource Planning),再进一步发展到企业资源计划 ERP,具体经历了以下几个阶段:

第一阶段:20 世纪 60 年代,早期的 MRP 是基于物料库存计划管理的生产管理系统。MRP 系统的目标是:围绕所要生产的产品,应当在正确的时间、正确的地点、按照规定的数量得到真正需要的物料;通过按照各种物料真正需要的时间来确定订货与生产日期,以避免造成库存积压。

第二阶段:20 世纪 70 年代,MRP 经过发展形成了闭环的 MRP 生产计划与控制系统。MRP 基本原理是,将企业产品中的各种物料分为独立物料和相关物料,并按时间段确定不同时期的物料需求;基于产品结构的物料需求组织生产,根据产品完工日期和产品结构规定生产计划;从而解决库存物料订货与组织生产问题。MRP 以物料为中心的组织生产模式体现了为顾客服务、按需定产的宗旨,计划统一且可行,并且借助计算机系统实现了对生产的闭环控制。

第三阶段:20 世纪 70 年代末和 80 年代初,物料需求计划 MRP 经过发展和扩充逐步形成了制造资源计划 MRP II 的生产管理方式。在 MRP II 中,包括人工、物料、设备、能源、市场、资金、技术、空间、时间等制造资源都被考虑进来。MRP II 的基本思想是:基于企业经营目标制订生产计划,围绕物料转化组织制造资源,实现按需要按时进行生产。MRP II 主要环节涉及:经营规划、销售与运作计划、主生产计划、物料清单与物料需求计划、能力需求计划、车间作业管理、物料管理(库存管理与采购管理)、产品成本管理、财务管理等。从一定意义上讲,MRP II 系统实现了物流、信息流与资金流在企业管理方面的集成。由于 MRP II 系统能为企业生产经营提供一个完整而详尽的计划,可使企业内各部门的活动协调一致,形成一个整体,它能提高企业的整体效率和效益。

第四阶段:20 世纪 90 年代以来,MRP II 经过进一步发展完善,形成了企业资源计划 ERP 系统。与 MRP II 相比,ERP 除了包括和加强了 MRP II 各种功能之外,更加面向全球市场,功能更为强大,所管理的企业资源更多,支持混合式生产方式,管理覆盖面更宽,并涉及了企业供应链管理,从企业全局角度进行经营与生产计划,是制造企业综合的集成经营系统。ERP 所采用的计算机技术也更加先进,形成了集成化的企业管理软件系统。

第二章 ERP的系统功能

2.1 经营计划支持系统

ERP经营计划支持系统主要包括五个计划层次，即：经营规划、销售与运营规划、主生产计划、物料需求计划、能力需求计划。

划分计划层次的目的是为了体现计划管理由宏观到微观，由战略到战术、由粗到细的深化过程。对市场需求的估计和预测成分占较大比重的阶段，计划内容比较粗略，计划跨度也比较长；一旦进入客观需求比较具体的阶段，计划内容比较详细，计划跨度也比较短，处理的信息量大幅度增加，计划方法同传统手工管理的区别也比较大。划分层次的另一个目的是为了明确责任，不同层次计划的制订或实施由不同的管理层负责。

2.1.1 经营规划

企业的计划是从长远规划开始的，这个战略规划层次在ERP系统中称为经营规划。经营规划要确定企业的经营目标和策略，为企业长远发展做出规划。企业经营规划的目标，通常是以货币或金额来表达。这是企业的总体目标，是ERP系统其他各层计划的依据。所有层次的计划，只是对经营规划进一步具体细化，而不允许偏离经营规划。经营规划在企业高层领导主持下会同市场、生产、计划、物料、技术与财务各部门的负责人共同制定。在执行过程中有意外情况，下层计划人员只有反馈信息的义务，没有变动规划的权限，变更经营规划只能由企业高层领导决策。

2.1.2 销售与运营规划

销售与运营规划是ERP系统的第二个计划层次。在早期的MRP II流程中是分为销售规划与生产规划(或产品规划)两个层次，由于它们之间有不可分割的联系，后来合并为一个层次。销售与运营规划是为了体现企业经营规划而制定的产品系列生产大纲，按ERP标准系统要求，软件应包括这个计划层次，但由于目前大部分企业组织主要是由人工方式进行决策并向系统录入数据，不是由系统运算得出的结果。因此，并非所有的软件都包括这层计划功能。

2.1.3 主生产计划

主生产计划(Master Production Schedule,简称 MPS)在 ERP 系统中是一个重要的计划层次,是传统手工管理没有的新概念。它根据客户合同和预测,把销售与运作规划中的产品系列具体化,确定出厂产品,使之成为展开 MRP 与 CRP (Capacity Requirements Planning,能力需求计划)运算的主要依据,起了从宏观计划向微观计划过渡的承上启下作用。主生产计划又是联系市场、主机厂或配套厂及销售网点(面向企业外部)同生产制造(面向企业内部)的桥梁,使生产计划和能力计划符合销售计划要求的优先顺序,并能适应不断变化的市场需求;同时,主生产计划又能向销售部门提供生产和库存信息,提供可供销售量的信息,作为同客户洽商的依据,起了沟通内外的作用。

2.1.4 物料需求计划

物料需求计划(Material Requirement Planning,简称 MRP)与主生产计划一样属于 ERP 计划管理体系,它主要解决企业生产中的物料需求与供给之间的关系,即无论是对独立需求的物料,还是相关需求的物料。它是一个时段优先计划系统,其主要对象是决定制造与采购的净需求计划。它是由主生产计划推动运行的,但反过来,它又是主生产计划的具体化和实现主生产计划的保证计划。由于物料需求计划是把主生产计划排产的产品分解为各个零部件的生产计划和采购件的采购计划,因此,制订物料需求计划前就必须具备以下的基本数据:主生产计划、物料清单(Bill of Material,简称 BOM)、库存记录和提前期,这四项数据都是至关重要且缺一不可的。

2.1.5 能力需求计划

能力需求计划(Capacity Requirement Planning,简称 CRP)是帮助企业在分析物料需求计划后产生出一个切实可行的能力执行计划。在现有生产能力的基础上,及早发现能力的瓶颈所在,提出切实可行的解决方案,从而为企业实现生产任务提供能力方面的保证。其实,能力需求计划制订的过程就是一个平衡企业各工作中心所要承担的资源负荷和实际具有的可用能力的过程,即根据各个工作中心的物料需求计划和各物料的工艺路线,对各生产工序和各工作中心所需的各种资源进行精确计算,得出人力负荷、设备负荷等资源负荷情况,然后根据工作中心各个时段的可用能力对各工作中心的能力与负荷进行平衡,以便实现企业的生产计划。

2.2 生产流程控制系统

2.2.1 供应链管理

供应链最早来源于彼得·德鲁克提出的“经济链”,而后经由迈克尔·波特发展成为“价值链”,最终日渐演变为“供应链”,它的定义为:“围绕核心企业,通过对信息流,物流,资金流的控制,从采购原材料开始,制成中间产品及最终产品,最后由销售网络把产品送到消费者手中。它是将供应商、制造商、分销商、零售商,直到最终用户连成一个整体的功能网链模式”。所以,一条完整的供应链应包括供应商(原材料供应商或零配件供应商)、制造商(加工厂或装配厂)、分销商(代理商或批发商)、零售商(大卖场、百货商店、超市、专卖店、便利店和杂货店)以及消费者。

1.供应链的概念

供应链管理(Supply Chain Management,简称 SCM)是一种集成的管理思想和方法,它执行供应链中从供应商到最终用户的物流的计划和控制等职能。从单一的企业角度来看,是指企业通过改善上、下游供应链关系,整合和优化供应链中的信息流、物流、资金流,以获得企业的竞争优势。

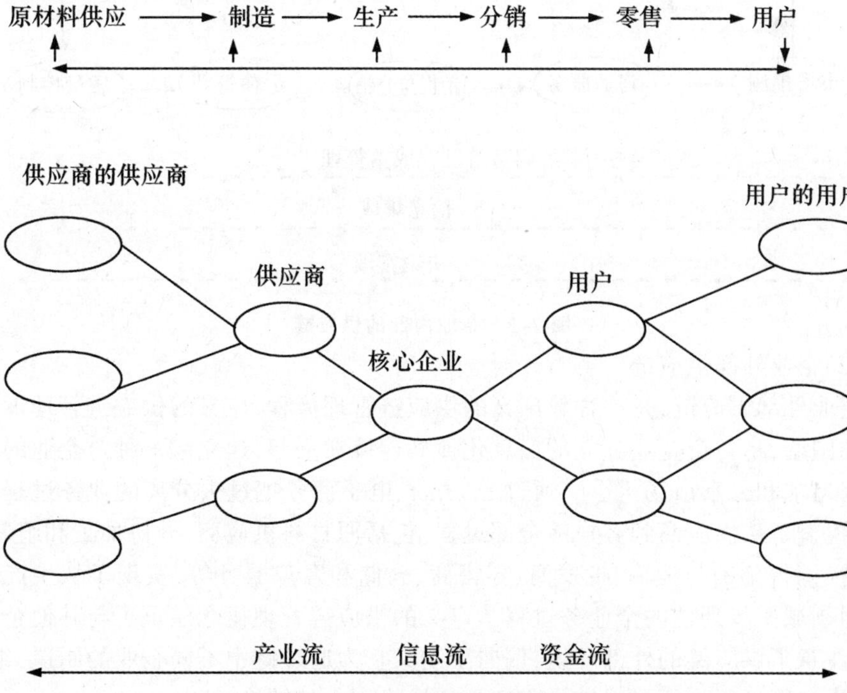

图 2-1 企业供应链的结构

供应链管理是企业的有效性管理，表现了企业在战略和战术上对企业整个作业流程的优化。整合并优化了供应商、制造商、零售商的业务效率,使商品以正确的数量、正确的品质,在正确的地点,用正确的时间、最佳的成本进行生产和销售。

2.供应链管理的目的

一个公司采用供应链管理的最终目的有三个：

(1)提升客户的最大满意度(提高交货的可靠性和灵活性)；

(2)降低公司的成本(降低库存,减少生产及分销的费用)；

(3)企业整体“流程品质”最优化 (错误成本去除, 异常事件消弭)。

3.供应链管理的基本内容

(1)企业内部供应链

企业内部供应链,是一种较狭义的供应链管理流程,狭义的供应链管理是指制造企业中的一个内部过程。它是指将采购到的原材料和收到的零部件,通过生产的转换和销售等过程传递到制造企业的用户这一过程的管理。

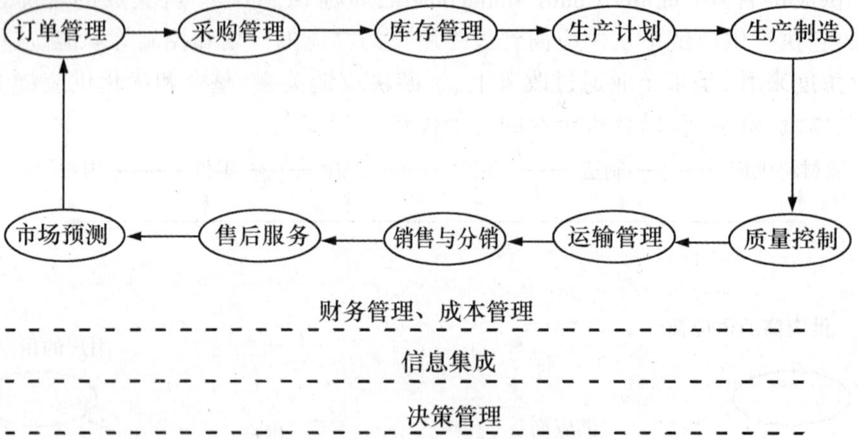

图 2-2 企业内部的供应链

(2)企业外部供应链

企业外部供应链,是一种较广义的供应链管理流程,广义的供应链管理拆除了企业的围墙,将各个企业独立的信息化孤岛连接在一起,建立起一种跨企业的协作以此来追求和分享市场机会。通过 Internet、电子商务把过去分离的业务过程集成起来,覆盖了从供应商到客户的全部过程,包括原材料供应商、外协加工和组装、生产制造、销售分销与运输、批发商、零售商、仓储和客户服务等,实现了从生产领域到流通领域一步到位的全业务过程。广义的供应链管理概念注重了与其他企业的联系,注意了供应链的外部环境,偏向于定义它为通过链中不同企业的制造、组装、分销、零售等过程将原材料转换成产品到最终用户的转换过程。

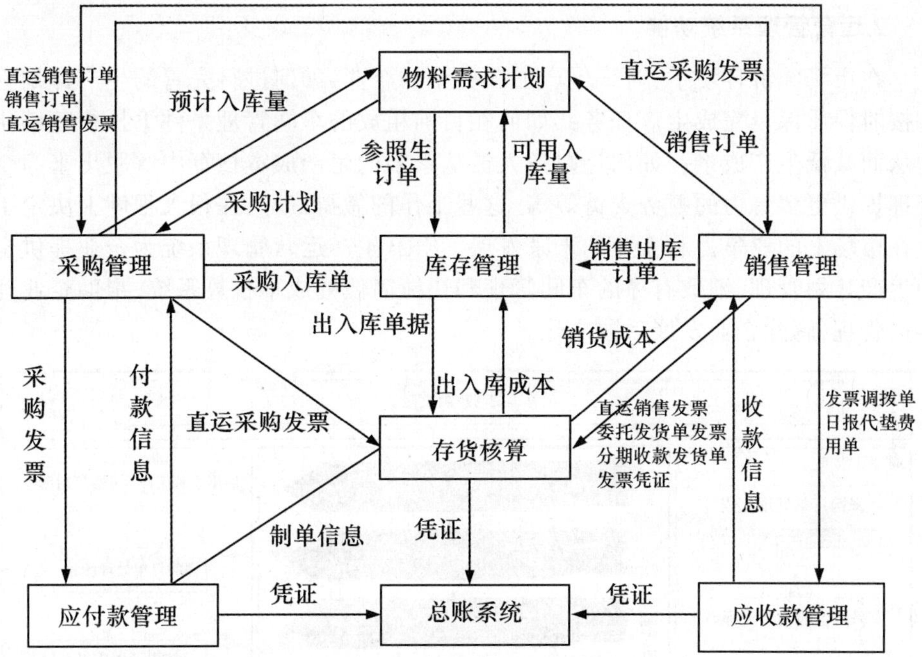

图 2–3　企业外部供应链流程图

2.2.2.生产运营管理

1.我国企业的运营管理现状

表 2–1　目前我国企业运营管理的现状

运营要素	现状
作业员工工资支付方式	计件式，有订单就上班，无订单就放假，导致作业员工大排大灌，单能工，企业成劳动力市场常客，基层管理人员与人事部门经常为人员问题发愁。
顾客订单形式	大部分企业为接单式生产，订单不稳定，品种变化多，批量越来越少。
MRP 或者 ERP 系统观念的应用	绝大部分企业没有采用 ERP 或其他生产信息化共享平台，信息沟通不畅或失真，生产、采购、车间作业、仓库等部门各行其是，步调不一，缺乏协调。
报表统计分析	过半企业各部门拿不出合适的管理报表与数据，导致企业的许多管理决策以拍脑袋方式定夺，经验管理，盲目决策。
交货期	接单生产无计划性，通过长时间加班，或者临时增加大量人员来生产、来保证，如果还不能完成，就推迟交货期。
质量	外部：客户投诉、退货、赔款司空见惯；内部：报废、返工家常便饭。
成本	拿不出合适的月盈亏报表以及针对每个订单的成本分析报表，到年底算一下糊涂的总账，赚的一点微薄的利润都变成了库存的材料、废料、半成品或成品。
厂房＼机器＼设备	设备布置还是沿袭传统生产模式的布置方式，企业定单一增加，就只会机械的加盖厂房，购买机器，导致固定资产投资不断增加。
现场管理	现场管理混乱，在制品堆积如山，员工操作随意性大，质量不稳定，现场管理人员到处救火。

2.运营管理系统功能

在市场经济环境下,对于生产加工类型的企业,如何进行完善的生产计划管理来按时保质保量完成生产任务;如何在目前粗放的车间管理条件下执行精细化管理从而减低生产成本;如何让财务人员从繁杂的生产成本核算中解脱出来为企业管理提供更多有力的财务支持等等。这些工作的做得好坏,在很大程度上决定了企业在市场上的竞争力和企业的未来发展。ERP 生产运营管理系统为企业提供全面的生产计划管理,细致有序的车间管理和快捷简便的成本核算系统,帮助企业理顺生产管理,解除企业发展后顾之忧。

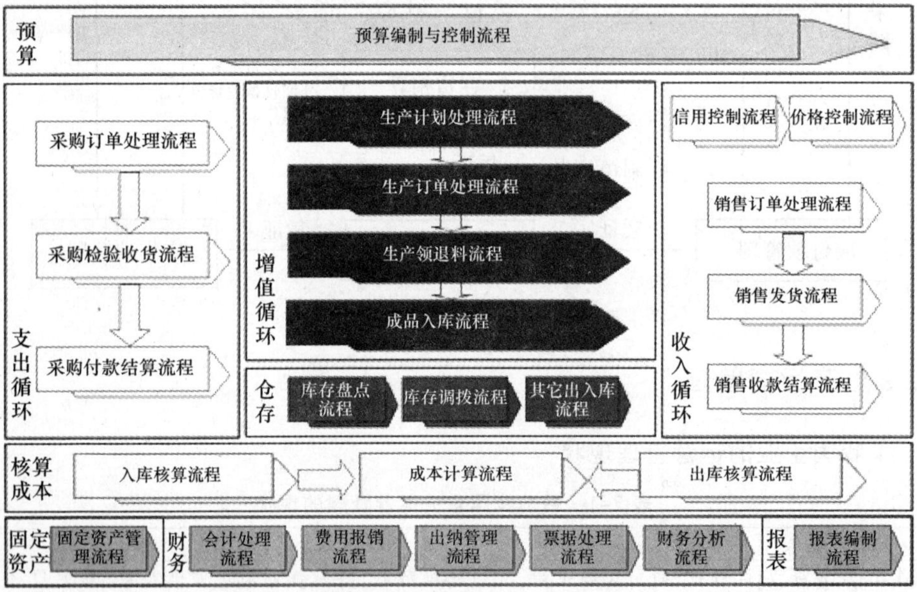

图 2-4 预算编制与控制流程图

2.2.3 客户关系管理

过去,企业经营强调的是以企业为中心,管理重心集中于企业的产品、成本、效率、资源利用及核心能力;如今,企业经营的焦点已发生根本转移,客户的需求、全面的解决方案、价值客户群的挖掘与扩展、以客户需求为中心的资源整合与流程管理,成为优秀企业共同关注的焦点。

ERP 中客户关系管理是一种以电子商务(E-business)为基础、以客户为中心的企业组织管理模式,提供顾客导向的业务流程优化方法、面向客户的绩效评价方法、客户关系评价方法和市场预测分析技术以及相关的销售/服务过程自动化建模技术、互动/协同技术等。贯穿了客户关系管理的各个阶段,通过运用各种方式帮助企业计划、创建和维护客户关系,进行市场和销售、服务作业,进行客户分析,确保以客户为中心的业务运作和业务协作。提供了一对一营销、交叉营销、阶梯营销等解决方案，使得向客户提供个性化的产品与服务成为可能。围绕客户生命周期发生、发展的信息归集，通过对客户详细资料的深入分析，来提高客户满意程度。客户关系管理的核心是客户价值管理，通过“一对一”营销原则，满足不同价值客户的个性化需求，提高客户忠诚度和保有率，实现客户价值持续贡献，从而全面提升企业盈利能力。

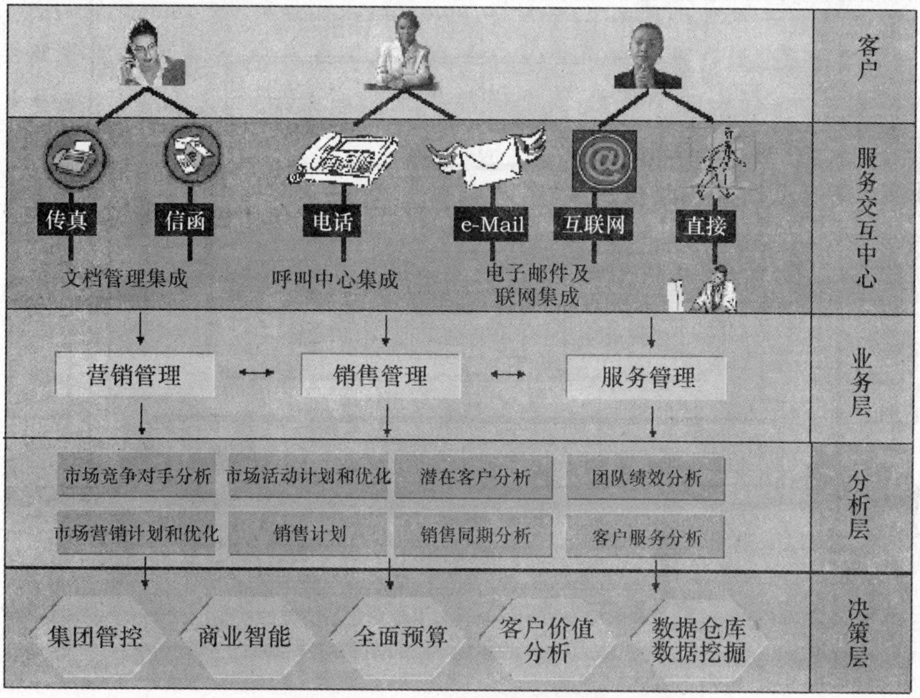

图 2–5 ERP 中客户关系管理

2.3 资源配置管理系统

2.3.1 资金运营管理

无论在传统的 MRPII 或是在新兴的 ERP 中，资金运营管理始终是核心的模块和职能，其他模块都是为资金运营管理服务并提供数据。资金运营管理的对象是企业资金流，是企业经营成果和经营效率的最终反映，因而资金运营管理一直是各种行业的企业实施 ERP 时关注的重点。

资金运营管理构建企业统一的知识化资金管理平台，提升企业综合竞争力，全面支持集团企业各种形式的资金运营和管理。它以工作流程为基础、业务处理为平台、管理监控为核心，充分体现了岗位组织、业务流程和系统管理的完美结合。方案分为三个层面：集团管理控制层、业务执行管理层、应用层。

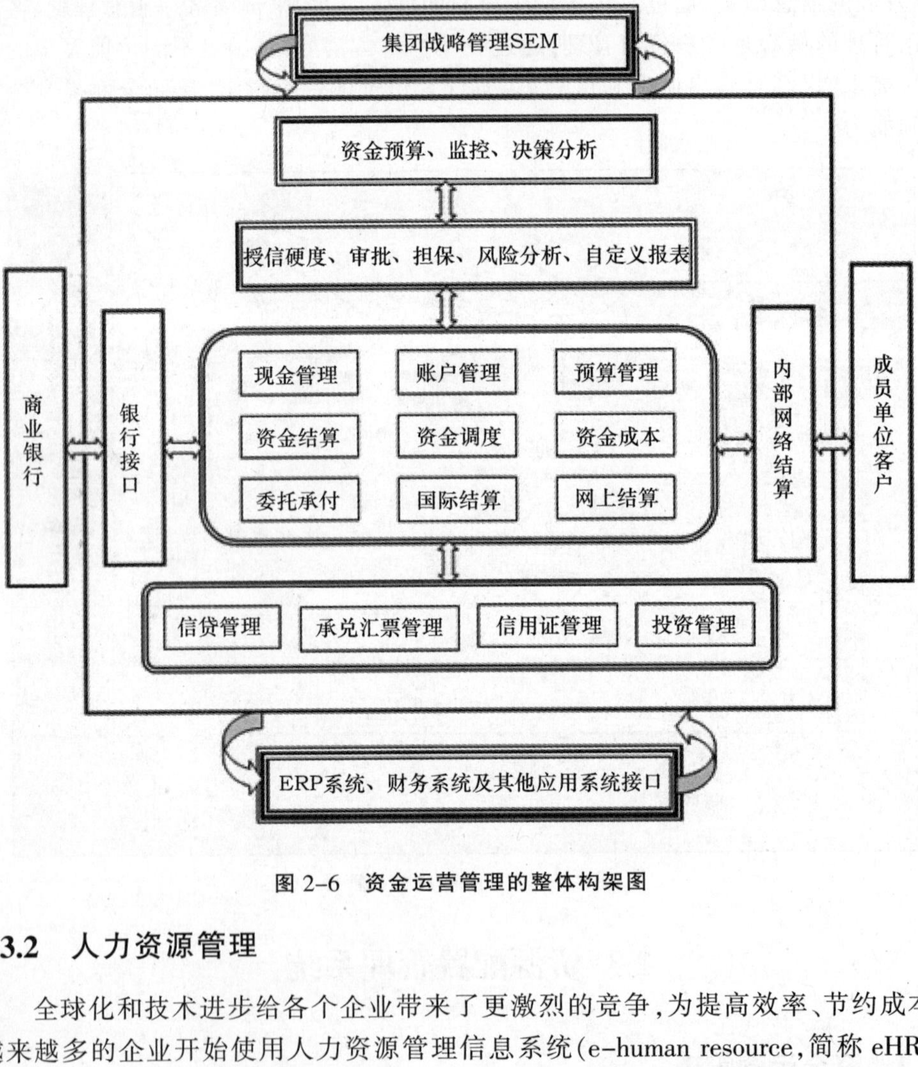

图 2-6　资金运营管理的整体构架图

2.3.2　人力资源管理

全球化和技术进步给各个企业带来了更激烈的竞争，为提高效率、节约成本，越来越多的企业开始使用人力资源管理信息系统（e-human resource，简称 eHR）。因为它可以为人力资源管理者提供一个平台，更好地摆脱固定路线的束缚，而将主要精力转移到战略的运作层面。根据"人是我们最重要的资产"的重要论断理论，系统可以强化人力资源管理的地位。eHR 作为核心的信息技术应用到企业管理的各个方面，其中电子化招聘、电子化培训、电子化学习、电子化沟通、电子化考评等电子化人力资源管理都是重要的方面，即利用网络技术实现人力资源管理的部分职能。在实施人力资源管理系统后，经过整合的、较为全面、准确、一致和相容的信息不仅可以让企业领导对本企业人力资源的现状有一个比较全面和准确的认识，同时也可以生成综合的分析报表供企业领导人在决策时参考。在未来的激烈竞争中，eHR 的广泛使用成为现代人力资源管理的一种趋势。

人力资源管理的整体构架

人力资源管理系统应着眼于战略管控，重点实现系统架构部署、基础数据整合与业务操作，兼顾信息分析、决策支持和自助服务，帮助企业提高人力资源管理效率和人力资源规划水平，使人力资源管理更加有效的服务于企业经营战略。

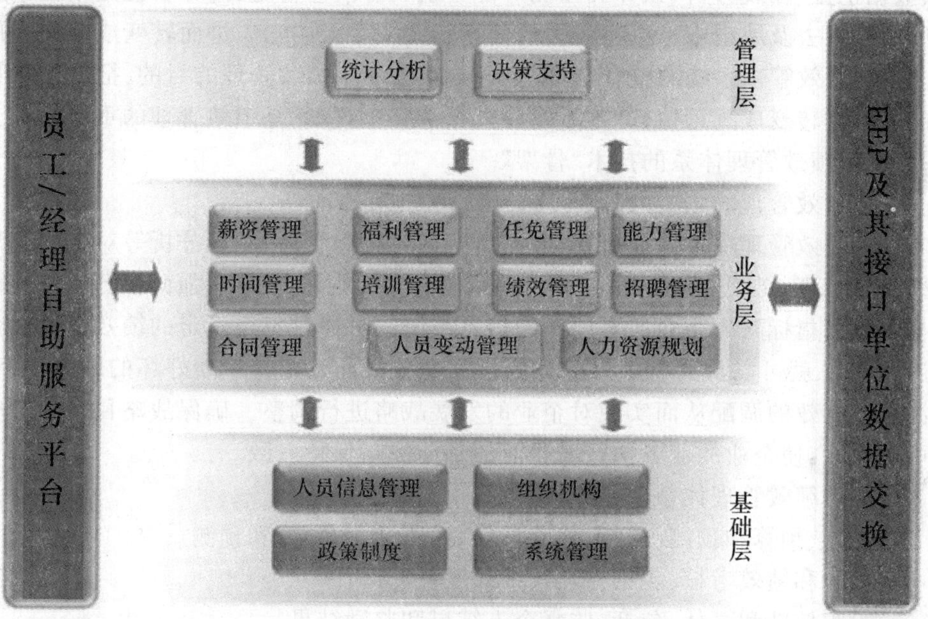

图 2-7 人力资源管理的整体构架关系图

2.3.3 企业绩效管理

国内最常用的绩效管理类型是目标管理(Management by Object，简称 MBO)和关键业绩指标体系(Key Performance Indicator，KPI)，但是大部分被调查者对其公司的绩效管理系统表示不满意。

目前企业绩效管理系统的处理过程是：ERP 系统进行业务处理产生了大量业务数据，管理部门在此基础上把数据从 ERP 中导出，利用数据库处理或 EXCEL 手工进行数据整理和分析，按照企业的绩效管理的考核方法，如 KPI 的各种指标等进行计算和分析，最后得出绩效考核的“数量”结果。这个过程的后果是：一方面 ERP 产生了海量的业务数据；另一方面企业却不能自动从这个海量数据中获得管理决策、绩效管理有用、及时的信息，必须借助于数据二次“开发”——数据库编程或手工处理，缺少数据“挖掘”的技术支持。这样也就产生了海量数据和管理层信息

“孤岛”的现象,管理层决策还要大量依靠主观的经验判断。

针对这种一面日益膨胀的数据量和另一面决策人员的分析需求无法得到满足之间的矛盾现象,一种建立于 ERP 系统基础之上的商务智能解决方案(Business Intelligence,简称 BI)便首先在国外应运而生、发展壮大。商务智能是对商业信息的搜集、加工、管理和分析过程,目的是使企业的各级决策者获得知识或洞察力,促使他们更快地做出对企业更有利的决策。商务智能一般由数据仓库、数据查询和报表、数据挖掘、在线分析、预算和预测等部分组成。换而言之,商务智能是站在今天角度回顾过去及展望未来,将过去的信息转变成今天的知识进而转变成明天的财富。BI 与绩效管理系统的整合,将使企业真正关注于绩效管理的目的,把 KPI 从管理的“时尚”转变成真正执行“工具”。在这个意义上说 BI 是绩效管理的重要技术支持,是整个绩效管理体系的技术“骨架”。

企业绩效管理的主要内容有:

企业绩效管理主要是通过指标的设计、适时过程管理、差异分析等对企业经营业绩进行管理。现代意义的绩效考核包括财务与非财务的指标,强调将已制订的财务与非财务指标融入企业所有层次的信息系统中。通过每个设定的绩效指标对企业进行考评,就可以从具有因果关系的指标中分析导致企业业绩好坏的原因,并对资源进行有效的调配从而实现对企业的发展战略进行调整,确保战略目标的实现和可操作性,使企业的业务执行与企业的整体战略保持一致。

企业的绩效管理体系主要内容有:

1)计划、预算和预测,包括:战略计划、经营计划、预算和预测。

2)报告和绩效考核,包括:报告、绩效度量、分析。

3)组织校准和责任,包括:监督个人结果和奖励结果。

在绩效管理的操作进程中包括四个相互联系的关键维度,流程、信息、人员与组织、技术,它们贯穿于整个绩效管理的全部过程和子过程,共同影响绩效管理的实施效果。

第三章　ERP的产品类型

我国特大型、大型工业骨干企业有5000多家，年营业收入500万元以上的企业约30多万个，目前已经实施或准备实施ERP的特大型、大型骨干企业约1000家，中、小型企业约3000家。尽管在机械、冶金、制药、制衣、电子、石油、化工、烟草、出版、商贸等行业都有少量企业应用了ERP，但成行业的大面积推广应用还很少，在银行、证券、能源、交通等重要行业应用ERP几乎才刚刚开始，应用从总体上来说还处在起步阶段。

应该说我国的ERP市场潜力巨大。在以ERP为代表的管理软件领域，由于本土企业起步较晚，国产ERP品牌一直处于追赶跨国企业的被动局面。如今，这一局面正被打破，2010年，国产ERP将真正成为市场的主导。工业和信息化部最新调查数据显示，今年，全国管理软件市场规模将达到340亿元，国内自主品牌管理软件所占市场份额达到78%。

据中文互联网数据研究资讯中心(CCW Research)资料统计，我国2009年通用管理软件市场占有率如下(图3-1)：

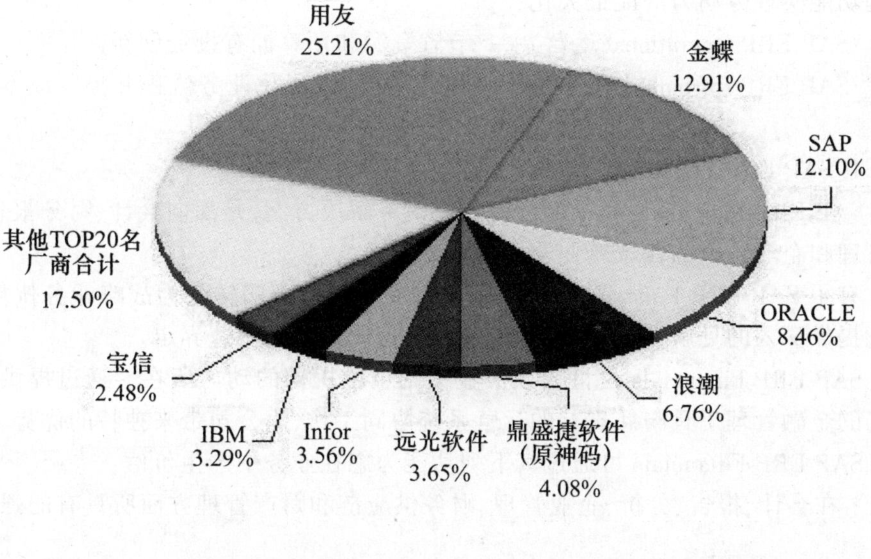

图3-1　2009年中国通用管理软件市场前20名厂商市场品牌结构图

3.1 ERP的产品类型

3.1.1 SAP

SAP公司成立于1972年,总部位于德国沃尔多夫市,是全球最大的企业管理和协同化商务解决方案供应商、全球第三大独立软件供应商。目前,在全球有120多个国家的超过41,200家用户正在运行SAP软件,财富500强百分之八十以上企业都正在从SAP的管理方案中获益。SAP在全球50多个国家拥有分支机构,并在多家证券交易所上市,包括法兰克福和纽约证交所。1995年在北京正式成立SAP中国公司,并陆续建立了上海、广州、大连分公司。作为中国ERP市场的绝对领导者,SAP的市场份额近年来以非常快的速度增长,年度业绩以百分之五十以上的速度递增。

SAP ERP可以使业务转型更简单,使企业的战略与运营更加统一,从而提高生产能力和企业洞察力。SAP ERP还可以帮助企业快速适应行业不断变化的要求,并符合全球各种行业领域大中型企业对核心商务软件的功能要求。

SAP ERP由以下四种独立的解决方案组成,可为关键部门提供支持:

·SAP ERP Financials(财务)——将财务有职能部门转变为战略企业伙伴;

·SAP ERP Human Capital Management (人力资源管理)——先进的人力资源管理功能实现劳动力潜能最大化;

·SAP ERP Operations(运营)——节省资源和预算拥有投资创新;

·SAP ERP Corporate Services (企业服务)——优化业务流程并控制成本和风险。

1. SAP ERP Financials(财务)

SAP ERP Financials为众多行业提供财务解决方案,是面向会计、财务报告、业绩管理和企业管理的首选企业软件解决方案。

有了SAP ERP Financials,您可以将财务从行政部门转变为战略业务伙伴,为运营提供深入的见解、统一战略行动并对经营成果进行快速界定。

SAP ERP Financials是世界顶尖业绩的金融机构的动力所在。通过提供领先市场的金融管理工具与您现有的运营系统协同工作,为公司带来独特的优势。

SAP ERP Financials可通过其下列功能为您在业务中产生价值:

* 在会计、报告、分析、企业管理、财务供应链和财产管理方面所具有的强大功能

* 全面支持不同行业流程,兼容所有SAP行业解决方案

* 面向跨国组织或国际化公司设计的可升级技术架构

* 业内领先的对当地市场要求、语言和通货的支持

* 对所有财务流程和交易的强大内部控制与存档功能

* 高级的财务与管理报告功能

* 开放的集成平台，将您的财务管理解决方案与当前业务系统或应用连接起来

* 在解决新兴财务战略问题(包括商业联合、业务流程外包与服务共享)方面的远见与深度创新

2. SAP ERP Human Capital Management(人力资源管理)

为了保持竞争优势,您必须将所有企业资源(包括员工在内)与业务目标看齐。需要将传统的人力资源功能转变为人力资本管理这一综合计划。

利用 SAP ERP Human Capital Management (简称 SAP ERP HCM),您可以最大化每位员工的价值并将员工的技能、行为和激励与业务目标和战略看齐。SAP ERP HCM 还提供对个人和团队贡献进行管理、衡量和奖励的工具。通过充分发挥整合 HCM 工具的功能,您将对虚拟人力有一个不断深入的了解和控制。快速而轻松地对人力和 IT 投资进行调配。由于员工将更多时间投入到以价值增值为目标的行为上来,因此,生成效率大大提高。 SAP ERP HCM 支持整个招聘、部署、潜能开发、激励并最终留下有价值员工的过程,从头到尾对这些流程进行改善。SAP ERP HCM 为您提供完整的、覆盖整个企业的功能:

* 优化 HCM 流程并将它们在全球业务范围内无缝集成。

* 提供实时信息访问,加快人力决策过程。

* 使您在最佳时间将最佳人选分配给最佳项目。

* 在员工任职周期内支持员工和管理人员。

* 授权员工在合作环境下对流程进行管理。

3. SAP ERP Operations(运营)

SAP ERP Operations 是 SAP ERP 物流业务强有力的基础,助您在下列两个关键领域取得成功:

* 价值产生—改善端到端物流作业并通过对诸如订单到现金和采购到支付等完整业务循环的支持实现业务增值。

* 支持—保证业务流程或循环平滑运行、达到质量要求、符合相关规范与标准,从而改善物流业务运作。SAP ERP Operations 帮助您对整个产品生命周期进行管理并支持新产品的开发与推广。

此外,SAP ERP Operations 还提供先进的操作工具以便您更好地进行决策,提供基于角色的创新服务提高您的工作效率。有了 SAP ERP Operations,您可以:

* 将费时的手动步骤转变为优化的、在线流程，从而改善整个企业的计划水平。

* 支持资产规划与部署、在整个生命周期内对资产进行管理、减少订货周期时间和过量库存。

* 优化仓库和配送机构的工作流程。

* 有效地管理运输与配送。

* 增进与客户和供应商的合作。

* 营造一个和谐的项目管理环境，使外部机构或人员同时参与简单和复杂的项目管理。

* 提供个人化的接口、门户、移动应用和工具,进一步促进员工的工作效率。

* 在整个企业范围内实现透明度、预测和业务绩效管理,缩短计划周期时间和交货周期,不断改善流程并对新出现的商机做出快速响应。

* 改善客户服务质量并快速响应客户需求。

4. SAP ERP Corporate Services(企业服务)

SAP ERP Corporate Services(企业服务),帮助企业管理并控制资源密集型企业功能,包括差旅管理、房地产管理、环境健康与安全以及激励与授权管理。它有利于企业降低成本、优化管理过程并具有支持来自供应商、全球配送系统和旅行社在赔偿和定价模型方面的变化。为差旅管理人员提供控制功能,帮助员工选择合适的旅行社并对是否符合差旅政策进行监督;它涵盖了公司的各个方面,包括新产品开发、采购、制造、销售、配送、维修与维护,对复杂、快速变化的环境、健康与安全规章及其后续影响进行管理;能够支付并管理可变赔偿,并具有对组织结构变化、销售渠道变化和产品上市的核心支持功能。

SAP ERP Corporate Services(企业服务)可帮助您在以下领域实现重要的业务价值:

* 不动产管理—避免空缺并削减与不动产开发、租赁和资产管理相关的成本。

* 企业资产管理—管理预防和预测性维护、维护成本预算、维护执行和工作清场管理。

* 项目和产品组合管理—管理项目的产品组合，包括战略产品组合管理到项目规划、执行和账目管理。

* 差旅管理—削减成本,简化差旅管理流程,监督差旅政策的合规性,并管理供应商、全球经销系统和差旅机构在补偿和定价模式方面的变化。

* 环境、健康和安全管理—在本地和全球范围实施 EHS 战略。SAP Environment, Health, and Safety Management(SAP EHS Management)解决方案不仅使您能够解决条例合规性问题,还通过整合的方法管理环境、健康和安全相关的运营风险,并应对企业可持续发展方案的需求。

* 质量管理—获得全面质量管理的统一方法，通过减少产品退还和提高资产利用率来提高效率。

* 全球贸易服务—巩固您的全球供应链,和政府系统保持紧密联系,同时促进数据的共享,从而简化跨国境贸易并获得可持续发展的竞争优势。

3.1.2 ORACLE

Oracle 公司是全球最大的信息管理软件及服务供应商,成立于 1977 年,总部位于美国加州红木滩市。Oracle 公司现有员工超过三万六千人,服务遍及全球 145 个国家,Oracle 公司于 1989 年正式进入中国市场, 是第一家进入中国的世界软件巨头。1991 年 7 月在北京建立了独资公司,目前在国内设有北京、上海、广州、成都 4 个办事处。Oracle 中国公司拥有超过 3500 名员工,并在全国十二个城市设立了分公司,成为数据库领域叱咤风云的灵魂角色。

作为数据库领域的领导者,Oracle 公司目前是全球最大的应用软件及服务供应商,其产品包括财务、供应链、制造、项目管理、人力资源和市场与销售等 150 多个模块,并领先于竞争对手提供包括平台产品、应用产品和完善的服务在内的先进的、完整的、集成的电子商务解决方案,现已被全球近 7600 多家企业,财富排行榜上的前 1000 家公司所采用。

ORACLE ERP 系统灵活和开放,有几乎所有流程/模块的系统界面,基于丰富的行业经验基础上开发的优秀业务模型和标准流程和功能可满足客户的需求,也可供客户借鉴; 其次, 如果客户不满意已有的流程和功能,IT 行业使用最广泛的 ORACLE 开发工具将可方便地使用户按其要求进行客户化开发来满足企业的需求;ORACLE 系统提供了清晰的业务流程,可以帮助企业在实施的同时理顺业务流程。ORACLE 的业务流程可以根据企业的实际情况灵活调整,更适应企业的个性化管理;ORACLE 数据结构清晰、严谨,开发工具使用的是世界 IT 行业最普遍使用的语言,如:JAVA 这唯一真正 INTERNET 计算机语言,易于开发,且开发的系统才是真正的 INTERNET 上的应用系统。

Oracle E-Business Suite 产品主要 ERP 模块:

(1)Manufacturing 制造

Oracle Engineering BOM(工程资料管理系统)

Oracle Work in Process(生产管理系统)

Oracle Cost Management(成本管理系统)

Oracle Planning Product(物料需求计划模组)

Oracle Quality(品质管理系统)

(2)Distribution 分销

Oracle Inventory(库存管理系统)

Oracle Purchasing Management(采购管理系统)

Oracle Order Management(订单管理系统)

(3)Finance 财务

Oracle General Ledger(总账管理系统)

Oracle Payables(应付账款管理系统)

Oracle Receivables(应收账款管理系统)

Oracle Fixed Assets(固定资产管理系统)

Notes Management(票据管理:本地开发模组)

GUI.VAT(发票及进销项管理:本地开发模组)

(4)其他系统模块

Oracle 设备管理(EM)

Oracle 人事管理(HR)

Oracle 薪金管理(PAYROLL)

Oracle 系统管理(SYSTEM ADMIN)

Oracle 预警(ALT)

Oracle 多维数据分析/商业智能系统(OLAP/BIS)

Oracle 桌面集成(ADI)

3.1.3 用友

用友公司成立于 1988 年,是中国最大的管理软件、ERP 软件、集团管理软件、人力资源管理软件、客户关系管理软件、小型企业管理软件、财政及行政事业单位管理软件、汽车行业管理软件、烟草行业管理软件、内部审计软件及服务提供商,也是中国领先的企业云服务、医疗卫生软件、管理咨询及管理信息化人才培训提供商。目前,中国及亚太地区 120 多万家企业与机构通过使用用友软件,实现精细管理、敏捷经营。

用友软件已形成 NC、U8、"通" 三条产品和业务线,分别面向大、中、小型企业提供软件和服务,用友软件的产品已全面覆盖企业从创业、成长到成熟的完整生命周期,能够为各类企业提供适用的信息化解决方案,满足不同规模企业在不同发展阶段的管理需求,并可实现平滑升级。用友拥有丰富的企业应用软件产品线,覆盖了企业 ERP(企业资源计划)、SCM(供应链管理)、CRM(客户关系管理)、HR(人力资源管理)、EAM(企业资产管理)、OA(办公自动化)等业务领域,可以为客户提供完整的企业应用软件产品和解决方案。用友软件同时开展企业信息化及管理培训教育服务、在线应用服务。用友公司的软件产品已经成为推动中国企业信息化的主流应用软件和实际标准, 为中国企业信息化建设和 ERP 普及提供了强有力的工具。

用友 ERP-U8 包含了财务会计、管理会计、供应链、生产制造、人力资源、集团应用、Web 应用、商业智能和企业应用集成,几乎覆盖了企业管理的各个方面。

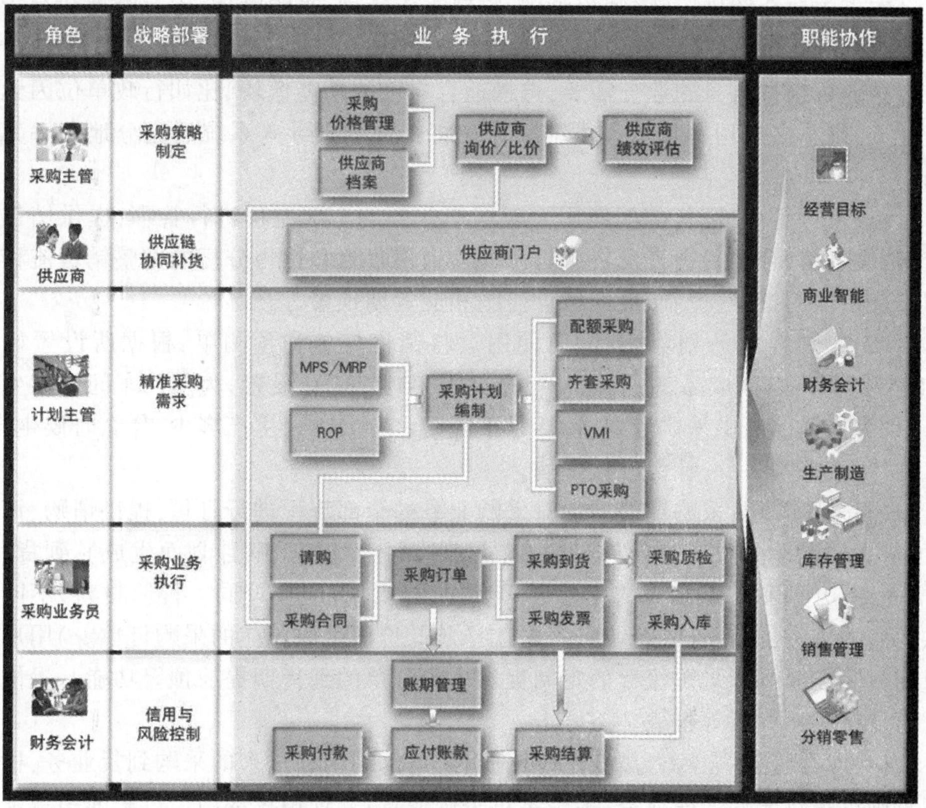

图 3-2 用友 ERP-U8 系统架构图

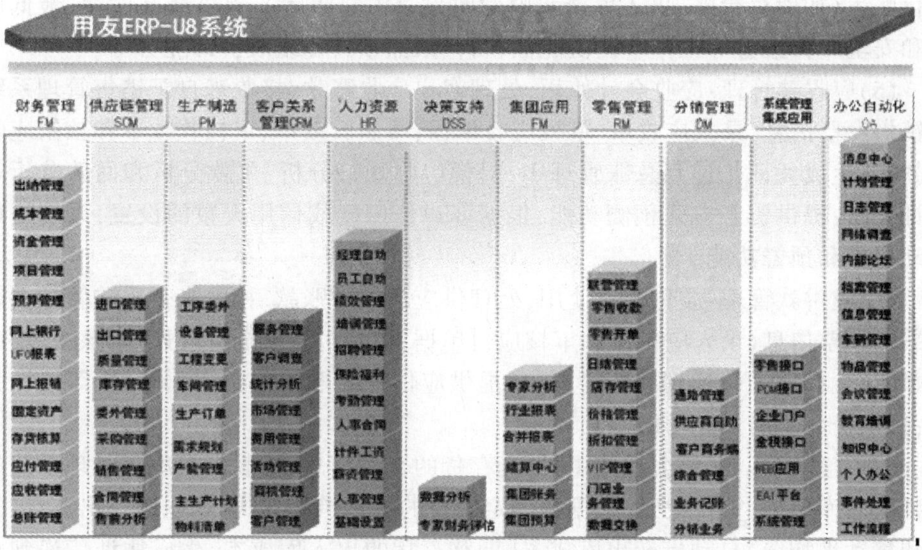

图 3-3 用友 ERP-U8(V8.5)的功能模块图

本书主要介绍供应链(销售管理、物料需求计划、采购管理、库存管理和存货核算)和财务会计(总财、应收应付款管理、工资管理、固定资产管理和 UFO 报表)。

企业可根据自身的业务需要,选择适合自己的功能模块,比如行政单位因无销售业务,则不必启用销售管理系统),并在将企业数据导入系统后充分地发挥其作用。

(1)销售管理:销售部门使用。对销售业务的全部流程进行管理,提供销售报价、销售订单(合同)、销售发货、销售开票、销售收款和销售分析的完整销售流程管理。提供信用报警、控制,最低售价控制和交货期预警等。

(2)物料需求计划:计划部门使用。将销售订单和预测单,根据所设置好的 MRP 计算参数(如成品率、损耗和工作日历等)和 BOM 设置,为生产车间提供生产订单,为采购部提供采购计划。包括以下问题:生产什么,生产多少,什么时候生产,采购什么,采购多少,什么时候采购。

(3)采购管理:采购部使用。对采购业务的全部流程进行管理,提供请购、订购(可根据请购单生成,也可以根据物料需求计划生成的采购计划而生成)、到货、退货、入库、开票和采购结算的完整采购流程,提供比价生单(同一种原材料,不同的供货商的供货价格不同,系统可优先选择最低价而生成相应的采购订单。)用户可根据衬际情况进行采购流程的定制提供采购订单的到货期提前预警功能, 提供供货商价格对比分析等报表。

(4)库存管理:仓库人员使用。处理由采购部门传递过来的采购到货业务,检验过关则可执行采购入库业务,检验不过关则退货;处理销售部门传过来的销售发货业务,处理生产车间材料领用、半成品、产成品入库,调拨和盘点等工作,查询各种库存账表(如库存台账、出入库流水财和收发存汇总表等),提供最高库存、最低库存和安全库存报警等工作。提供配额领料、限额领料和组装拆卸业务等。

(5)应收款管理:应收会计使用,处理客户应收账款。接收来自于销售管理系统的销售发票信息、录入应收单、审核应收单据;填制收款单、审核收款单和核销应收账款等;生成凭证传递到总账管理中,提供应收账龄分析、欠款分析和回款分析等统计分析;提供资金流入预测功能,根据客户信用度或信用天数的设置,系统提供自动报警和预警功能。

(6)应付款管理:应付会计使用,处理供应商应付账款。接收来自采购管理系统的采购发票信息、录入应付单和审核应付单据;填制付款单据、并进行审核;核销应付账款;生成凭证传递到总账管理中;提供应付款的账龄分析、欠款分析等统计分析;提供资金流出预算功能。

(7)存货核算:材料会计使用,处理存货的会计信息。接收来自库存管理系统的各种出入库单据;审核记账、根据预先定义好的成本借转方式(如先进先出、后进先出和移动平均等)自动借转出库成本;调整存货的出入库成本,生成凭证传递到总账中。

(8)工资管理:财务部门使用(人事部门也可以使用)。核算职员薪资,可以做到简单的人事档案管理,出具各种工资报表;处理计价工资业务,提供工资的现金发放清单或银行代发工资功能;可以处理员工工资中代扣个人所得税业务,月底生成工资凭证传递到总账管理中。

(9)固定资产管理:财务部门使用(行政部也可以使用),管理固定资产业务。将固定资产用卡片形式登记;处理固定资产的维修、自动提折旧和部门转移等业务;处理一个固定资产多部门使用的情况 (如复印机可能是多个部门使用, 部门数在2~20之间);固定资产卡片还可以关联图片,生产固定资产的相关凭证(如固定资产购进、折旧和报费等)并将其传递到管理中。

(10)总账管理:处理由各模块传递过来的凭证,也可以自己填制凭证,生成财务报表进行月底结转等工作。

(11)UFO报表:提资产负债和损益等报表模块,也可以从各功能模块中取数而生成自定义报表。

3.1.4 金蝶

金蝶国际软件集团有限公司是香港联交所主板上市公司, 中国软件产业领导厂商,亚太地区管理软件龙头企业,全球领先的中间件软件、在线管理及全程电子商务服务商。金蝶以帮助顾客成功,让中国管理模式在全球崛起为使命,为世界范围内超过80万家企业和政府组织成功提供了管理咨询和信息化服务。金蝶连续6年被互联网数据中心(Internet Data Center,简称IDC)评为中国中小企业ERP市场占有率第一名、连续4年被《福布斯亚洲》评为亚洲最佳中小企业、2007年被Gartner评为在全世界范围内有能力提供下一代SOA (Service-Oriented Architecture,面向服务架构)服务的19家主要厂商之一。2008年金蝶荣获深圳质量领域最高荣誉深圳市市长质量奖。2007年,IBM等入股金蝶国际,成为集团战略性股东,金蝶与IBM组成全球战略联盟,共同在SOA、市场销售、咨询与应用服务、SaaS、云计算、电子商务多个方面进行合作。

金蝶国际软件集团有限公司总部位于中国深圳, 始创于1993年8月8日,于2001年2月15日在香港联合交易所创业板上市,2005年7月20日转香港联合交易所主板上市。目前集团拥有员工9000人。金蝶国际附属公司有专注于中国大陆企业管理软件市场的金蝶软件(中国)有限公司,专注于中间件业务的深圳市金蝶中间件有限公司, 专注于为小企业提供一站式管理软件及电子商务服务的金蝶友商电子商务服务公司, 为政府及公共部门提供公共管理和服务平台软件及服务的北京金蝶政务软件有限公司, 以及专注于除中国大陆以外的亚太地区及海外市场的金蝶国际软件集团(香港)有限公司等。

金蝶国际软件集团有限公司是中国软件产业众多“第一”的缔造者：第一个 WINDOWS 版财务软件及小企业管理软件——金蝶 KIS 的缔造者；第一个 JAVA 中间件软件——金蝶 Apusic 和金蝶 BOS 的缔造者；第一个基于互联网平台的三层结构的 ERP 系统——金蝶 K/3 的缔造者和第一个发布基于互联网提供在线管理和电子商务服务——友商网的缔造者。金蝶目前有三种 ERP 产品，分别为面向中小型企业的 K/3 和 KIS，以及面向中大型企业的 EAS，涵盖企业财务管理、供应链管理、客户关系管理、人力资源管理、知识管理、商业智能等，并能实现企业间的商务协作和电子商务的应用集成。

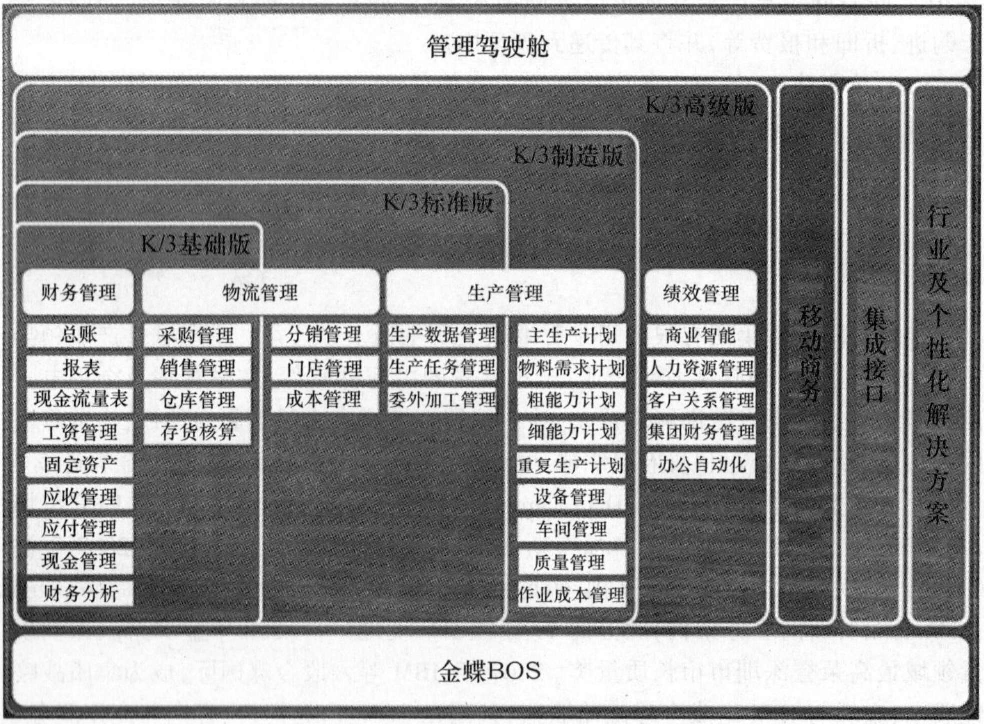

图 3-4 “金蝶”ERP 产品类型

3.2 软件运行及注册信息

3.2.1 用友“创业者”企业模拟经营系统

1.教师端

(1)教师端启动

双击桌面“”图标，出现图 3-5 所示界面，点击“系统启动”即可。

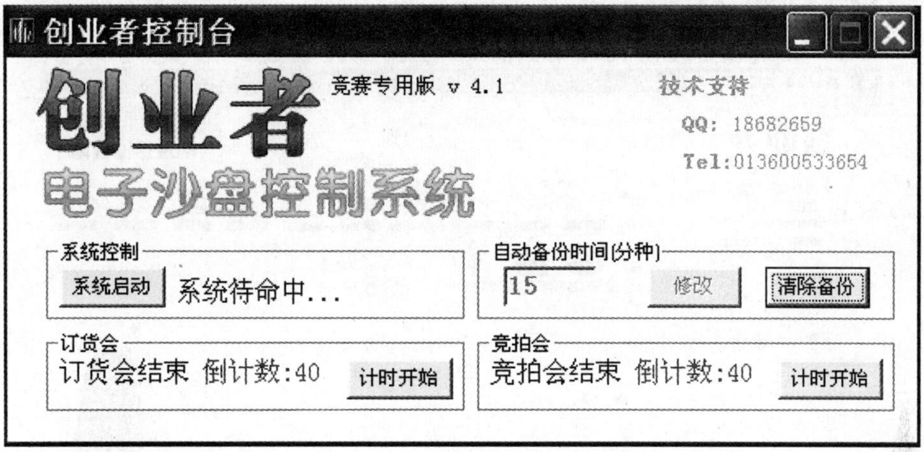

图 3-5 用友"创业者"企业模拟经营系统启动窗口

(2)教师端登录

打开 IE 浏览器，在网址栏输入服务器网址（如服务器本机，则可以输入127.0.0.1),出现如图 3-6 所示界面。

网址格式：服务器网址/manage/login.asp

图 3-6 用友"创业者"企业模拟经营系统教师端登录窗口

在图 3-2 所示界面中输入 Username,Password 相关信息即可登陆教师管理端,如图 3-7 所示。

图 3-7　用友“创业者”企业模拟经营系统教师端操作界面

(3)数据初始化

根据学生小组数可以进行数据初始化操作。如将学生分为 12 个小组，则可以双击图 3-7 中的“数据初始化”图标，出现如图 3-8 所示界面，选择 12 小组，点击“执行初始化”即可。

图 3-8　用户数据初始化窗口

(4)添加管理员

双击图 3-7 中的“管理员列表”图标，出现如图 3-9 所示界面。

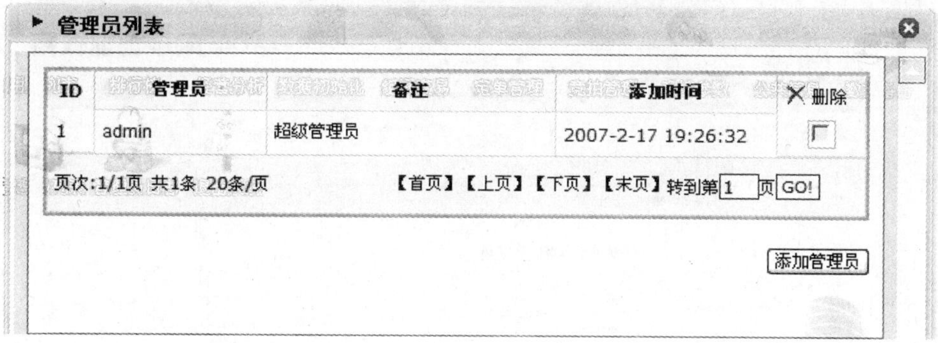

图 3-9

单击图 3-9 中的“添加管理员”，出现如图 3-10 所示界面，输入管理员名称和管理员密码，点击“确定”即可。添加的此管理员登陆后可进行订单管理、融资管理、各小组公司信息查询等操作。

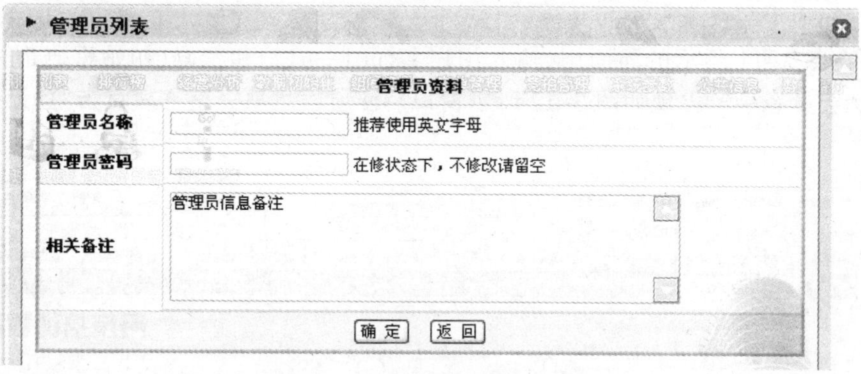

图 3-10 添加管理员窗口

2.学生端

(1)学生端启动

打开 IE 浏览器，在网址栏内输入服务器网址(由教师公布)，出现如图 3-11 所示界面。

网址格式为：服务器网址/member/login.asp

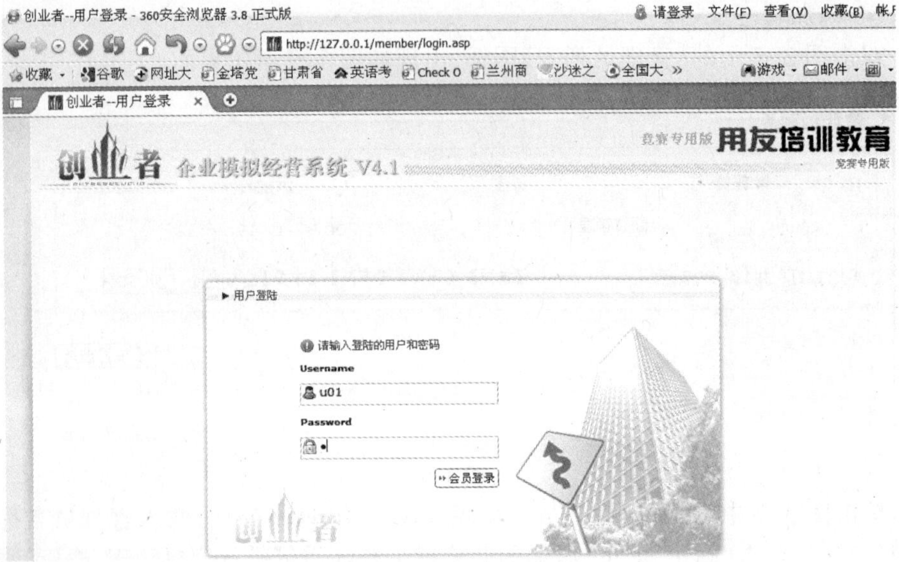

图 3-11　学生端启动窗口

(2)学生端登录

在图 3-11 所示的界面中,输入用户名(u01—u12)和密码(初始密码都为 1),点击“会员登录”,出现如图 3-12 所示窗口。注册信息填完整之后点击“登记确认”即可。

图 3-12　学生端登录窗口

3.2.2 金蝶“创业之星”商业模拟平台

1.教师端

(1)教师端启动

双击桌面的“”图标,即可出现如图3-13所示的窗口。在窗口中输入服务器地址、教室号码和进入口令,点击“进入教室”,出现如图3-14所示的登录窗口。

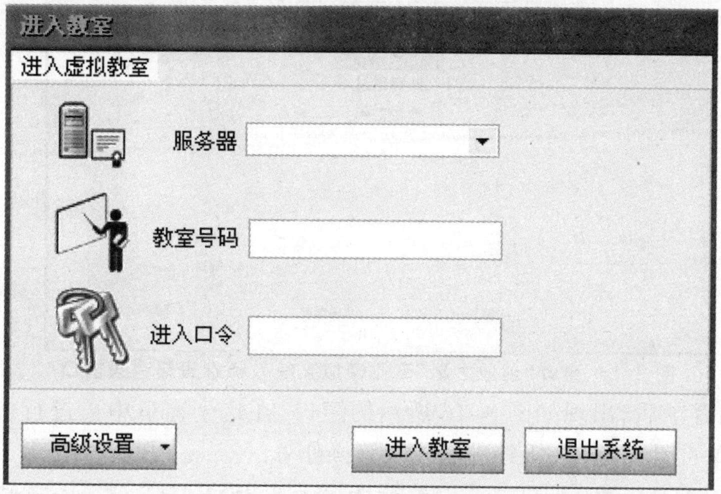

图3-13 金蝶“创业之星”商业模拟系统教师端启动窗口

(2)教师端登录

图3-14 金蝶“创业之星”商业模拟系统教师端登录窗口

在窗口中登录班级,可以有两个选择:如果有已经建立好的班级则选择班级,点击“登录班级”即可;还可以新建班级(如图 3-15 所示)进行登录。

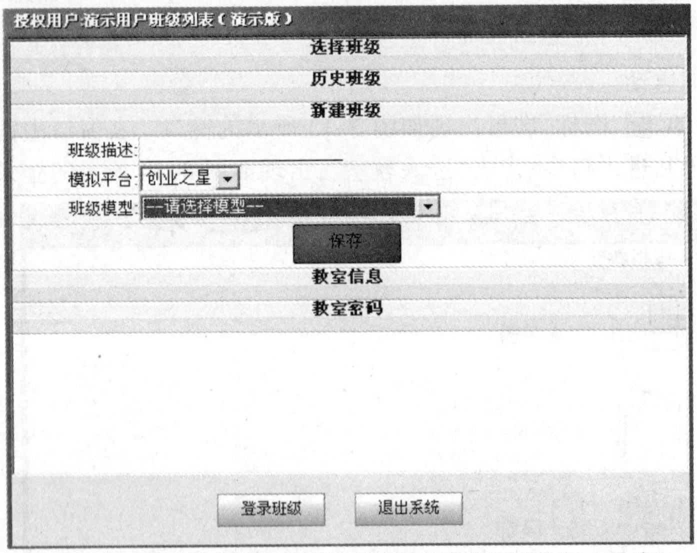

图 3-15 金蝶“创业之星”商业模拟系统教师端班级登录窗口

教师端登录后,出现如图 3-16 所示的窗口,在这个窗口中可进行批量增加小组、市场订单批量初始化、任务进度控制等操作。

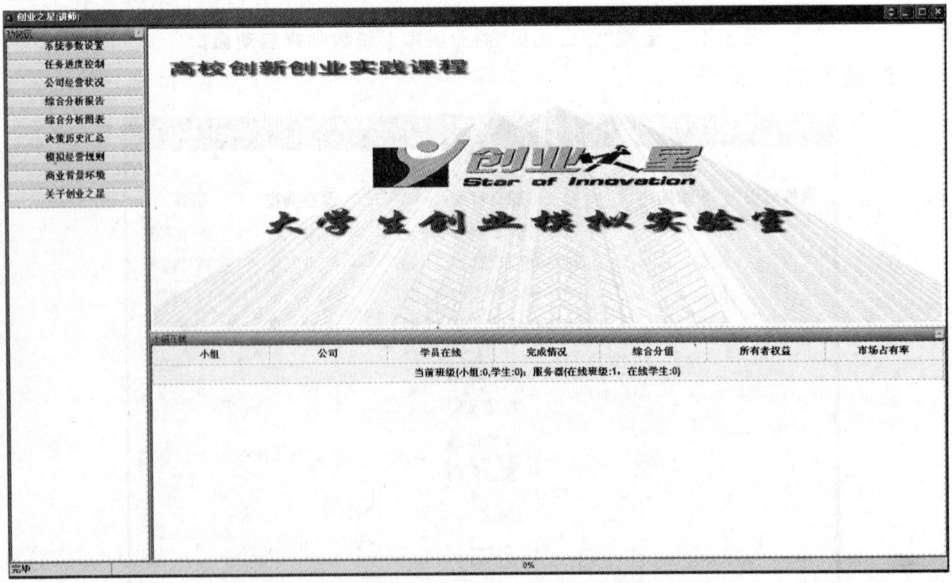

图 3-16 金蝶“创业之星”商业模拟系统操作窗口

(3)批量增加小组

教师端可以根据课程人数的需求,批量增加小组。在图 3-16 所示的窗口中点击“系统参数设置”,选择“批量增加小组”,可出现如图 3-17 所示的窗口。

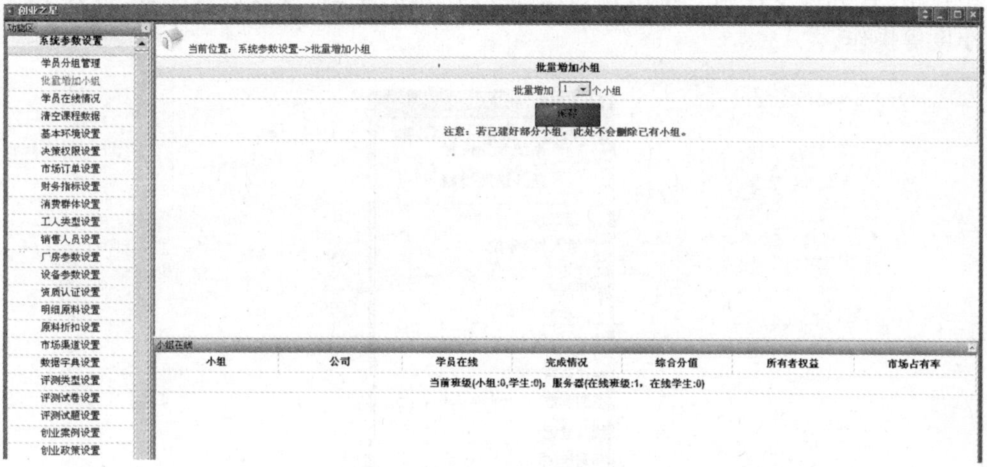

图 3-17 批量增加小组窗口

在图 3-17 所示窗口中，根据课程需要，选择批量增加小组的数量，点击“保存”即可。

(4)市场订单批量初始化

在模拟经营之前，需要根据小组数量确定订单数量。在图 3-16 所示的窗口中点击“系统参数设置”，选择“市场订单设置——市场订单批量初始化”，可出现如图 3-18 所示的窗口。

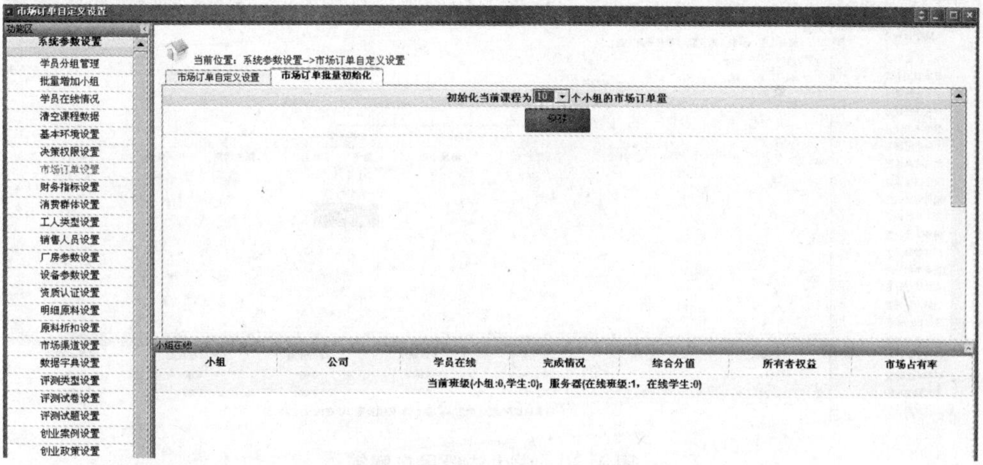

图 3-18 市场订单批量初始化窗口

在图 3-18 所示窗口中，根据课程需要和小组数，选择批量增加市场订单的数量，点击“保存”即可。

(5)任务进度控制

在模拟经营时，需要根据课程进度进行任务进度控制。在图 3-16 所示的窗口中点击“任务进度控制”,可出现如图 3-19 所示的窗口,可以进行配货、进入下一季度等操作。

图 3-19 任务进度控制窗口

(6)学生注册用户解锁

当学生小组注册完信息后,需要教师端进行用户解锁。在图 3-16 所示的窗口中点击“系统参数设置”,选择“学员分组管理”,可出现如图 3-20 所示的窗口。点击图中“帐户锁定”图标,变为“帐户锁定”时,表示学生用户已解锁,此时学生端可进行登录操作。

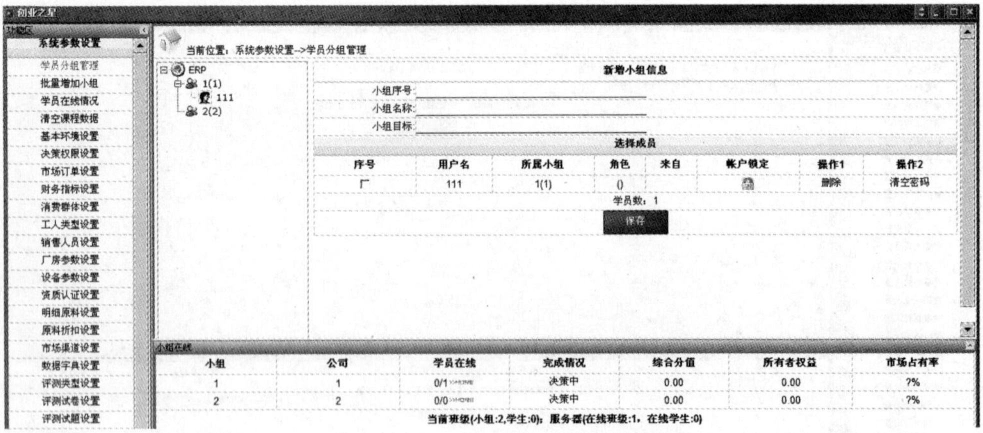

图 3-20 学生注册用户解锁

2.学生端

(1)学生端启动

双击桌面的“ ”图标,即可出现如图 3-21 所示的窗口。在窗口中输入服务器地址、教室号码和端口,点击“登录”,出现如图 3-22 所示的登录窗口。

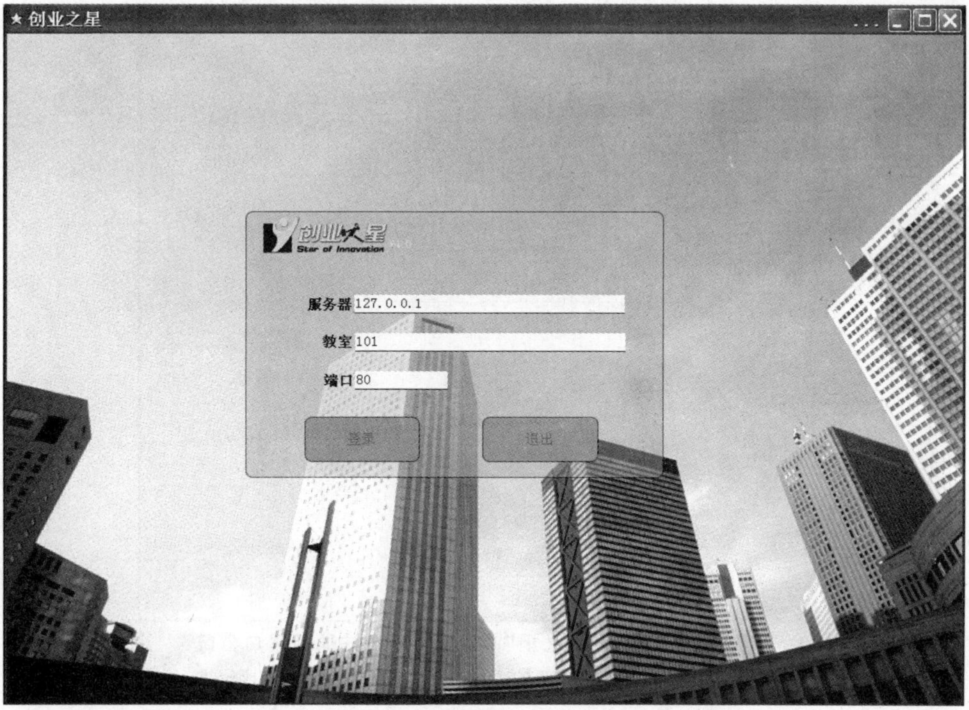

图 3-21　金蝶“创业之星”商业模拟系统学生端启动窗口

在 3-22 所示的窗口中,可进行注册新用户操作。点击“注册新用户”,出现如图 3-23 所示的窗口。

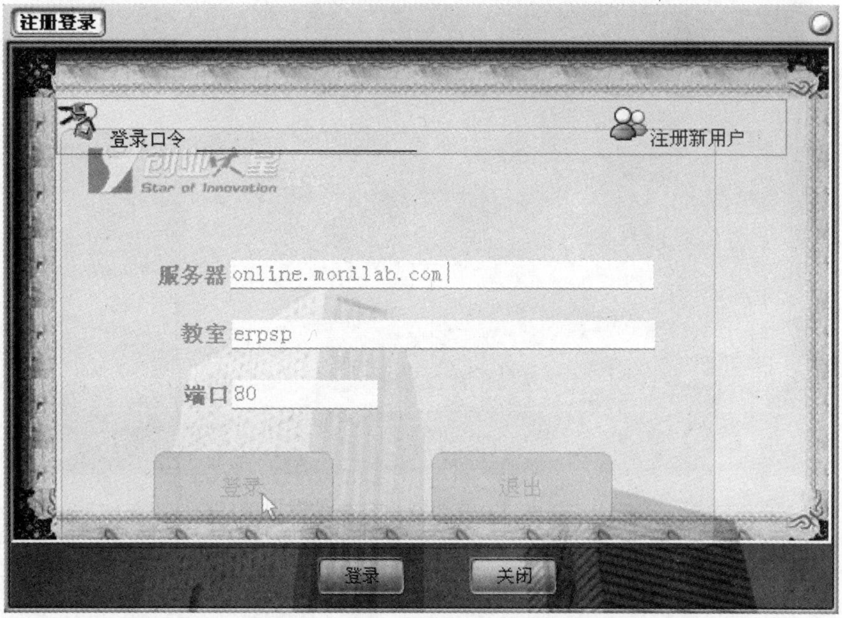

图 3-22　金蝶“创业之星”商业模拟系统学生端登录窗口

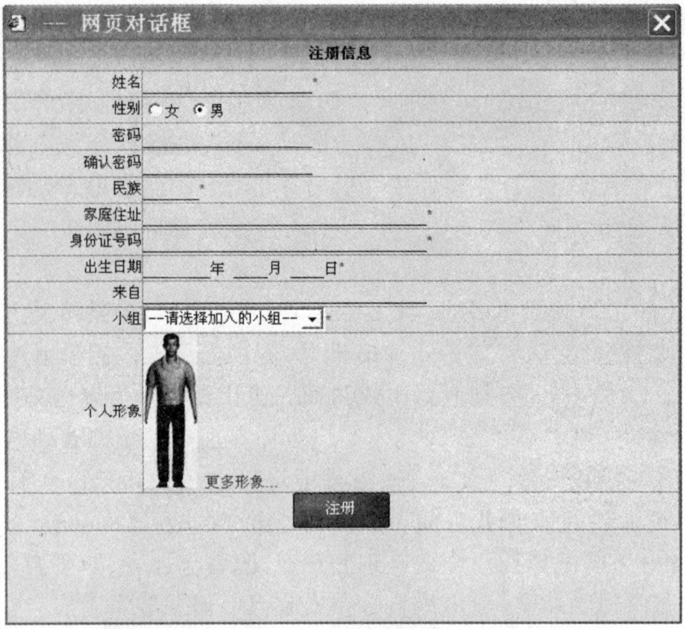

图 3-23 金蝶“创业之星”商业模拟系统注册新用户窗口

在图 3-23 所示的窗口中填入注册信息,点击“注册”,即注册成功。注册成功后,出现如图 3-24 所示窗口,选择小组号、输入登录口令可进行登录。

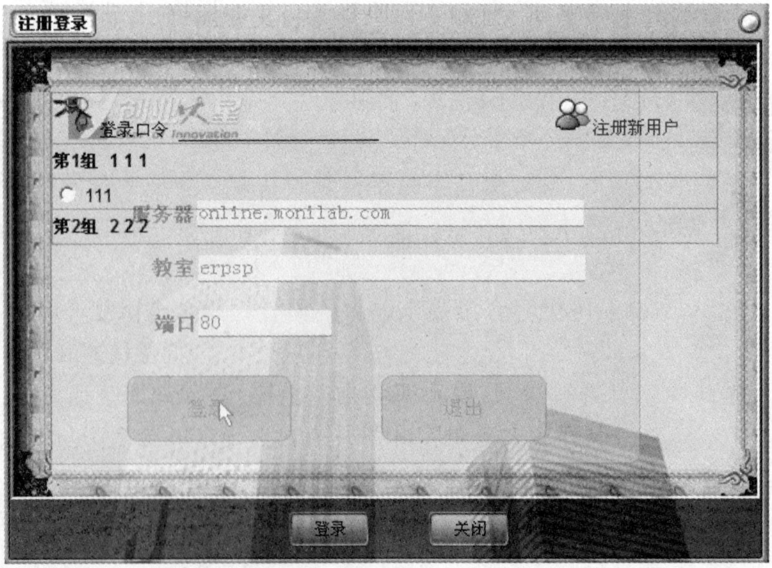

图 3-24 注册新用户登录窗口

登录成功后,出现如图 3-25 所示的学生端操作主情景。点击“创业大厦”或下面的“公司”可进入学生端操作界面。

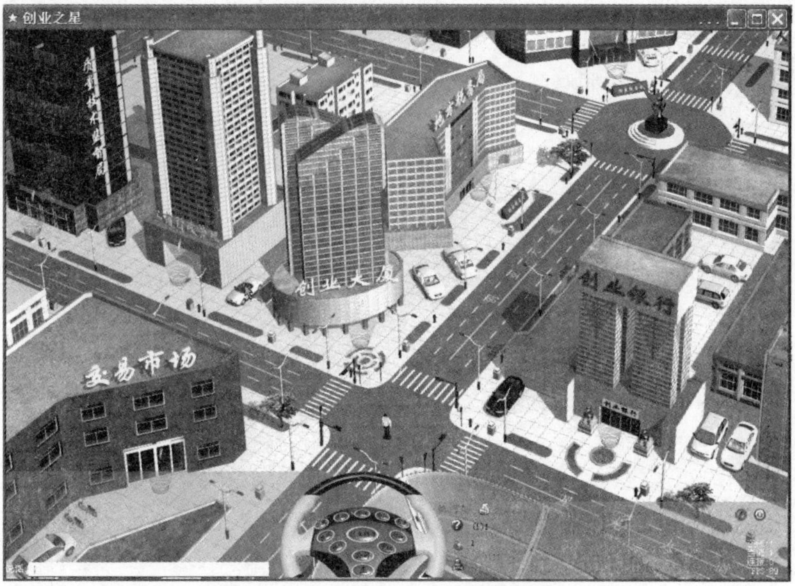

图 3-25　学生端操作主情景窗口

3.2.3　“商道”企业经营模拟系统

1.学生端

学生端启动

双击桌面“■”图标，启动学生端，出现如图 3-26 所示的窗口。

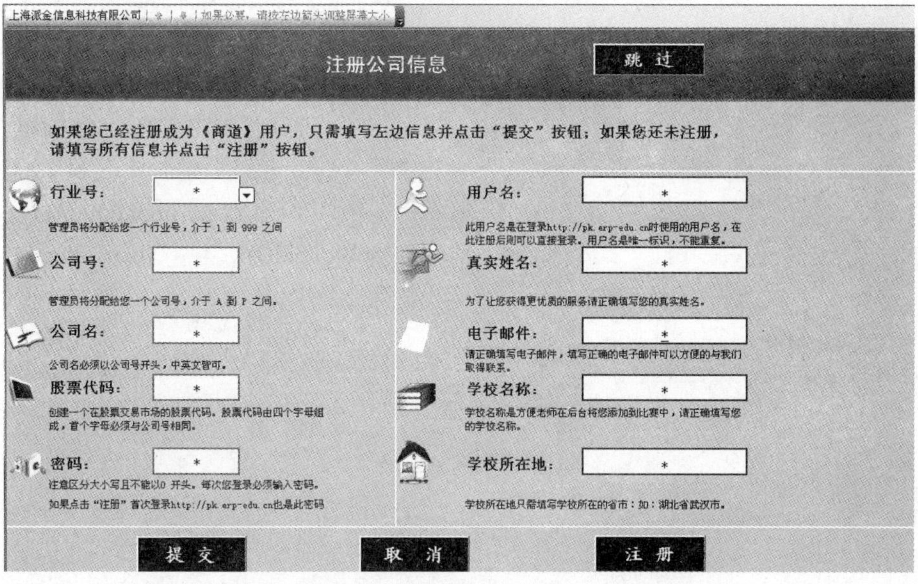

图 3-26　“商道”企业经营模拟系统学生端启动窗口

在窗口中填入注册信息:行业号由教师分配,公司号由教师端系统自动分配。填写完注册信息后点击“提交”。

操作篇

第四章 经营计划支持系统

4.1 实验原理

4.1.1 经营规划

经营规划要确定企业的经营目标和策略,为企业长远发展做出规划。主要是:1.产品开发方向及市场定位,预期的市场占有率;2.营业额、销售收入与利润、资金周转次数、销售利润率和资金利润率(ROI);3.长远能力规划、技术改造、企业扩建或基本建设;4.员工培训及职工队伍建设。

企业经营规划的目标,通常是以货币或金额来表达。这是企业的总体目标,是ERP系统其他各层计划的依据。所有层次的计划,只是对经营规划进一步具体细化,而不允许偏离经营规划。经营规划在企业高层领导主持下会同市场、生产、计划、物料、技术与财务各部门的负责人共同制定。在执行过程中有意外情况,下层计划人员只有反馈信息的义务,没有变动规划的权限;变更经营规划只能由企业高层领导决策。

4.1.2 销售与运营规划

销售与运营规划是ERP系统的第二个计划层次。在早期的MRPII流程中是分为销售规划与生产规划(或产品规划)两个层次,由于它们之间有不可分割的联系,后来合并为一个层次。销售与运营规划是为了体现企业经营规划而制定的产品系列生产大纲,按ERP标准系统要求,软件应包括这个计划层次,但由于它主要是由人工方式进行决策并录人数据,不是由系统运算得出的结果。因此,并非所有的软件都包括这层计划功能。

销售与运作规划的作用是:

1.把经营规划中用货币表达的目标转换为用产品系列的产量来表达;

2.制定一个均衡的月产率,以便均衡地利用资源,保持稳定生产;

3.控制拖欠量(对订货生产,简称MTO)或库存量(对现货生产,简称MTS);

4.作为编制主生产计划(MPS)的依据。销售规划不一定和生产规划完全一致。例如,销售规划要反映季节性需求,而生产规划要考虑均衡生产。在不同的销售环境下,生产规划的侧重点也不同。对现货生产(MTS)类型的产品,生产规划在确定月产率时,要考虑已有库存量。如果要提高成品库存资金周转次数,年末库存水准要低于年初,那么,生产规划的月产量就低于销售规划的预测值,不足部分用消耗库存量来弥补。对订货生产(MTO)类型的产品,生产规划要考虑未交付的拖欠订单量,如果要减少拖欠量,那么,生产规划的月产量要大于销售规划的预计销售量。

主生产计划、物料需求计划和能力需求计划将在后续相关章节中进行涉及。

4.2 实验指导

4.2.1 用友“创业者”企业模拟经营系统

用友 ERP 系统中,经营计划支持系统主要包含了经营规则、市场预测、公司信息、订单信息等信息的查询功能。

在用友“创业者”电子沙盘学生端操作界面中,提供了我们做企业仿真模拟经营所需要的基本规则和市场预测。如下图 4-1 所示:

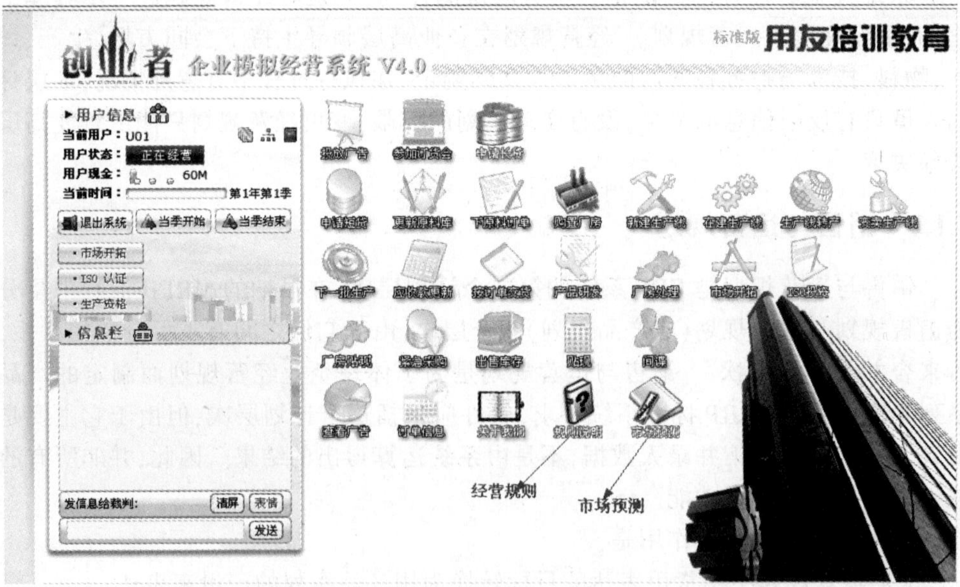

图 4-1 用友“创业者”电子沙盘学生端操作界面

1.企业模拟经营规则

双击图 4-1 中的“经营规则”图标,出现如图 4-2 中的“ERP 沙盘模拟重要经营规则”。

“经营规则”包括了厂房和生产线的购置、安装、维修费、残值、折旧等关于固定资产的规则，也包括了关于产品研发设计、渠道开发、投放广告等关于客户关系的规则。详细的经营规则见本章附录 4–1。

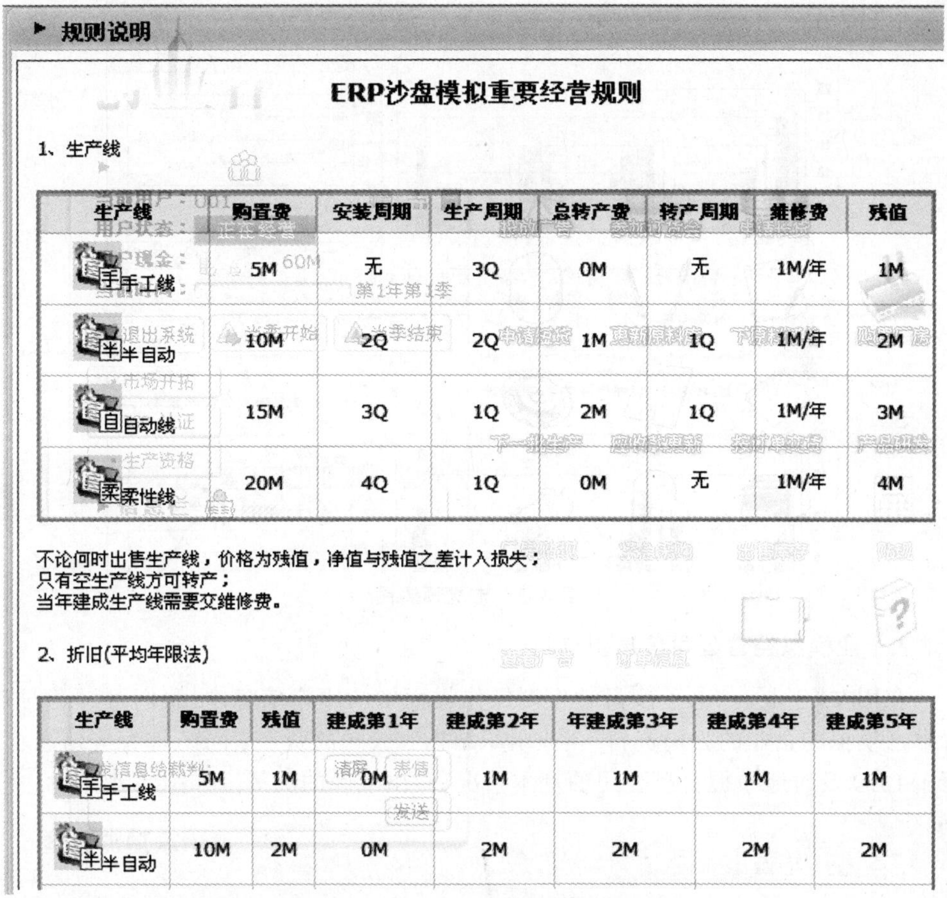

▶ 规则说明

ERP沙盘模拟重要经营规则

1、生产线

生产线	购置费	安装周期	生产周期	总转产费	转产周期	维修费	残值
手工线	5M	无	3Q	0M	无	1M/年	1M
半自动	10M	2Q	2Q	1M	1Q	1M/年	2M
自动线	15M	3Q	1Q	2M	1Q	1M/年	3M
柔性线	20M	4Q	1Q	0M	无	1M/年	4M

不论何时出售生产线，价格为残值，净值与残值之差计入损失；
只有空生产线方可转产；
当年建成生产线需要交维修费。

2、折旧(平均年限法)

生产线	购置费	残值	建成第1年	建成第2年	年建成第3年	建成第4年	建成第5年
手工线	5M	1M	0M	1M	1M	1M	1M
半自动	10M	2M	0M	2M	2M	2M	2M

图 4–2 ERP 沙盘模拟重要经营规则

2.企业模拟经营市场预测

双击图 4–1 中的“市场预测”图标，出现如图 4–3 中的市场预测图。该市场预测由教师端管理员设置好模拟经营小组数后，系统自动生成的，包括每一个市场 P 系列产品需求量的预测和价格预测。

注：1.该市场预测中的产品需求量预测为全行业的预测值，即所有小组的需求量之和，并不是对每个小组的需求量。

2.该市场预测只是对 P 系列产品未来发展情形的一个预测，并不是绝对的准确。

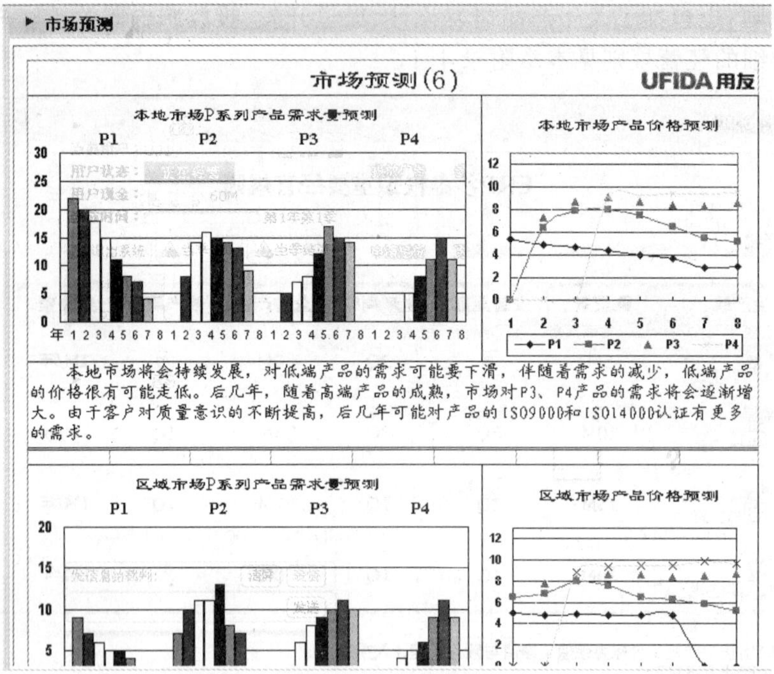

图 4–3　市场预测图

3.企业模拟经营公司信息查询

在用友“创业者”电子沙盘学生端操作界面中的用户信息中，我们可以随时查看自己模拟的企业的公司资料、企业组织结构和公司的资产、生产、库存等信息，以便于 CEO 及时地掌握自己公司的基本情况，做出准确的决策。如图 4–4。

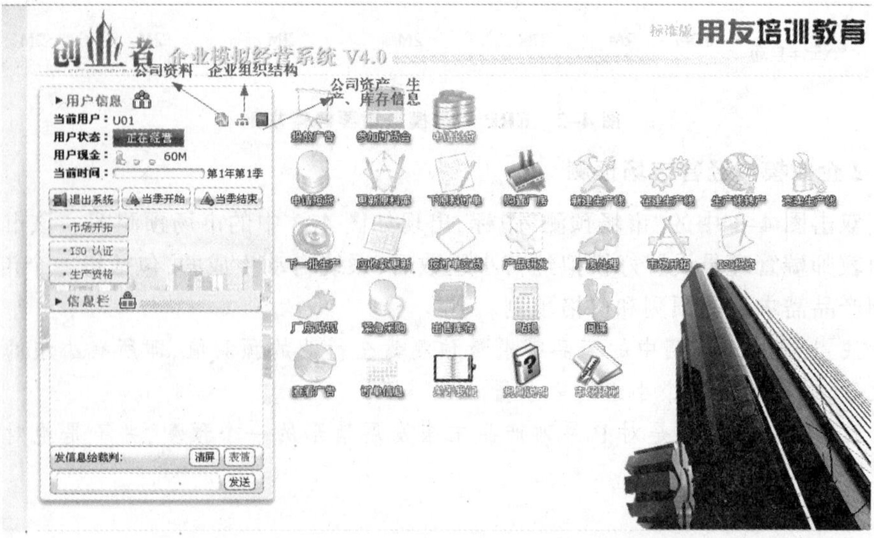

图 4–4　用友“创业者”电子沙盘学生端操作界面

用友“创业者”电子沙盘学生端操作界面中还提供了间谍和订单信息查询功能,如图 4-5。在间谍功能中,可以查看到其他竞争小组模拟企业的一些信息,以判断其战略决策,以便迅速的掌握对手的情况,从而决定自己的战略走向。在订单信息查询功能中,可以查看企业本年度所拿的订单的详细信息。

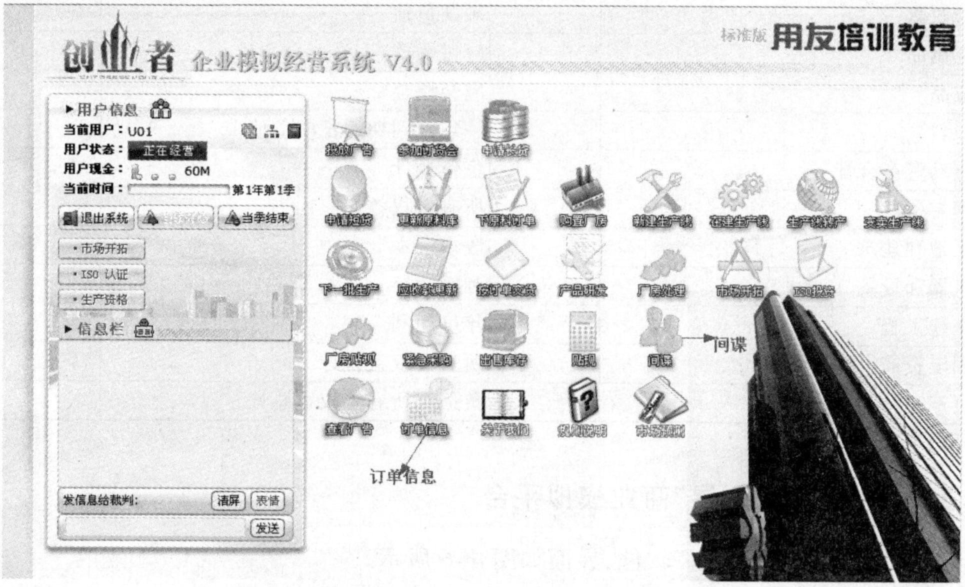

图 4-5　用友“创业者”电子沙盘学生端操作界面

4.企业模拟经营财务预算报表

用友“创业者”企业模拟经营系统中要求经营者熟悉会计三大基础报表:综合费用表(表 4-1)、利润表(表 4-2)和资产负债表(表 4-3)。利用这三大报表分析自己公司的经营状况,并通过每年的行业报表,分析竞争对手的经营状况和战略,从而更好的制定出自己公司的经营策略。

表 4-1 综合费用表

项目	金额
管理费	
广告费	
维修费	
租金	
转产费	
市场准入开拓	
ISO 资格认证	
产品研发	
其他	
合计	

表 4-2 利润表

项目	金额
销售收入	
直接成本	
毛利	
综合费用	
折旧前利润	
折旧	
支付利息前利润	
财务收入 \ 支出	
其他收入 \ 支出	
税前利润	
所得税	
净利润	

表 4-3 资产负债表

资产	金额	负债和所有者权益	金额
流动资产		负债	
现金		长期负债	
应收款		短期负债	
在制品		应付账款	
成品		应交税金	
原料		一年内到期的长期负债	
流动资产合计		负债合计	
固定资产		所有者权益	
土地和建筑		股东资本	
机器和设备		利润留存	
在建工程		年度净利	
固定资产合计		所有者权益合计	
资产总计		负债和所有者权益总计	

4.2.2 金蝶“创业之星”商业模拟平台

登陆金蝶“创业之星”软件,界面如图 4-6 所示。

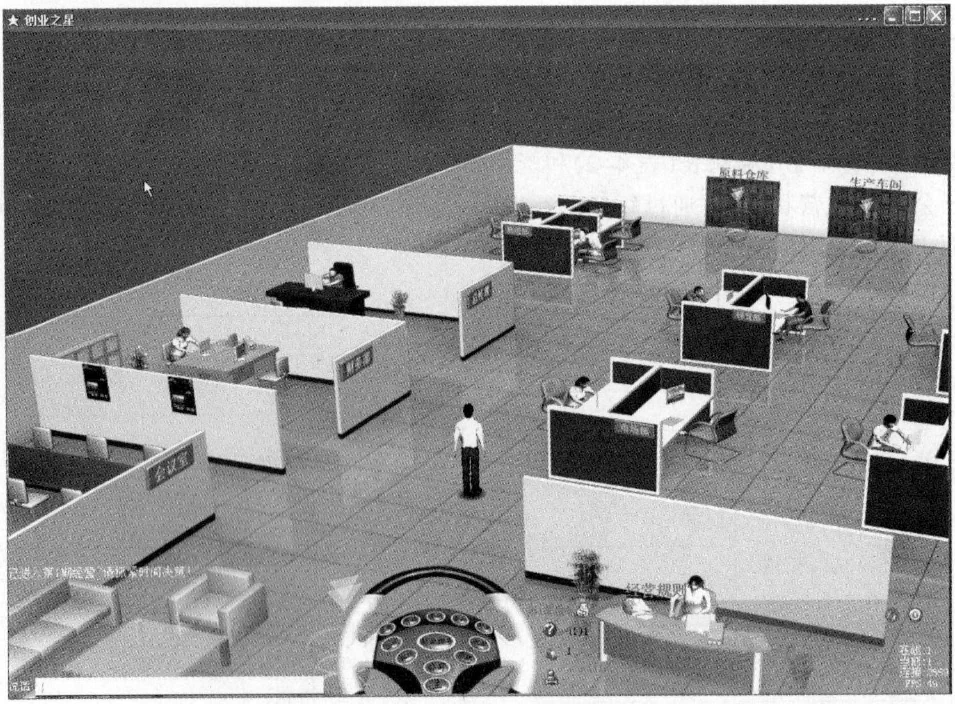

图 4-6 金蝶“创业之星”登录界面

点击如图 4-6 中下方的“❓”图标，出现如图 4-7 所示的窗口。在此窗口中，我们可以查看“创业之星”软件操作的所有经营规则。包括经营概述、数据规则、消费群体、设计研发、生产制造、市场营销、组间交易和季度结算项等信息，这是我们运用“创业之星”软件最基本的数据规则和决策基础。见附录 4-2。

图 4-7　金蝶“创业之星”操作界面

1.经营概述

在图 4-7 的窗口中，点击“经营概述”，出现如图 4-8 的窗口，在此窗口中，可以查看相关“创业之星”软件的经营目的、目标等内容。

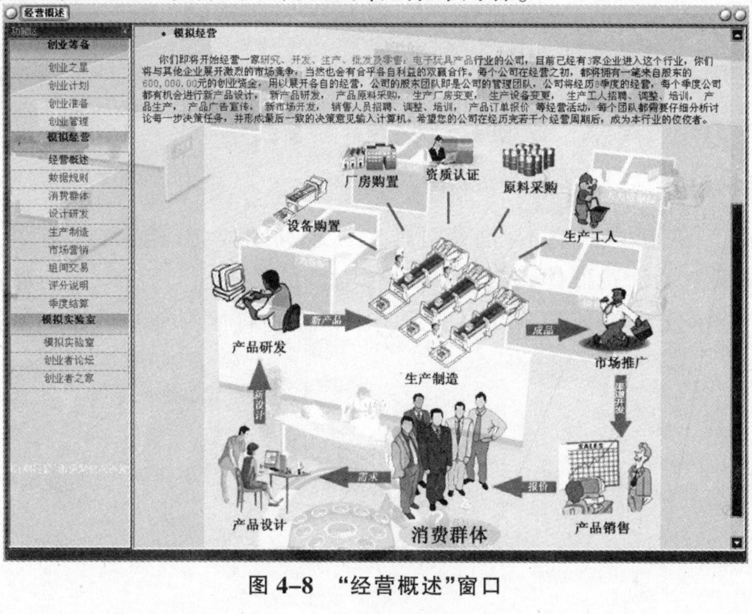

图 4-8　“经营概述”窗口

2.数据规则

在图 4–7 的窗口中,点击“数据规则”,出现如图 4–9 的窗口,可以查看经营数据规则,包括公司初始现金、公司注册设立费用、各种税率和人员的五险一金等比率。

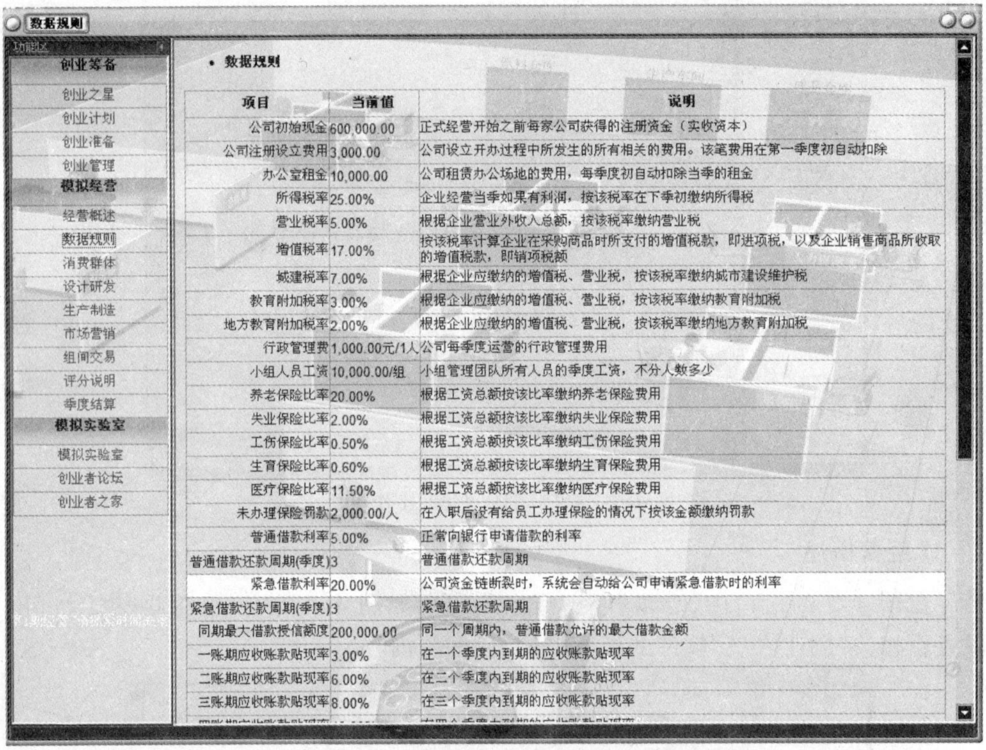

项目	当前值	说明
公司初始现金	600,000.00	正式经营开始之前每家公司获得的注册资金（实收资本）
公司注册设立费用	3,000.00	公司设立开办过程中所发生的所有相关的费用。该笔费用在第一季度初自动扣除
办公室租金	10,000.00	公司租赁办公场地的费用，每季度初自动扣除当季的租金
所得税率	25.00%	企业经营当季如果有利润，按该税率在下季初缴纳所得税
营业税率	5.00%	根据企业营业外收入总额，按该税率缴纳营业税
增值税率	17.00%	按该税率计算企业在采购商品时所支付的增值税款，即进项税，以及企业销售商品所收取的增值税款，即销项税额
城建税率	7.00%	根据企业应缴纳的增值税、营业税，按该税率缴纳城市建设维护税
教育附加税率	3.00%	根据企业应缴纳的增值税、营业税，按该税率缴纳教育附加税
地方教育附加税率	2.00%	根据企业应缴纳的增值税、营业税，按该税率缴纳地方教育附加税
行政管理费	1,000.00元/1人	公司每季度运营的行政管理费用
小组人员工资	10,000.00/组	小组管理团队所有人员的季度工资，不分人数多少
养老保险比率	20.00%	根据工资总额按该比率缴纳养老保险费用
失业保险比率	2.00%	根据工资总额按该比率缴纳失业保险费用
工伤保险比率	0.50%	根据工资总额按该比率缴纳工伤保险费用
生育保险比率	0.60%	根据工资总额按该比率缴纳生育保险费用
医疗保险比率	11.50%	根据工资总额按该比率缴纳医疗保险费用
未办理保险罚款	2,000.00/人	在入职后没有给员工办理保险的情况下按该金额缴纳罚款
普通借款利率	5.00%	正常向银行申请借款的利率
普通借款还款周期(季度)	3	普通借款还款周期
紧急借款利率	20.00%	公司资金链断裂时，系统会自动给公司申请紧急借款时的利率
紧急借款还款周期(季度)	3	紧急借款还款周期
同期最大借款授信额度	200,000.00	同一个周期内，普通借款允许的最大借款金额
一账期应收账款贴现率	3.00%	在一个季度内到期的应收账款贴现率
二账期应收账款贴现率	6.00%	在二个季度内到期的应收账款贴现率
三账期应收账款贴现率	8.00%	在三个季度内到期的应收账款贴现率

图 4–9 “数据规则”窗口

3.消费群体

在图 4–7 的窗口中,点击“消费群体”,出现如图 4–10 的窗口,在这里可以查看公司需要面对的消费群体,和各消费群体对产品的关注与侧重点、产品功能的诉求等信息。这是公司在研发产品时的最基本依据，直接营销所设计产品的销售情况。

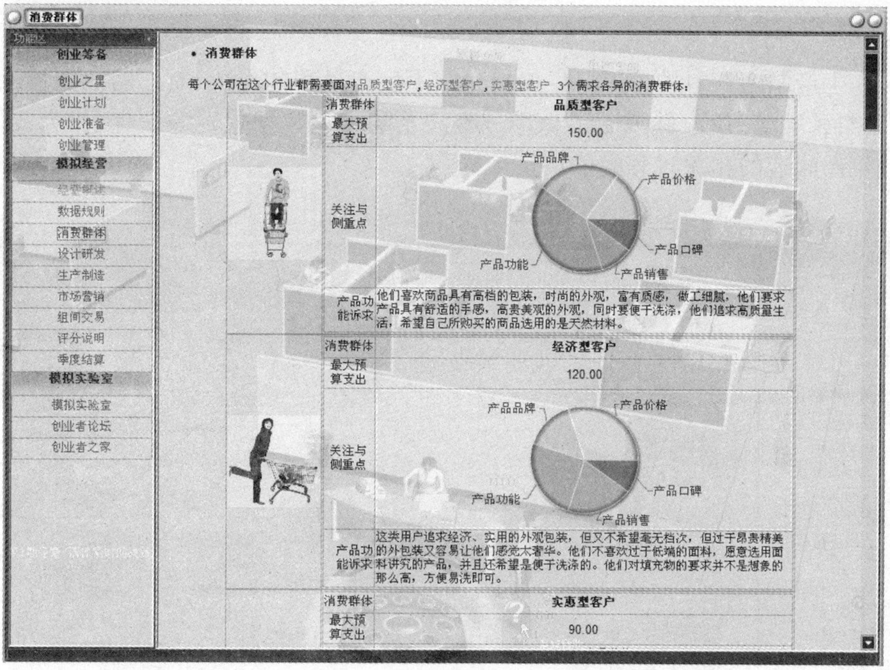

图 4-10 “消费群体”窗口

4.设计研发

在设计研发窗口中,规定了我们对产品设计和产品研发的一些规则。如图 4-11。

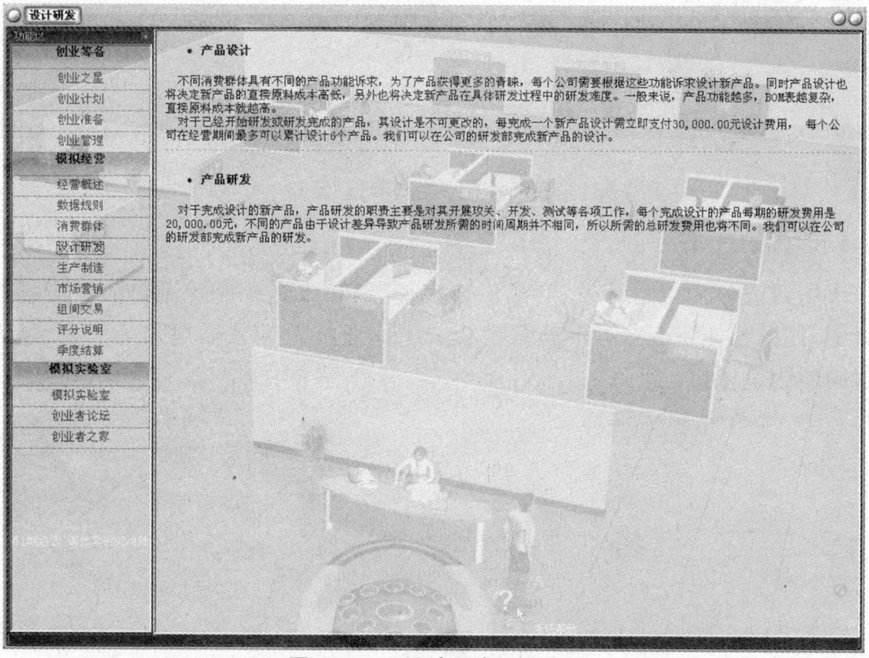

图 4-11 “设计研发”窗口

5.生产制造

在生产制造窗口中(如图 4-12),介绍了生产过程的组成,有厂房购置、设备购置、原料采购等过程,并说明了每个过程涉及的相关数据规则等信息,作为我们在进行生产制造的相关过程时的决策依据。

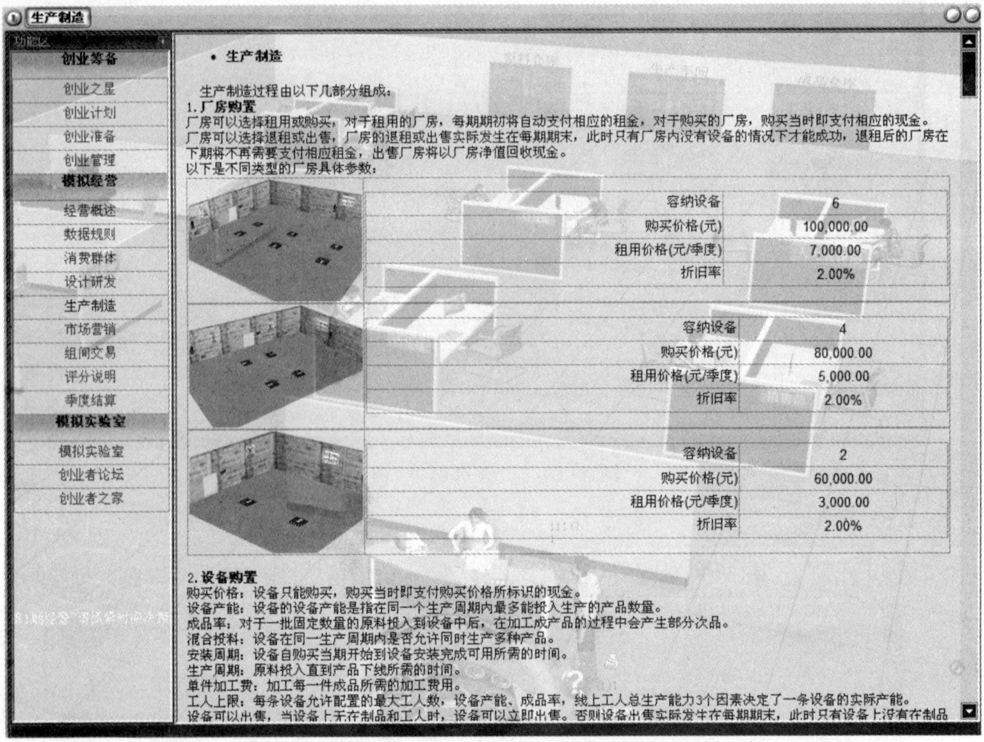

图 4-12 “生产制造”窗口

6.市场营销

市场营销分为渠道开发、产品广告宣传、销售人员招聘等工作。在市场营销的窗口中,如图 4-13,给出了市场营销相关工作所涉及的数据规则等信息,是进行市场营销的决策依据。

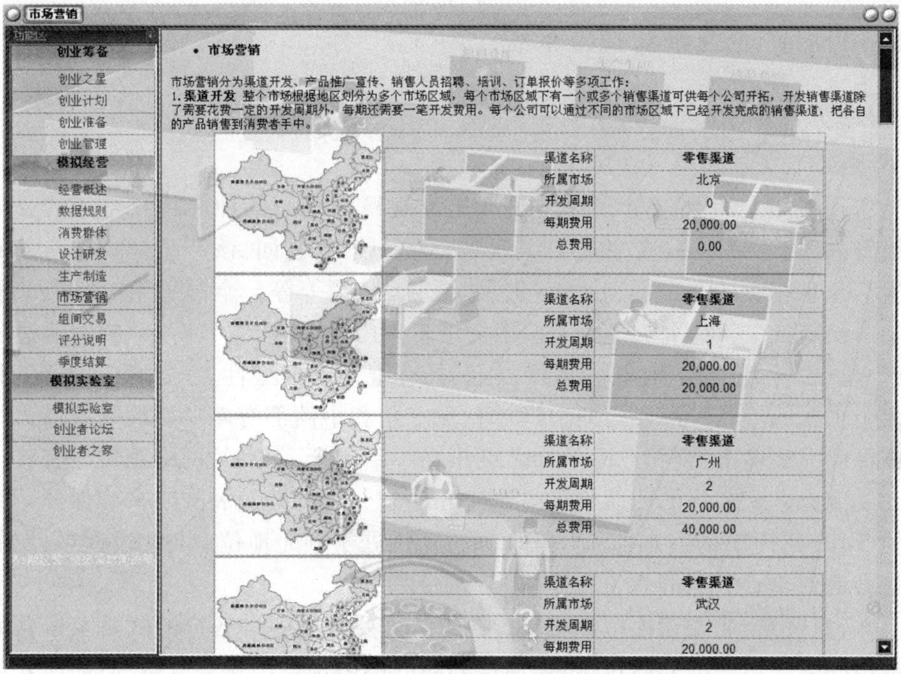

图 4-13 “市场营销”窗口

7.季度结算

在季度结算窗口中(如图 4-14),给出了在系统进入下一季度时,系统自动进行的一些结算工作的先后顺序,是我们进行财务预算和经营预测的重要依据。

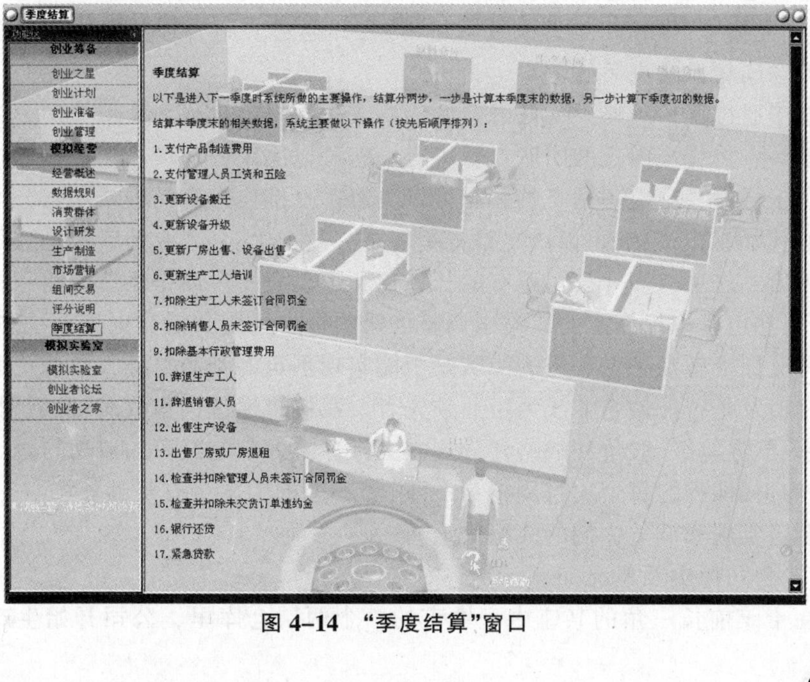

图 4-14 “季度结算”窗口

4.2.3 “商道”企业经营模拟系统

1.经营背景

(1)行业背景介绍

您现在加入的是一个有着 1 亿元销售规模的生产某种产品“E-go”的公司的高级管理团队。“E-go”是我们给某种产品的一个代名词,该产品是一种与人的日常生活息息相关的必需品,比如说时装、衣饰、鞋帽等等。全国每年对“E-go”的需求基本稳定持久,可以将“E-go”按中文谐音理解为“易购”。“E-go”的商业过程涉及产、供、销等各个环节,在管理特点上,具有很强的典型性。全国“E-go”工业在其四个主要的市场——长三角、环渤海、珠三角和中西部有着良好的发展潜力。

在此大环境下,公司产品的知名度正在不断上升,新兴的网络销售也有着广阔的发展潜力。您和您的团队将通过制定和实施一系列的发展战略来确保公司在未来的 5-10 年内市场占有率和利润率在行业内处于领先地位。在此过程中,您的公司将会遇到非常激烈的竞争和挑战。

在《商道》企业经营模拟课程里,各团队需要处理各种各样的战略及运营方面的具体问题。短期的问题包括:如何使公司的网络销售尽快实现盈利;如何处理公司在长三角工厂的生产成本过高的问题;是否通过直接设厂来进入中西部市场等。长期的问题包括如何保持公司的竞争优势;如何应对竞争对手的战略变动以及如何从长远的角度增加股东的权益。

您和您的团队将全权负责公司产品的销售价格、产品质量、客户服务、广告和推广、产品线宽度、销售渠道以及网络销售,并通过实施合理的竞争战略在每一个目标市场确立您的竞争优势。

至于通过哪种战略——低成本低价格或高质量高价格,集中一两个市场或全国销售——将完全由您的团队自行决定。您可以决定公司产品的价格、质量、服务是定位于低端、中端还是高端;您可以决定重点推广自有品牌或加强公司的贴牌(OEM)代加工生产;您可以决定是把销售重心放在“E-go”专卖店还是公司开自己的品牌店;您可以固守公司现有的长三角和环渤海工厂或是在珠三角和中西部开设新厂;您也可以根据您的战略来调整公司的资本结构和借贷比例。一切战略和决策的考核标准就在于您和您的团队是否能实现预定的利润目标,是否使股东的所有权增值及是否能使企业成为行业领先者。我们将通过销售收入、税后利润、投资回报率、债券等级、股价和战略评分这六大指标来评判您经营的成功与否。

《商道》课程的每个决策周期为一年,您和您的团队将有足够长(5~10 年)的时间来制定实施和调整你们的战略决策。

(2)公司历史及概况

在十年前长三角的某座中型城市的一个两层仓库里,公司开始生产第一件

“E-go”。经过十年的发展,公司已成为有着 1 亿元销售额的全国性企业。现在,公司在长三角的某座中型城市的工厂拥有每年 100 万件“E-go”的生产能力,最新建设的环渤海流水线则具备了年产 300 万件的能力。公司在长江三角洲、环渤海地区和珠江三角洲分别设立了分销仓库来保证这三个全国最大的市场的产品供应。公司在开业的第 7 年以每股 5 元的价格在上海证券交易所上市,到第十年末,公司的股价达到 15 元/股,流通股为 600 万股。

(3)公司的第一个五年

第一年的亏损几乎耗尽了 10 万元的贷款。随着产品质量的提高,生产效率的改进和公司知名度的提升,公司第二年卖出了 28,000 件“E-go”,销售额突破了 50 万元。 在第三年,公司的经营走上了正轨,销量达到 15 万件,销售额超过了 300 万元。公司把所有的利润全部投在了扩大再生产上,开发了更多的产品型号并开发新的销售市场。当小孩和年轻人开始把“E-go”作为日常穿着的时候,公司也把销售渠道从专卖店扩展到普通的百货商店。

在第四年,长三角和珠江三角洲地区的“E-go”市场需求急剧上升,相关制品价格的上涨也给“E-go”市场带来了更光明的前景,公司牢牢抓住了这一契机, 在第五年,公司的销售规模已经达到 475,000 件和销售额 1700 万元。为了适应日益增长的生产规模, 公司投资 2000 万元在长三角新建了一个拥有最新技术和 100 万件“E-go”产能的新工厂。这笔资金大部分是通过贷款获得的。

(4)公司的第二个五年

在第二个五年里,公司的“E-go”销售已经达到 250 万件,第十年的销售收入达到 1.02 亿元。 在新工厂建成后八个月,也就是第六年末,公司在东莞建立了负责珠三角供应的分销仓库。到了第八年,公司决定再次扩展,在全国“E-go”生产基地的环渤海建了一个有 100 万件“E-go”产能的现代化工厂。同时,公司也在上海开始为大型的连锁店如沃尔玛等做贴牌(OEM)生产。工厂的产能也在第九年扩展到 300 万件。 为了保证公司高速扩展的资金需要,公司在第七年招股上市,以每股 5 元发行了 200 万股公众股, 第九年为环渤海工厂的扩展又发行了 100 万股,加上公司股东持有的 300 万股股权,公司的流通股达到了 600 万股。此外公司还在第七和第九年分别发行了总计 3000 万元的公司债券。这一切为公司的环渤海扩展和开展公司网络营销奠定了坚实的资金后盾。

第 6~10 年,公司的利润在不断地增长,每股收益率从第七年的 0.41 元增长到第十年的 1.52 元。投资回报率也达到 11.53%。公司的良好财务状况使公司的债券信用等级保持在 BBB 级。现在,公司的创业者决定不再亲自管理公司的日常业务,他们将仍然留在董事会并继续持有手中的 300 万股份。您和您的团队将全权负责公司的经营管理和长期的战略发展大计。

(5)董事会的要求

管理团队将由三到五人组成,新的管理层将领导公司未来几年的经营和发展。在这个模拟课程里,每个决策的有效周期为一年,将有机会作 5~10 个模拟决策,也就是有 5~10 年来经营这个公司。我们的课程给参与者足够长的时间来实施并调整战略计划。您将从第十一年开始接管公司的业务。

董事会认为公司目前在环渤海、长三角、珠三角和中西部都保持着相对稳定的业务。公司新的网络直销网站也为网上销售的开展提供了足够的保证。董事会希望新的管理层能够制定并实施一个长期的战略发展计划,用以:

1)加强公司在本行业的知名度和竞争力

2)通过提高每股收益率来提高股东的投资回报率

3)通过股价的上升和更高的分红来增加股东的财富

4)保持公司财务稳定性和现有的信用等级(BBB)

董事会授予您和您的团队最大限度的权力来实施新的战略, 但有两个限制条件:

1)不能和其他公司合并 (保持公司独立性)

2)各项经营必须遵纪守法

董事会将以年为考核周期评价和审核您的经营业绩, 具体将由以下六个考核指标来进行评判:

1)销售收入的增长

2)每股收益率的增长(以目前 1.52 元/股为标准)

3)投资回报率(ROI:return on investment)

4)公司市值(股价 x 流通股数量)

5)债券等级

6)战略评分

我们将会用这六个指标的加权平均指数来评判您经营的好坏, 加权权重指数将在课程开始前予以公布。

(6)如何经营您的公司

1)行业和竞争环境分析

您的公司将参与全国市场范围的竞争,这个市场将会有 3-16 个竞争对手(课程管理员将在课程开始时宣布准确的参与公司数)。 所有参与的公司将在完全相同的条件下开始各自的经营。从全行业的角度看,“E-go” 销售的远景是良好的。“E-go”的目标客户不分男女老幼。

第 11~15 年的预计市场需求增长率(件):

长三角: 5%~20%

环渤海:15%~35%

珠三角：10%~25%

中西部：15%~35%

长三角市场的低增长是因为这个市场的消费者大多已经拥有1件或更多的"E-go"，所以这个市场的销售主要是替换而不是首次购买。每年年末本课程将提供您一份更详尽的行业需求报告。

2)消费者和销售渠道

"E-go"生产厂家将主要运用以下4个销售渠道来销售其产品：

a.独立的"E-go"零售商

b.公司开设的专卖店

c.网上销售

d.为大型连锁超市进行贴牌生产

所有的公司传统的做法都是主要依靠独立零售商来销售公司的品牌产品，都通过自己的努力来建立销售网络。公司的业务代表负责开发市场和提供服务。各个公司在其销售市场都会有专门的业务负责人负责联络零售商推销公司产品，帮助零售商进货和产品陈列。有的零售商展示公司的全线产品，有的只陈列公司部分型号和款式。独立的"E-go"零售商的零售一般是工厂批发价的一倍。然而，互联网的高速发展使生产商有机会通过网上销售来吸引更多的顾客，网上产品的"推广价"一般会比商店零售价低25元/件。

为大型连锁店进行贴牌生产是长三角市场独有的一个销售渠道。连锁店希望这些自有品牌的产品比生产商的品牌产品售价低20%左右。在连锁店制定了产品质量和品种的最低标准后，生产商只能通过公平竞价的方式赢取合同。

不同的消费者对产品的价格、质量和功能会有不同的需求，因而给了生产商足够的空间来实施各自的战略计划，无论是走中低档路线还是走高档精品路线都有充足的生存空间。

3)原材料供应

所有生产"E-go"的原材料都可以方便地在公开市场购买到。全国有300多家原料生产供应商提供所有品种的原料。送货期一般都在48小时之内，这样的公开市场使生产商购买原材料的成本肯定低于自己亲自生产原材料的成本。

供应商主要供应两个等级的原料：一类是普通材料而另一类则是高级材料。使用高级材料可以提高产品的质量和功能，但价格比普通材料的产品高三分之二。全部使用高级材料的"E-go"的成本是15元，而全部普通材料"E-go"的成本是9元。

我们假设所有的供应商都提供相同质量和价格的原材料。原材料价格取决于全国生产的供求关系。一旦全国"E-go"的生产量低于总产能的90%，比90%每低1%，原材料价格也将下降1%。反过来，如果产量超过总产能(100%)，每超过1%，原材料价格将上升 1%。另一个决定原材料价格波动的因素是对两种不同原料需求的相互转换。当全国使用高级材料的比例超过 25%时,每超过 1%,高级材料价格上升 0.5%, 同时普通材料价格将下降 0.5%。所以, 一旦高级材料的使用超过 25%, 两种材料价格的差距将被拉大。尽管产品的价格有这样那样的波动可能性,从整个供应商的角度来看,原材料的供应是充足的。公司的经营将不会遇到原材料短缺的问题。

4)生产加工

“E-go”生产技术是一个已经成熟且没有太多的复杂工序的技术。在本课程里,没有哪一家可以凭专利技术获得竞争优势。生产程序包括样板制作、整合、模具制作、及各种填充物。工人按不同的工序分工以利于“计件奖励工资制”的实施。工人的熟练和灵巧度是决定生产效率的主要因素。同样,如果工人不仔细的话,产品质量的下滑也是极其迅速的,所以,每道工序都要有严格的质量控制程序。

研究表明,流水线在一次组装同一型号产品时效率最高。型号的切换和机器的维护一般在换班时进行。流水线可以最多加班生产 20%。中西部拥有大量廉价的劳动力,这个地区的劳动力成本大约是 10,000 元/年,而珠三角和环渤海为 15,000 元/年, 长三角则高达 20,000 元/年以上。相对于工资差别,各地区劳动力的生产能力并没有本质差别。工人的生产率主要取决于工厂的奖励制度、生产方式和自动化程度。

5)竞争手段

公司之间的竞争主要有以下十一个变量决定:

①批发价

②产品质量

③给消费者返利手段的运用

④产品多样性

⑤广告

⑥名人代言和品牌效应

⑦独立零售商的数量

⑧对零售商提供的支持服务

⑨公司专卖店的数量

⑩网络销售的效果

⑪顾客对品牌的忠诚度。

公司在各个地区的生产份额的大小将由这十一个竞争要素综合决定。只要公司总的竞争力比对手强,公司在这个地区的市场份额将高于对手。 您将发现如何综合运用好这十一种竞争武器是赢取市场和利润的关键。我们会在稍后详细介绍十一个因素的具体影响。现在您必须了解的是,这是一个互动课程,公司竞争性的优劣是取决于参加课程团队之间的相互对比，而不是由电脑或课程管理员主观判定。所以在每个公司制定并实施其战略计划时，必须密切关注和预测对手的动向，使自己公司的产品价格，服务和市场的需求紧密的相结合，力求总的经营竞争指数高于您的对手。在现阶段，公司没有制定明确的发展战略，公司产品从价格、质量、服务到市场推广都处于行业平均值。也就是说公司没有明确的决定是走规模销售路线还是走特色经营的路线。交到您手中的公司是个“中性”的实体，需要您和您的团队来决定其未来的走向。公司的战略定向是公司取得成功的关键。您的团队将负责制定公司的未来发展方向，无论是定位全国或区域，低价或高价，品牌或贴牌。在课程中没有绝对的优劣，您的对手是参与课程的其他团队而不是电脑程序。

2.“商道”企业经营模拟系统

进入“商道”企业经营模拟系统，出现如图 4–15 所示的界面。其中第 0 屏为总经理年度预算会议决策（年度预算）屏。

图 4–15 “商道”企业经营模拟系统界面

每个公司的销售业绩将取决于各自的经营以及同对手的竞争结果。如果公司能制定具有吸引力的价格，并采用积极的市场营销手段，那么他们的销售业绩将高于平均数，反之亦然。您将运用本系统中的年度预算会议决策屏来决定您的生产和销售计划。决定销售额的因素包括售价、产品质量、品牌形象、促销手段以及您和对手竞争情况的判断。

本屏中,您需要对行业内各市场的发展趋势(沪深 300 指数)和各部分数据(预期行业平均)做出自己的预测,随后依据预期在 1~9 屏中制订针对性的决策,从而达到行业最优。

进入如图 4-15 所示窗口后,点击“0 年度预算”按钮后,出现如图 4-16 所示的屏幕。

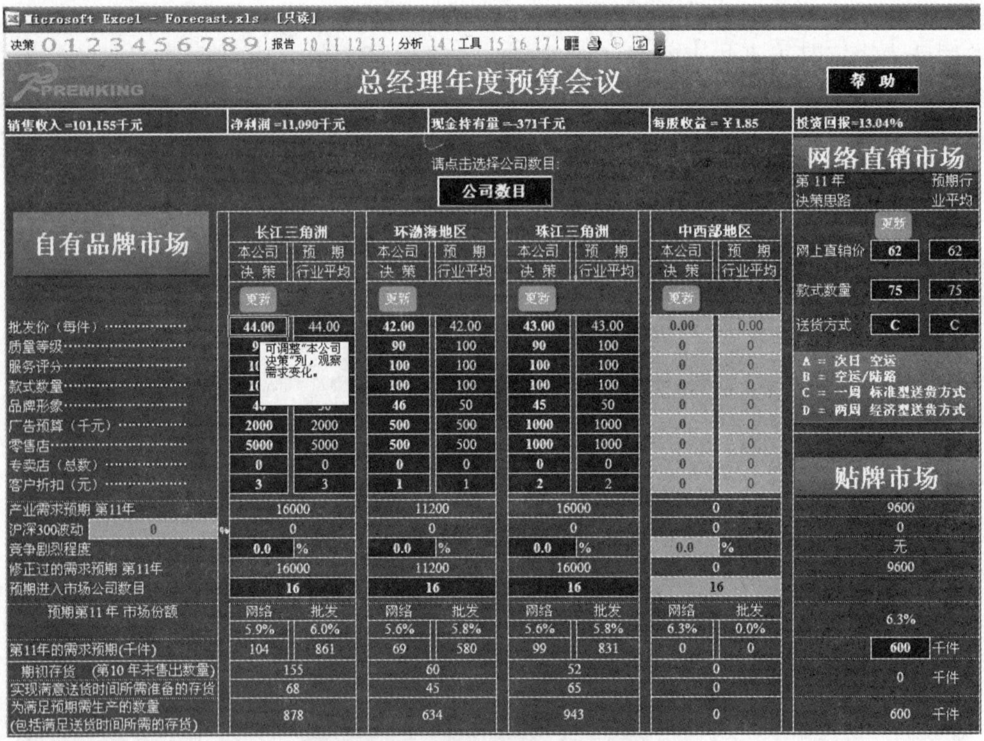

图 4-16 总经理年度预算会议决策屏

表 4-1 CEO 年度预算会议对市场的预期

	贴牌(件)	自有品牌(件)				全国总计
		长三角	环渤海	珠三角	中西部	
第 11 年	650,000	1,500,000	840,000	1000,000		3,990,000
地 12 年	700,000	1,650,000	910,000	1080,000	300,000	4,4640,000

根据预测,全国“E-go”需求在第十一年将增长 16%,第十二年预计增长 22%,具体数字见上表。表中的数字都是一个公司的平均数。全国的需求总数等于参加比赛的公司数乘以以上平均数。 每个公司的销售将取决于各自的经营以及同对手的竞争结果。如果公司能制定具有吸引力的价格,采用积极的市场营销手段,那

么他们的销售业绩将高于平均数,反之亦然。您将运用本课程的年度预算会议决策屏来决定您的生产和销售计划。决定这个销售额的因素包括售价、产品质量、品牌形象、促销手段以及您和对手竞争情况的判断。

在实际工作总,各个不同地区的预测偏差是客观存在的,这些偏差取决于:

①预料之外的经济状况和消费者购买力变化;

②在某一地区异常强或弱的对手的竞争状况。

在 CEO 年度预算会议屏中有两行是沪深 300 波动和竞争激烈程度,可以根据沪深 300 指数和竞争激烈程度调整预期。

(1)沪深 300 指数(图 4–17)

为反映中国证券市场股票价格变动的概貌和运行情况,并能够作为投资业绩的评价标准,为指数化投资及指数衍生产品创新提供基础条件,沪、深证券交易所编制并发布了沪、深 300 统一指数,简称"沪深 300"。

图 4–17 总经理年度预算会议决策屏——沪深 300 指数

一般来讲,全国"E-go"销售受到中国经济波动、消费者信心和下岗率的影响。最新的研究表明实际销售和预测数之间的偏差和沪深 300 的波动相关联。这种关联是同方向的,也就是说,当沪深 300 指数比上一年高时,实际销售将大于预测数,反之将低于预测。但这种影响不会超过预测数的 10%。我们把第十一年的沪深

300 指数作为基数,其影响将从第十二年开始。

(2)竞争激烈程度(图 4-18)

通过竞争激烈程度调整预期,当竞争激烈程度为 3.0%时,修正过的需求预期将发生变化。将图 4-17 与图 4-18 对比可看出变化。

竞争的激烈程度同样会影响实际销售数, 如果参与公司大幅降价或显著的提高产品质量和售后服务,整个实际销售量将超过预测值,反之亦然。这种影响将最多产生 4%的预测偏差。我们所做的所有销售预测都是以第十年的工业状况为基础的。

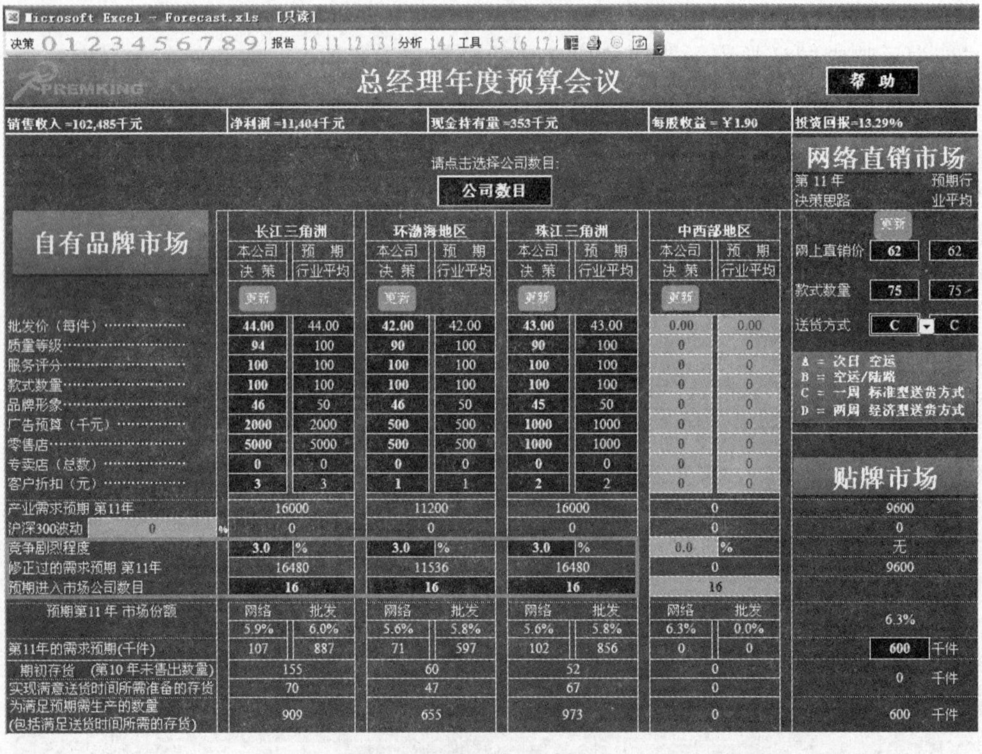

图 4-18 总经理年度预算会议决策屏——竞争激烈程度

(3)预期公司的销售和市场份额

CEO 年度预算会议决策屏的中间区域是非常重要的,显示屏上已显示的数字是去年的实际数字,每一个区域市场的第一列记录了所应做出的重要决策(包括批发价、广告、零售渠道和折扣)以及其他相关决策(质量等级、客户服务水平、款式数量和品牌形象)。相邻的第二列显示的是预期行业平均值,我们需要尽最大可能准确的预期行业平均值,也就是预测行业平均产品质量、平均售价等。这就需要充分考虑竞争者对手是否提价或者降价了, 质量等级、服务评分提高了或者降低了等等。

如果模型给出的销售额和市场份额低于所期望的水平(或高于生产能力),则可以通过价格、质量、款式数量、广告等各个栏目的调整变化组合,来得到想要的数字。

(4)“如果……就……”测试的重要性

对于售价、质量、款式、广告、零售商、专卖店、折扣等数据,可以采用“如果……就……”的方式进行测试,输入不同的测试数值,从而可以看到不同的市场和销售方案对公司销量的影响。这是公司每年做出可以击败对手的正确决策的一个重要过程。但必须牢记的是,总的市场需求是一定的,自己公司的增长是建立在夺取对手市场的基础上的,对手在下一年可能会调整战略方向来夺回失去的市场份额。

4.3 实验项目

4.3.1 用友实验

实验目的

本实验通过用友“创业者”企业模拟经营系统,了解用友“创业者”企业模拟经营系统的模拟基本规则,了解系统中对产品需求和产品价格预测对模拟企业经营的决策支持和指导作用,认识决策支持对企业经营的重要性。

1.掌握用友“创业者”企业模拟经营系统的模拟基本规则。

2.学习分析用友“创业者”企业模拟经营系统中的市场预测,包括产品需求量预测和产品价格预测。

3.分析在模拟企业综合费用等费用不变的情况下,哪个产品或产品组合能使公司达到最大的利润。

实验步骤

1.登录用友“创业者”企业模拟经营系统;

2.打开“基本规则”和“市场预测”,进行阅读并分析;

3.通过对“基本规则”和“市场预测”的掌握,在原材料供应充足的情况下,分析比较在模拟经营的第二年用“四条自动线产 P2 产品”和“两条自动线产 P1 产品、两条自动线产 P2 产品”哪一个的方案的净利润大。

实验总结

4.3.2 金蝶实验

实验目的

本实验通过金蝶“创业之星”商业模拟平台,了解金蝶“创业之星”商业模拟平台的模拟经营背景,了解和掌握金蝶“创业之星”商业模拟平台的基本操作规则和消费市场预测,并通过对消费市场的预测分析,依据消费者对各类型产品的诉求,分析各产品在各市场中的优缺点。

1.掌握金蝶“创业之星”商业模拟平台的基本经营规则和数据规则。

2.学习分析金蝶“创业之星”商业模拟平台中的三类型产品消费群体在各个市场中的优缺点。

3.分析“品质型客户”和“实惠型客户”对产品功能、产品价格、产品品牌等方面的诉求有什么不同和在市场中的优缺点。

实验步骤

1.登录“创业之星”商业模拟平台学生端;

2.在系统中查看并分析“帮助”中的系统模拟背景、模拟规则等内容;

3.通过对规则和消费群体诉求等内容的了解,分析以下两个公司的产品方案的优缺点。

A 公司:只做“品质型”产品

B 公司:做“实惠型”、“经济型”和“品质型”产品的组合

实验总结

4.3.3 商道实验

实验目的

本实验通过“商道”企业经营模拟系统,了解“商道”企业经营模拟系统的模拟经营背景和经营规则,并掌握“商道”企业经营模拟系统中的第 0 屏(总经理年度预算会议决策屏)的使用,学会通过“如果……就……”的测试方式实现公司拟定的经营计划。认识总经理年度预算会议决策的重要性。

1.了解“商道”企业经营模拟系统的模拟经营背景和经营规则。

2.掌握“沪深 300 指数”和“竞争激烈程度”对模拟经营预测的影响。

3.分析在其余经营状况相同的情况下，选择“高质量低款式”和“低质量高款式”产品战略的不同。

实验步骤

1.登录“商道”企业经营模拟系统客户端；

2.在其他经营情况相同的情况下，比较和分析“竞争激烈程度”为 1%和 3%时，对产品需求预期的影响；

3.在其他经营条件相同的情况下，比较和分析以下两个公司的产品战略的优缺点。

A 公司：质量等级 200，款式数量 50；

B 公司：质量等级 50，款式数量 200。

实验总结

____

____

____

____

____

附录 4-1: 用友"创业者"企业模拟经营系统经营规则

1.生产线

表 4-1-1　四种生产线

生产线	购置费	安装周期	生产周期	总转产费	转产周期	维修费	残值
手工线	5M	无	3Q	0M	无	1M/年	1M
半自动	10M	2Q	2Q	1M	1Q	1M/年	2M
自动线	15M	3Q	1Q	2M	1Q	1M/年	3M
柔性线	20M	4Q	1Q	0M	无	1M/年	4M

不论何时出售生产线,价格为残值,净值与残值之差计入损失;

只有空生产线方可转产;

当年建成生产线需要交维修费。

2.折旧(平均年限法)

表 4-1-2　四种生产线的折旧

生产线	购置费	残值	建成第 1 年	建成第 2 年	年建成第 3 年	建成第 4 年	建成第 5 年
手工线	5M	1M	0M	1M	1M	1M	1M
半自动	10M	2M	0M	2M	2M	2M	2M
自动线	15M	3M	0M	3M	3M	3M	3M
柔性线	20M	4M	0M	4M	4M	4M	4M

3.融资

表 4-1-3　融资途径表

贷款类型	贷款时间	贷款额度	年息	还款方式
长期贷款	每年年初	所有长短贷之和不超过上年权益 3 倍	10 %	年初付息，到期还本,10 倍数
短期贷款	每季度初		5 %	到期一次还本付息,20 倍数
资金贴现	任何时间	视应收款额	12.5 %(3 季,4 季),10 %(1 季,2 季)	变现时贴息
库存拍卖	100 %(产品) 80 %(原料)			

4.厂房

表 4-1-4 厂房类型表

厂房	买价	租金	售价	容量	
	40M	5M/年	40M	6	厂房出售得到 4 个账期的应收款，紧急情况下可厂房贴现，直接得到现金。
	30M	3M/年	30M	4	

5.市场准入

表 4-1-5 各类市场准入情况表

市场	开发费	时间	
本地	1M/年	1 年	开发费用按开发时间在年末平均支付，不允许加速投资。 市场开发完成后，领取相应的市场准入证。
区域	1M/年	1 年	
国内	1M/年	2 年	
亚洲	1M/年	3 年	
国际	1M/年	4 年	

6.资格认证

表 4-1-6 两种资格认证条件表

认证	ISO9000	ISO14000	平均支付，认证完成后可以领取相应的 ISO 资格证。可中断投资。
时间	2 年	2 年	
费用	1M/年	2M/年	

7.产品物料清单

表 4-1-7 产品物料清单

名称	开发费用	开发周期	加工费	直接成本	产品组成
P_1	1M/季	2 季	1M/个	2M/个	R_1
P_2	1M/季	4 季	1M/个	3M/个	R_2+R_3
P_3	1M/季	6 季	1M/个	4M/个	$R_1+R_3+R_4$
P_4	2M/季	6 季	1M/个	5M/个	$R_2+R_3+2R_4$

8.原料设置

表 4-1-8 产品原料设置表

名称	购买价格	提前期
P_1	1M/个	1 季
P_2	1M/个	1 季
P_3	1M/个	2 季
P_4	1M/个	2 季

9.紧急采购,付款即到货,原材料价格为直接成本的 2 倍,成品价格为直接成为的 3 倍。

10.选单规则:上年本市场销售额最高(无违约)优先,其次看本市场本产品广告额,再看本市场广告总额,最后看市场销售排名,如仍无法决定,先投广告者先选单。

11.破产标准:现金断流或权益为负。

12.第一年无订单。

13.交单可提前,不可推后,违约收回订单。

14.违约金扣除——向下取整;库存拍卖所得现金——向下取整;贴现费用——向上取整;扣税——向下取整。

15.库存折价拍价,生产线变卖,紧急采购,订单违约记入损失。

表 4–1–9 相关重要参数表

违约扣款百分比	20 %	最大长贷年限	5 年
库存折价率(产品)	100 %	库存折价率(原料)	80 %
长期贷款利率	10 %	短期贷款利率	5 %
贷款额倍数	3 倍	初始现金(股东资本)	60 M
贴现率(1,2 期)	10 %	贴现率(3,4 期)	12.5 %
管理费	1 M/季	信息费	0 M/次
紧急采购倍数(原料)	2 倍	紧急采购倍数(产品)	3 倍
所得税率	25 %	最大经营年限	7 年
选单时间	40 秒	选单补时时间	25 秒
间谍有效时间	600 秒	间谍使用间隔	3000 秒
市场老大	存在		

附录 4-2:金蝶"创业之星"商业模拟平台经营规则

1.数据规则

表 4-2-1 数据规则

项目	当前值	说明
公司初始现金	600,000.00	正式经营开始之前每家公司获得的注册资金(实收资本)
公司注册设立费用	3,000.00	公司设立开办过程中所发生的所有相关的费用。该笔费用在第一季度初自动扣除
办公室租金	10,000.00	公司租赁办公场地的费用,每季度初自动扣除当季的租金
所得税率	25.00%	企业经营当季如果有利润,按该税率在下季初缴纳所得税
营业税率	5.00%	根据企业营业外收入总额,按该税率缴纳营业税
增值税率	17.00%	按该税率计算企业在采购商品时所支付的增值税款,即进项税,以及企业销售商品所收取的增值税款,即销项税额
城建税率	7.00%	根据企业应缴纳的增值税、营业税,按该税率缴纳城市建设维护税
教育附加税率	3.00%	根据企业应缴纳的增值税、营业税,按该税率缴纳教育附加税
地方教育附加税率	2.00%	根据企业应缴纳的增值税、营业税,按该税率缴纳地方教育附加税
行政管理费	1,000.00 元/1 人	公司每季度运营的行政管理费用
小组人员工资	10,000.00/组	小组管理团队所有人员的季度工资,不分人数多少
养老保险比率	20.00%	根据工资总额按该比率缴纳养老保险费用
失业保险比率	2.00%	根据工资总额按该比率缴纳失业保险费用
工伤保险比率	0.50%	根据工资总额按该比率缴纳工伤保险费用
生育保险比率	0.60%	根据工资总额按该比率缴纳生育保险费用
医疗保险比率	11.50%	根据工资总额按该比率缴纳医疗保险费用
未办理保险罚款	2,000.00/人	在入职后没有给员工办理保险的情况下按该金额缴纳罚款
普通借款利率	5.00%	正常向银行申请借款的利率
普通借款还款周期(季度)	3	普通借款还款周期
紧急借款利率	20.00%	公司资金链断裂时,系统会自动给公司申请紧急借款时的利率
紧急借款还款周期(季度)	3	紧急借款还款周期

续表 4-2-1

项目	当前值	说明
紧急借款利率	20.00%	公司资金链断裂时,系统会自动给公司申请紧急借款时的利率
紧急借款还款周期(季度)	3	紧急借款还款周期
同期最大借款授信额度	200,000.00	同一个周期内,普通借款允许的最大借款金额
一账期应收账款贴现率	3.00%	在一个季度内到期的应收账款贴现率
二账期应收账款贴现率	6.00%	在两个季度内到期的应收账款贴现率
三账期应收账款贴现率	8.00%	在三个季度内到期的应收账款贴现率
四账期应收账款贴现率	10.00%	在四个季度内到期的应收账款贴现率
公司产品上限	6 个	每个公司最多能设计研发的产品类别数量
厂房折旧率	2.00%	每季度按该折旧率对购买的厂房原值计提折旧
设备折旧率	5.00%	每季度按该折旧率对购买的设备原值计提折旧
未交付订单的罚金比率	30.00%	未按订单额及时交付的订单,按该比率对未交付的部分缴纳处罚金,订单违约金 = (该订单最高限价×未交付订单数量)×该比例
产品设计费用	30,000.00	产品设计修改的费用
产品研发每期投入	20,000.00	产品研发每期投入的资金
广告累计影响时间	3 季度	投入广告后能够对订单分配进行影响的时间
紧急贷款扣分	5.00 分/次	出现紧急贷款时。综合分值扣除分数/次
每个产品改造加工费	2.00 元	订单交易时,原始订单报价产品与买方接受订单的产品之间功能差异的改造的加工费。单个产品改造费 = 买方产品比卖方产品少的原料配制无折扣价之和 + 差异数量×产品改造加工费
每期广告最低投入	1,000.00 元	每期广告最低投入,小于该数额将不允许投入
每期组间交易每期限制金额	10,000.00 元	每期组间交易每期限制金额。买入+卖出的原料和订单总金额不能超过此限制
组间交易信息公示时间(分钟)	5 分钟	组间交易信息公示时间(分钟),在此时间内,发布交易信息者不能结束交易
订单报价,最低价比例	60.00%	订单报价,最低价比例。最低价 = 上季度同一市场同一渠道同一消费群体所有报价产品平均数×该比例

2.消费群体

每个公司在这个行业都需要面对品质型客户，经济型客户，实惠型客户 3 个需求各异的消费群体：

表 4–2–2　三类消费群体需求表

	消费群体	**品质型客户**
	最大预算支出	150.00
	关注与侧重点	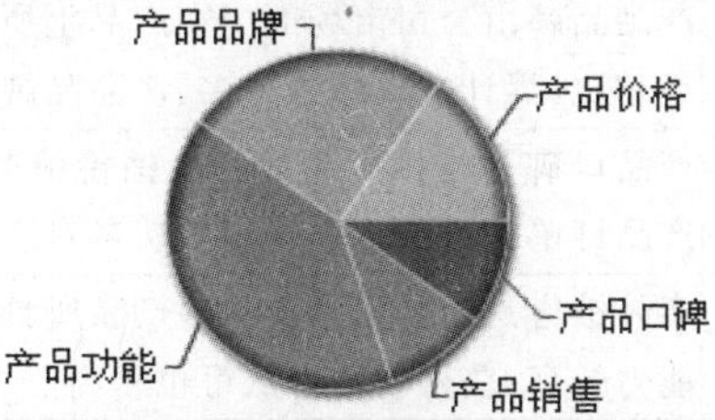
	产品功能诉求	他们喜欢商品具有高档的包装，时尚的外观，富有质感，做工细腻，他们要求产品具有舒适的手感，高贵美观的外观，同时要便于洗涤，他们追求高质量生活，希望自己所购买的商品选用的是天然材料。
	消费群体	**经济型客户**
	最大预算支出	120.00
	关注与侧重点	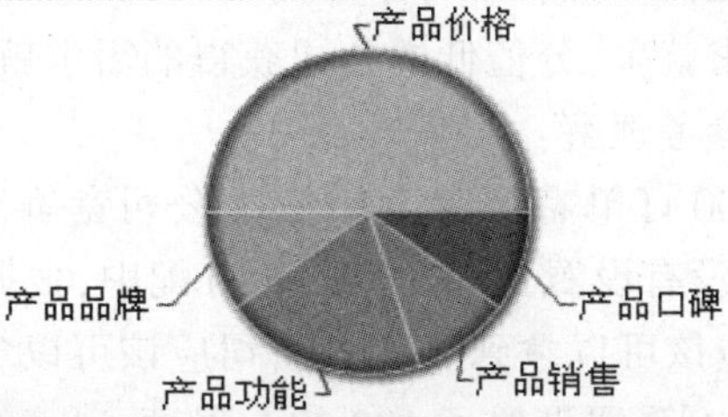
	产品功能诉求	这类用户追求经济、实用的外观包装，但又不希望毫无档次，但过于昂贵精美的外包装又容易让他们感觉太奢华。他们不喜欢过于低端的面料，愿意选用面料讲究的产品，并且还希望是便于洗涤的。他们对填充物的要求并不是想象的那么高，方便易洗即可。
	消费群体	**实惠型客户**
	最大预算支出	90.00
	关注与侧重点	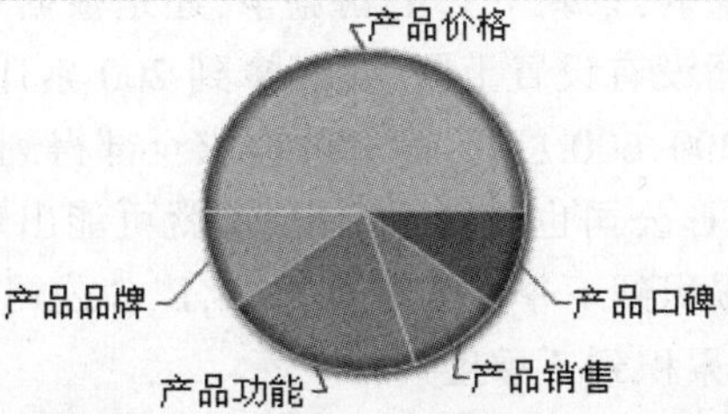
	产品功能诉求	他们精打细算，希望花最少的钱，买到自己心爱的商品。他们钟意经济适用的面料，并不希望让物品看起来毫无档次，对产品的内部填充物并不讲究，追求实用大众原则。

不同消费群体对产品的关注与侧重点是有差异的，消费者从 5 个不同角度挑选评价产品：

表 4-2-3　挑选评价产品的 5 个方面

产品价格：	产品价格是指公司销售产品时所报价格，与竞争对手相比，价格越低越能获得消费者的认可。
产品功能：	产品功能主要指每个公司设计新产品时选定的功能配置表(BOM 表)，与竞争对手相比，产品的功能越符合消费者的功能诉求就越能得到消费者的认可。
产品品牌：	产品品牌由公司市场部门在产品上所投入的累计宣传广告多少决定，与竞争对手相比，累计投入广告越多，产品品牌知名度就越高，越能获得消费者认可。
产品口碑：	产品口碑是指该产品的历史销售情况，与竞争对手相比，产品累计销售的数量、产品订单交付完成率越高消费者对产品的认可就越高。
产品销售：	产品销售是指公司当前销售产品所具备的总销售能力，与竞争对手相比，总销售能力越高，获得消费者认可也越高。

以上 5 方面对于不同类型的消费群体，其关注的侧重度是不同的，一般侧重度越大的说明消费者越关注，对消费者是否购买该产品的影响也越大。

3.消费者产品选择原则

消费者选择产品将以每个参与公司的 5 项评价为依据，5 项评分高的公司获得的市场需求就多，分值低的公司获得的需求就少。形象期间，以下是一个具体分配示例以供参考理解：

总共 1000 订单需求 A，B，C 三个公司竞争，A 公司设 100 上限，B 公司设 300 上限，C 公司没有设置上限在第一轮分配中，根据 5 项分值，A 公司应该可以拿到 150，B 公司应该可以拿到 450，C 公司应该可以拿到 400，合计正好是全部需求 1000 但由于 A 公司设置了 100 的上限，所以最终实际拿到 100，B 公司设置了 300 的上限，所以最终实际拿到 300，C 公司没有设置上限，所以实际拿到 400，合计 800 的需求在第一轮分配中已经被消耗对于 A，B 两家设置了上限的公司，分别有 150-100=50，450-300=150 的需求没有在第一轮竞争中得到满足，所以 50+150=200 的未满足需求将继续参与二次选择二次分配中，A，B 公司由于已经达到上限，将不再参与竞争，只剩下 C 公司竞争，还是根据 5 个竞争因素，C 公司应该可以拿到 200，C 公司没有设置上限，实际拿到 200 累计达到 600 这样 A，B，C 最终实际的量就是 100，300，600.总共 1000 的需求全部得到满足，没有多余需求将累积到下季度，如果前面 C 公司也设置了上限，那就可能出现最终部分需求无法得到满足，这部分需求将累积到下季度另外如果 A，B，C 公司中本期如果有违约未能交付的需求，也将一并累积到下季度。

4.各市场区域消费群体最高预算支出分时走势

不同地区的消费群体在不同时间段具有不同的最大预算支出。消费者不能接受公司在销售报价过程中的报价超过他们的最大预算支出。

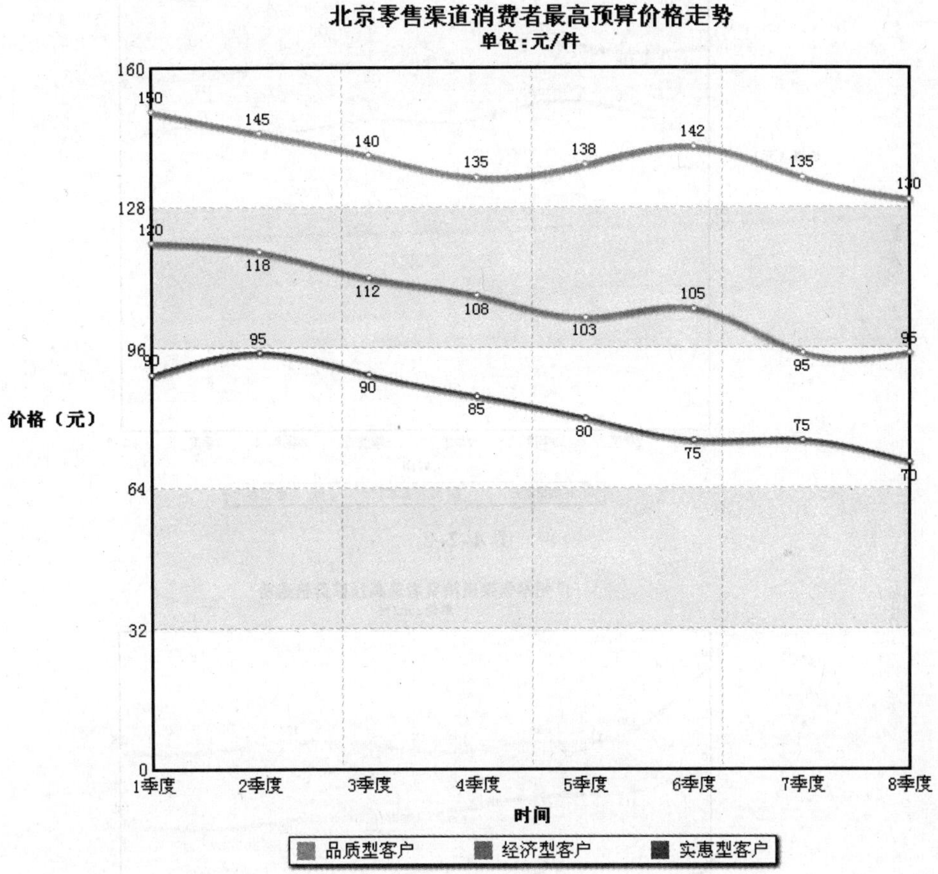

图 4–2–1

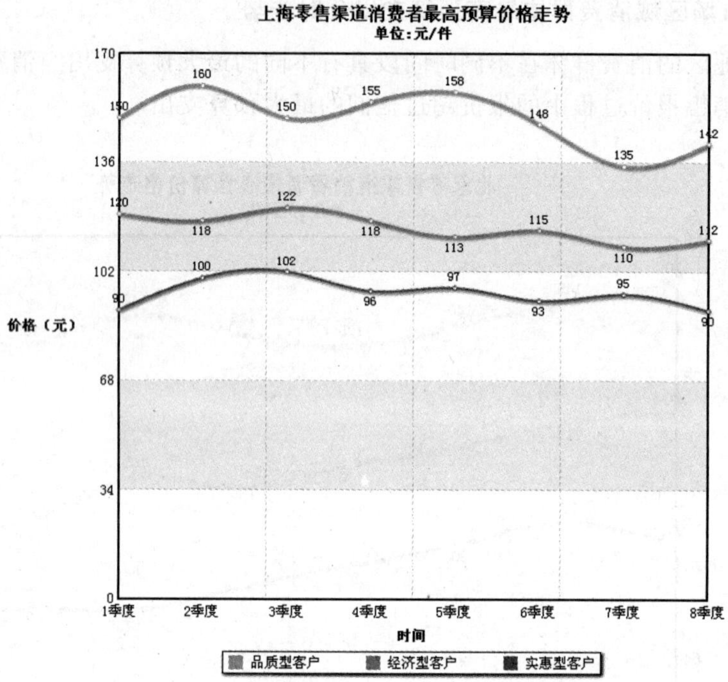
上海零售渠道消费者最高预算价格走势
单位:元/件
170
136
102
68
34
0
价格(元)
150
160
150
155
158
148
135
142
120
118
122
118
113
115
110
112
90
100
102
96
97
93
95
90
1季度
2季度
3季度
4季度
5季度
6季度
7季度
8季度
时间
品质型客户
经济型客户
实惠型客户

图 4-2-2

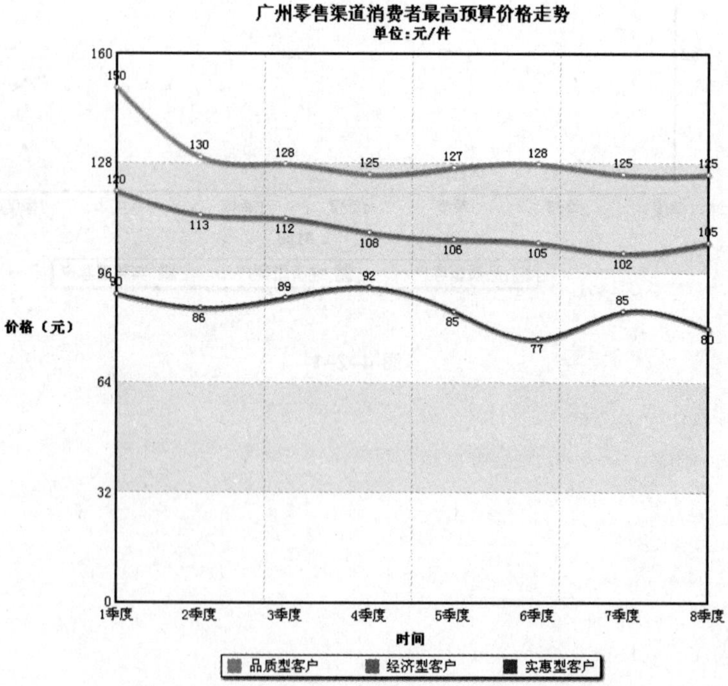
广州零售渠道消费者最高预算价格走势
单位:元/件
160
128
96
64
32
0
价格(元)
150
130
128
125
127
128
125
125
120
113
112
108
106
105
102
105
90
86
89
92
85
77
85
80
1季度
2季度
3季度
4季度
5季度
6季度
7季度
8季度
时间
品质型客户
经济型客户
实惠型客户

图 4-2-3

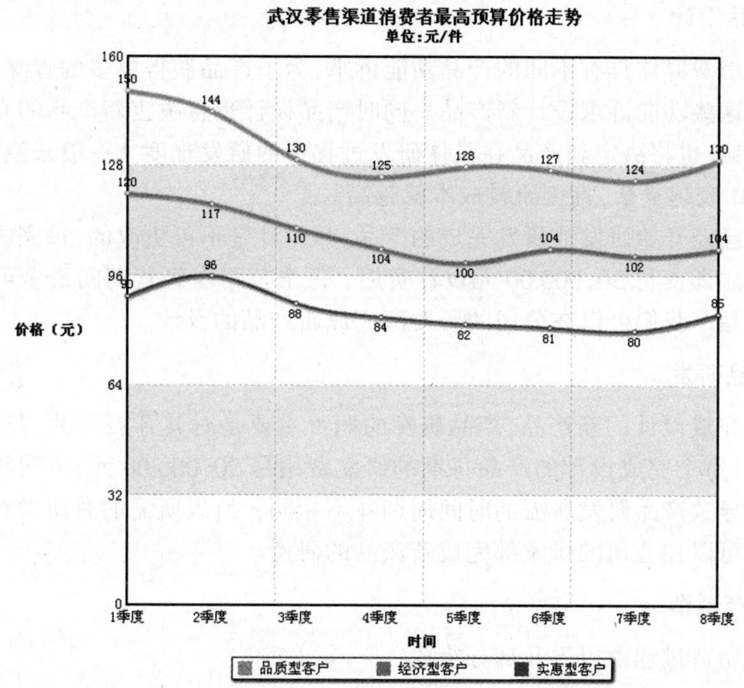
武汉零售渠道消费者最高预算价格走势
单位:元/件
价格（元）
160
128
96
64
32
0
150
144
130
125
128
127
124
130
120
117
110
104
100
104
102
104
90
96
88
84
82
81
80
85
1季度
2季度
3季度
4季度
5季度
6季度
7季度
8季度
时间
品质型客户
经济型客户
实惠型客户

图 4-2-4

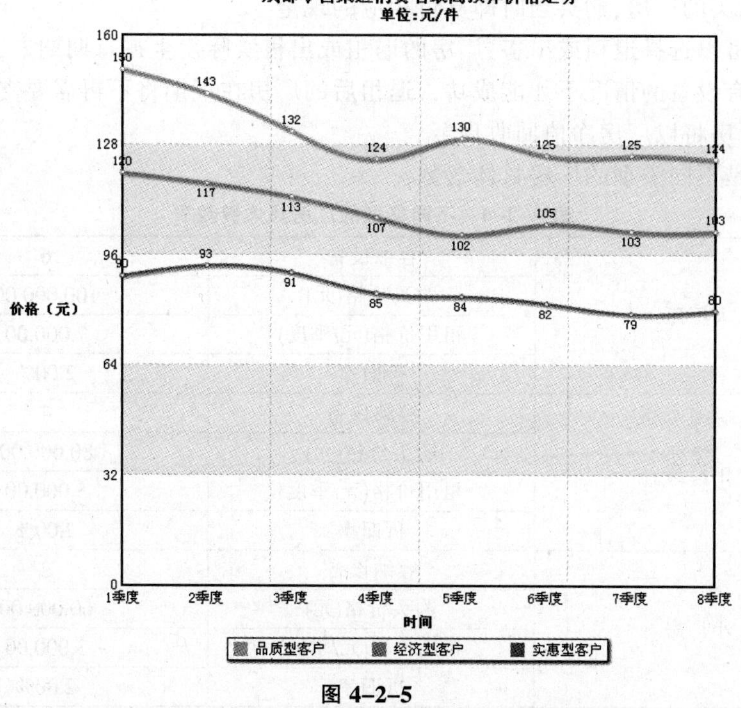
成都零售渠道消费者最高预算价格走势
单位:元/件
价格（元）
160
128
96
64
32
0
150
143
132
124
130
125
125
124
120
117
113
107
102
105
103
103
90
93
91
85
84
82
79
80
1季度
2季度
3季度
4季度
5季度
6季度
7季度
8季度
时间
品质型客户
经济型客户
实惠型客户

图 4-2-5

5.产品设计

不同消费群体具有不同的产品功能诉求,为了产品获得更多的青睐,每个公司需要根据这些功能诉求设计新产品。同时产品设计也将决定新产品的直接原料成本高低,另外也将决定新产品在具体研发过程中的研发难度。一般来说,产品功能越多,BOM 表越复杂,直接原料成本就越高。

对于已经开始研发或研发完成的产品,其设计是不可更改的,每完成一个新产品设计需立即支付 30,000.00 元设计费用,每个公司在经营期间最多可以累计设计 6 个产品。我们可以在公司的研发部完成新产品的设计。

6.产品研发

对于完成设计的新产品,产品研发的职责主要是对其开展攻关、开发、测试等各项工作,每个完成设计的产品每期的研发费用是 20,000.00 元,不同的产品由于设计差异导致产品研发所需的时间周期并不相同,所以所需的总研发费用也将不同。我们可以在公司的研发部完成新产品的研发。

7.生产制造

生产制造过程由以下几部分组成:

(1)厂房购置

厂房可以选择租用或购买,对于租用的厂房,每期期初将自动支付相应的租金,对于购买的厂房,购买当时即支付相应的现金。

厂房可以选择退租或出售,厂房的退租或出售实际发生在每期期末,此时只有厂房内没有设备的情况下才能成功,退租后的厂房在下期将不再需要支付相应租金,出售厂房将以厂房净值回收现金。

以下是不同类型的厂房具体参数:

表 4-2-4 不同类型的厂房具体参数表

大厂房	容纳设备	6
	购买价格(元)	100,000.00
	租用价格(元/季度)	7,000.00
	折旧率	2.00%
中厂房	容纳设备	4
	购买价格(元)	80,000.00
	租用价格(元/季度)	5,000.00
	折旧率	2.00%
小厂房	容纳设备	2
	购买价格(元)	60,000.00
	租用价格(元/季度)	3,000.00
	折旧率	2.00%

(2)设备购置

购买价格:设备只能购买,购买当时即支付购买价格所标识的现金。

设备产能:设备的设备产能是指在同一个生产周期内最多能投入生产的产品数量。

成品率:对于一批固定数量的原料投入到设备中后,在加工成产品的过程中会产生部分次品。

混合投料:设备在同一生产周期内是否允许同时生产多种产品。

安装周期:设备自购买当期开始到设备安装完成可用所需的时间。

生产周期:原料投入直到产品下线所需的时间。

单件加工费:加工每一件成品所需的加工费用。

工人上限:每条设备允许配置的最大工人数,设备产能、成品率,线上工人总生产能力 3 个因素决定了一条设备的实际产能。

设备可以出售,当设备上无在制品和工人时,设备可以立即出售。否则设备出售实际发生在每期期末,此时只有设备上没有在制品和工人的情况下才能成功,出售设备将以设备净值回收现金。

维护费用:当设备不处于安装周期时,每季度需支付设备维护费用,该费用在每期期末自动扣除。

升级费用:对设备进行一次设备升级所需花费的费用,该费用在升级当时即自动扣除,每条设备在同一个升级周期内只允许进行一次设备升级。

升级周期:完成一次设备升级所需的时间。

升级提升:设备完成一次升级后,设备成品率将在原有成品率基础上提升的百分比。升级后设备成品率=升级前设备成品率 + 每次升级可提升的成品率

搬迁周期:设备从一个厂房搬迁到另一个厂房所需花费的时间。

搬迁费用:设备从一个厂房搬迁到另一个厂房所需花费的费用,该费用在搬迁当时即自动扣除。

以下是不同类型的设备具体参数:

表 4-2-5 不同类型的设备具体参数表

设备名称	柔性线		
购买价格	120,000.00	设备产能	2000
成品率	90.00%	混合投料	是
安装周期	1	生产周期	0
单件加工费	2.00	工人上限	4
维护费用	3,000.00	升级费用	1,000.00
升级周期	1	升级提升	1.00%
搬迁周期	1	搬迁费用	3,000.00

续表 4-2-5

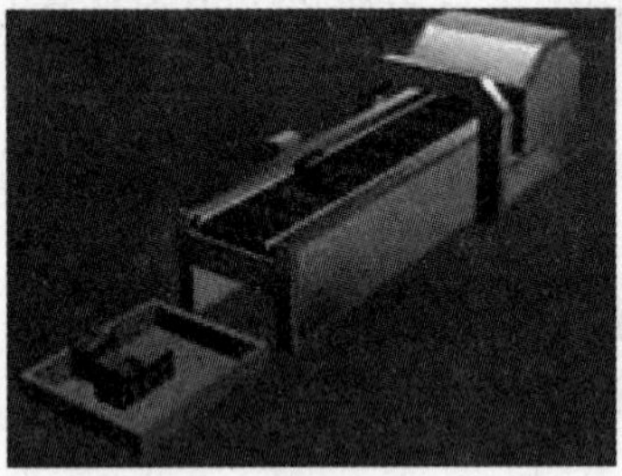	设备名称	自动线		
	购买价格	80,000.00	设备产能	1500
	成品率	80.00%	混合投料	否
	安装周期	1	生产周期	0
	单件加工费	3.00	工人上限	3
	维护费用	2,500.00	升级费用	1,000.00
	升级周期	1	升级提升	2.00%
	搬迁周期	0	搬迁费用	2,000.00
	设备名称	手工线		
	购买价格	40,000.00	设备产能	1000
	成品率	70.00%	混合投料	否
	安装周期	0	生产周期	0
	单件加工费	4.00	工人上限	2
	维护费用	2,000.00	升级费用	1,000.00
	升级周期	1	升级提升	3.00%
	搬迁周期	0	搬迁费用	1,000.00

(3)工人招聘

公司可以在交易市场的人才市场内招聘到不同能力层次的生产工人。

生产能力:工人在一个生产周期内所具有的最大生产能力。

招聘费用：招聘一个工人所需花费的招聘费用，该笔费用在招聘时即自动扣除。

季度工资:支付给工人的工资,每期期末自动支付。

试用期:招聘后试用的时间,人力资源部需在试用期内与工人签订合同,否则将支付罚金。

培训费用:每次培训一个工人所需花费的费用,每个工人每个经营周期最多只能做一次培训。工人培训由生产制造部提出,递交到人力资源部后实施,培训费用在实施时支付。

培训提升:工人完成一次培训后,生产能力将在原有能力的基础上提升的百分比。培训后生产能力=培训前生产能力 x(1+培训提升)

辞退补偿:试用期内辞退工人无需支付辞退补偿金,试用期满并正式签订合同后需支付辞退补偿金,一般在每期期末实际辞退工人时实时支付。

表 4-2-6　工人具体参数表

工人类型	生产工人
生产能力	450
招聘费用	500.00
季度工资	3,000.00
试用期	1
培训费用	300.00
培训提升	3.00%
辞退补偿	300.00

(4)原料采购

原料分为多个大类，分别是：包装材料，面料，填充物，辅件，其中每个大类的原材料又包含多个明细原料(如图 4-2-6~4-2-16)：

原料名称	**玻璃包装纸**
所属大类	包装材料
到货周期	0
付款周期	0
原料特性	简单，实用，容易起皱，易破损。
原料价格近期走势(元/件)	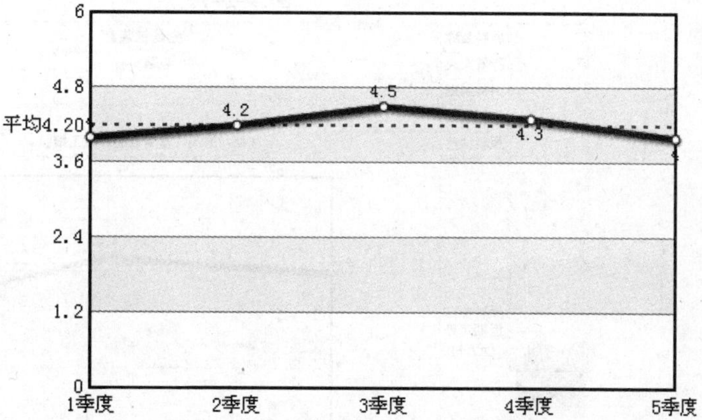

价格折扣

折扣表

从(件)	到(件)	折扣
0	200.00	0.00%
201	500.00	5.00%
501	1,000.00	10.00%
1001	1,500.00	15.00%
1501	2,000.00	20.00%
2001	—	25.00%

图 4-2-6

原料名称	**纸质包装盒**
所属大类	包装材料
到货周期	0
付款周期	1
原料特性	经济，美观，略显档次。
原料价格近期走势(元/件)	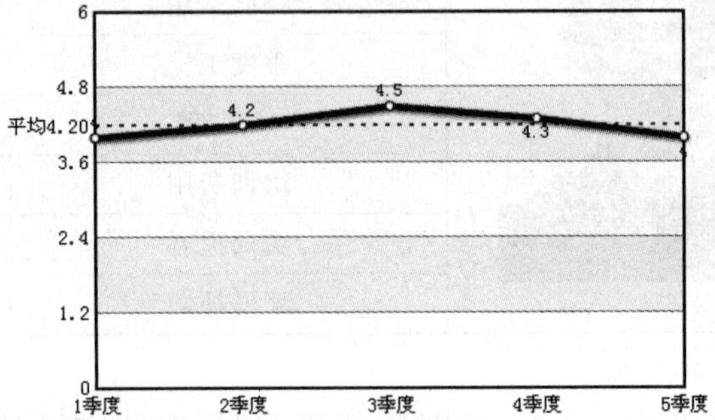

价格折扣

折扣表

从(件)	到(件)	折扣
0	200.00	0.00%
201	500.00	5.00%
501	1,000.00	10.00%
1001	1,500.00	15.00%
1501	2,000.00	20.00%
2001	—	25.00%

图 4-2-7

原料名称	**金属包装盒**
所属大类	包装材料
到货周期	1
付款周期	1
原料特性	高档，时尚，富有质感，做工细腻。
原料价格近期走势(元/件)	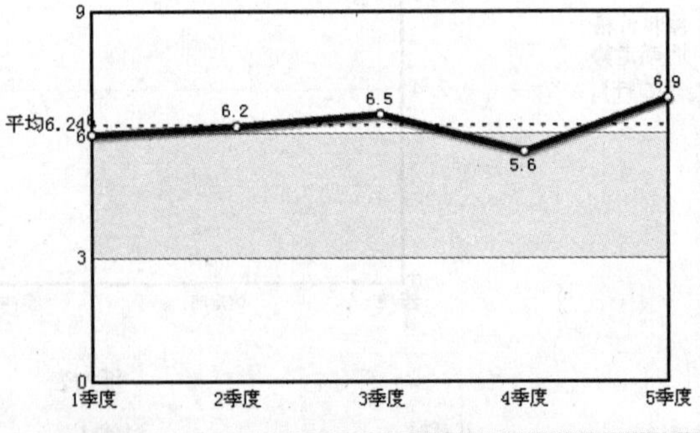

价格折扣

折扣表

从(件)	到(件)	折扣
0	200.00	0.00%
201	500.00	5.00%
501	1,000.00	10.00%
1001	1,500.00	15.00%
1501	2,000.00	20.00%
2001	—	25.00%

图 4-2-8

原料名称	**短平绒**
所属大类	面料
到货周期	0
付款周期	1
原料特性	手感柔软且弹性好、光泽柔和，表面不易起皱，保暖性好。
原料价格近期走势(元/件)	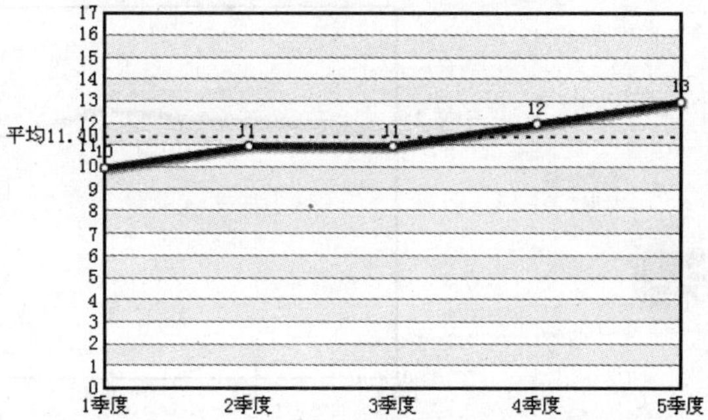

价格折扣 — 折扣表

从(件)	到(件)	折扣
0	200.00	0.00%
201	500.00	5.00%
501	1,000.00	10.00%
1001	1,500.00	15.00%
1501	2,000.00	20.00%
2001	---	25.00%

图 4–2–9

原料名称	**松针绒**
所属大类	面料
到货周期	0
付款周期	0
原料特性	经济适用，高雅富贵，立体感强。
原料价格近期走势(元/件)	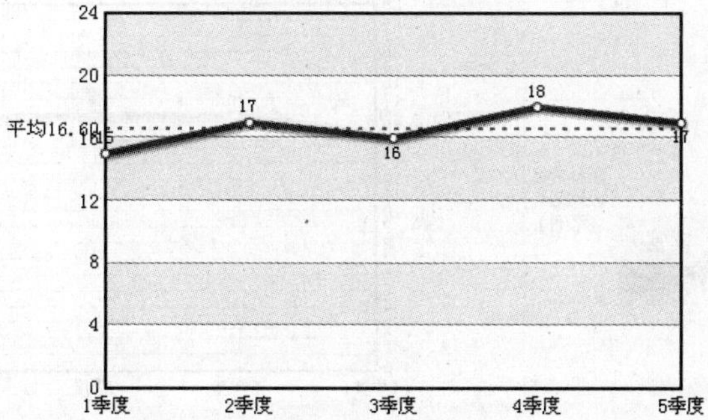

价格折扣 — 折扣表

从(件)	到(件)	折扣
0	200.00	0.00%
201	500.00	5.00%
501	1,000.00	10.00%
1001	1,500.00	15.00%
1501	2,000.00	20.00%
2001	---	25.00%

图 4–2–10

原料名称	玫瑰绒
所属大类	面料
到货周期	0
付款周期	1
原料特性	手感舒适、美观高贵、便于洗涤，还具有很好的保暖性。
原料价格近期走势(元/件)	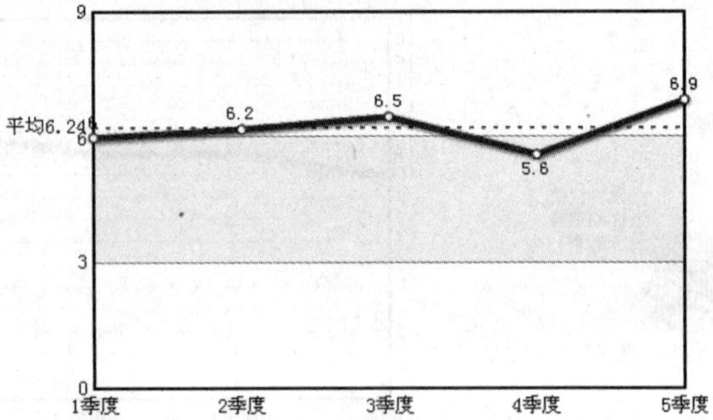

价格折扣

折扣表

从(件)	到(件)	折扣
0	200.00	0.00%
201	500.00	5.00%
501	1,000.00	10.00%
1001	1,500.00	15.00%
1501	2,000.00	20.00%
2001	—	25.00%

图 4-2-11

原料名称	PP棉
所属大类	填充物
到货周期	0
付款周期	0
原料特性	人造材料，使用最广泛，经济实用。
原料价格近期走势(元/件)	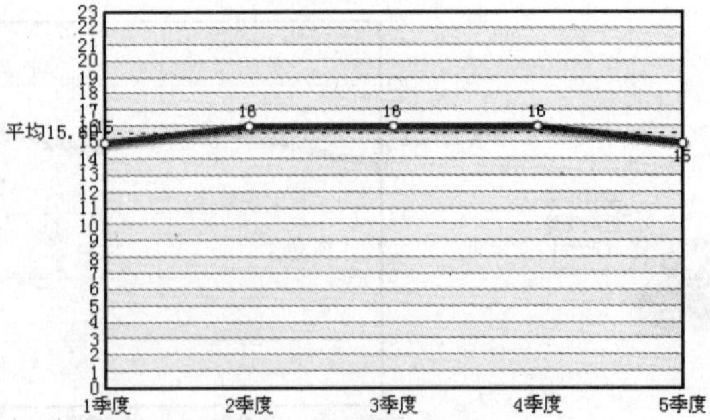

价格折扣

折扣表

从(件)	到(件)	折扣
0	200.00	0.00%
201	500.00	5.00%
501	1,000.00	10.00%
1001	1,500.00	15.00%
1501	2,000.00	20.00%
2001	—	25.00%

图 4-2-12

原料名称	**珍珠棉**
所属大类	填充物
到货周期	0
付款周期	1
原料特性	相比PP棉更有弹性、柔软性和均匀性，并且方便洗涤。
原料价格近期走势(元/件)	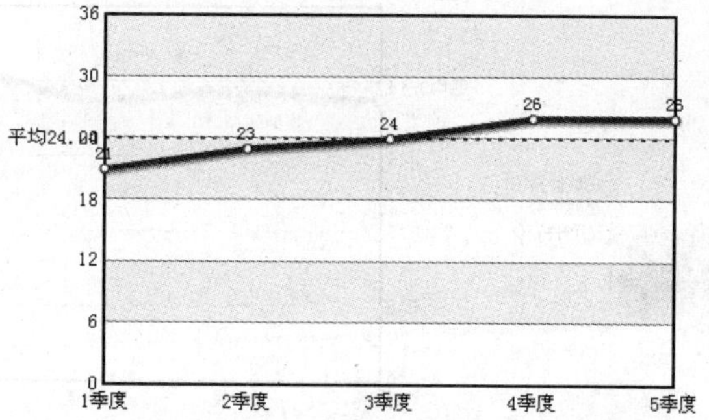

价格折扣

折扣表

从(件)	到(件)	折扣
0	200.00	0.00%
201	500.00	5.00%
501	1,000.00	10.00%
1001	1,500.00	15.00%
1501	2,000.00	20.00%
2001	---	25.00%

图 4-2-13

原料名称	**棉花**
所属大类	填充物
到货周期	1
付款周期	1
原料特性	纯天然材质，柔软富有弹性，均匀性，无静电，但不可水洗。
原料价格近期走势(元/件)	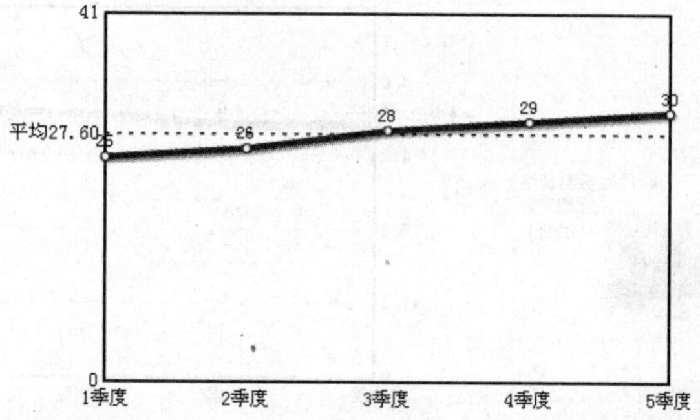

价格折扣

折扣表

从(件)	到(件)	折扣
0	200.00	0.00%
201	500.00	5.00%
501	1,000.00	10.00%
1001	1,500.00	15.00%
1501	2,000.00	20.00%
2001	---	25.00%

图 4-2-14

原料名称	发声装置
所属大类	辅件
到货周期	1
付款周期	1
原料特性	附加功能，使玩具可以模拟真人发声。
原料价格近期走势(元/件)	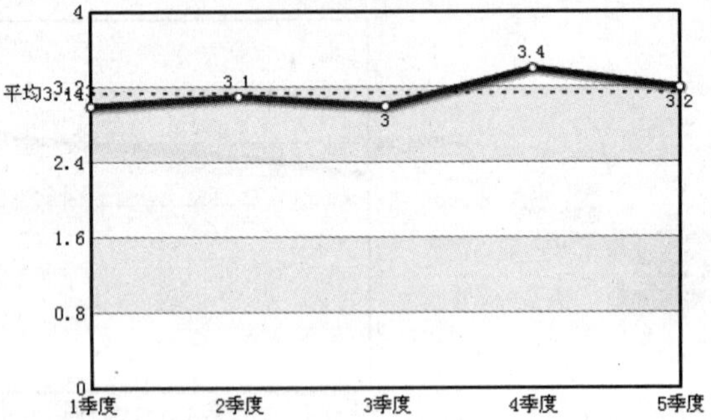

价格折扣

折扣表		
从(件)	到(件)	折扣
0	200.00	0.00%
201	500.00	5.00%
501	1,000.00	10.00%
1001	1,500.00	15.00%
1501	2,000.00	20.00%
2001	—	25.00%

图 4-2-15

原料名称	发光装置
所属大类	辅件
到货周期	1
付款周期	1
原料特性	附加功能，可使玩具具有闪光功能。
原料价格近期走势(元/件)	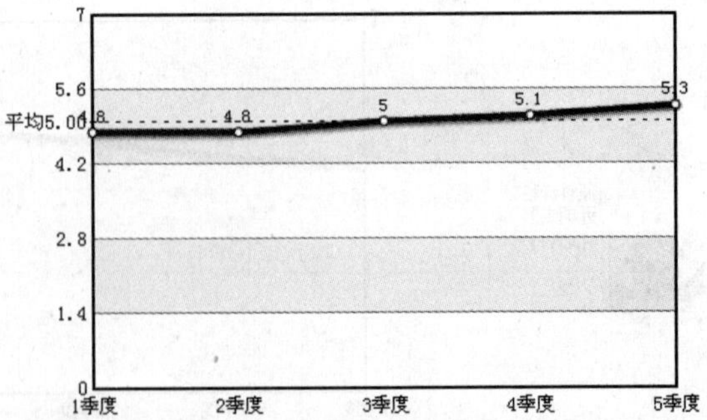

价格折扣

折扣表		
从(件)	到(件)	折扣
0	200.00	0.00%
201	500.00	5.00%
501	1,000.00	10.00%
1001	1,500.00	15.00%
1501	2,000.00	20.00%
2001	—	25.00%

图 4-2-16

(5)资质认证

公司可以获得多种资格认证，不同市场的不同消费者对企业所获得何种认证将有不同的要求，对于不能符合消费者要求的企业，消费者将拒绝购买其产品。

以下是不同类型的资格认证：

认证名称	ISO9001
认证周期	2
每期费用	30,000.00
总费用	60,000.00

认证名称	ICTI认证
认证周期	3
每期费用	30,000.00
总费用	90,000.00

图 4–2–17　不同类型的资格认证

(6)市场资质认证要求

在不同的市场下有不同的订单对资质认证要求各不相同，以下是各市场对资质认证要求的详细情况：

表 4–2–7　不同市场资质认证要求情况表

市场	渠道	群体	认证类别	1季度	2季度	3季度	4季度	5季度	6季度	7季度	8季度
北京	零售渠道	品质型客户	ISO9001				☑	☑	☑	☑	☑
			ICTI认证							☑	☑
		经济型客户	ISO9001					☑	☑	☑	☑
			ICTI认证								☑
		实惠型客户	ISO9001						☑	☑	☑
			ICTI认证								☑
上海	零售渠道	品质型客户	ISO9001				☑	☑	☑	☑	☑
			ICTI认证							☑	☑
		经济型客户	ISO9001					☑	☑	☑	☑
			ICTI认证								☑
		实惠型客户	ISO9001						☑	☑	☑
			ICTI认证								☑
广州	零售渠道	品质型客户	ISO9001					☑	☑	☑	☑
			ICTI认证							☑	☑
		经济型客户	ISO9001					☑	☑	☑	☑
			ICTI认证								☑
		实惠型客户	ISO9001						☑	☑	☑
			ICTI认证								☑

续表 4-2-7

武汉	零售渠道	品质型客户	ISO9001						☑	☑	☑
			ICTI认证							☑	☑
		经济型客户	ISO9001						☑	☑	☑
			ICTI认证								☑
		实惠型客户	ISO9001							☑	☑
			ICTI认证								☑
成都	零售渠道	品质型客户	ISO9001							☑	☑
			ICTI认证								☑
		经济型客户	ISO9001							☑	☑
			ICTI认证								☑
		实惠型客户	ISO9001							☑	☑
			ICTI认证								☑

(7)制造成本

1)成品固定成本组成:从原材料采购到最终成品下线过程中,将包含以下成本:

a.每个原材料采购时不含税实际成交的价格;

b.生产产品所使用的厂房租金或折旧合计,平均分摊法分摊到每个成品;

c.生产产品所使用的设备维护、设备折旧费用、设备搬迁、设备升级,平均分摊法分摊到该生产线上的每个成品;

d.生产产品所对应的工人工资、五险合计,平均分摊法分摊到每个成品;

e.每个产品生产过程中产生的产品加工费;

f.生产线生产过程中产生的废品部分成本,平均分摊法分摊到每个成品。

2)原材料库存管理:先进先出法,最先购买入库的原材料批次将被优先投入生产线进行生产。

3)成品库存管理:先进先出法,最先下线入库的成品将被优先用于交付订单需求。

8.市场营销

市场营销分为渠道开发、产品推广宣传、销售人员招聘、培训、订单报价等多项工作:

(1)渠道开发

整个市场根据地区划分为多个市场区域，每个市场区域下有一个或多个销售渠道可供每个公司开拓,开发销售渠道除了需要花费一定的开发周期外,每期还需要一笔开发费用。每个公司可以通过不同的市场区域下已经开发完成的销售渠道,把各自的产品销售到消费者手中。

表 4-2-8　各类销售渠道情况表

渠道名称	**零售渠道**
所属市场	北京
开发周期	0
每期费用	20,000.00
总费用	0.00

渠道名称	**零售渠道**
所属市场	上海
开发周期	1
每期费用	20,000.00
总费用	20,000.00

渠道名称	**零售渠道**
所属市场	广州
开发周期	2
每期费用	20,000.00
总费用	40,000.00

渠道名称	**零售渠道**
所属市场	武汉
开发周期	2
每期费用	20,000.00
总费用	40,000.00

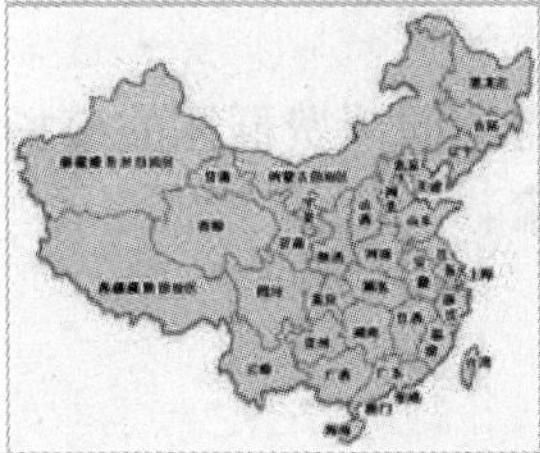

渠道名称	**零售渠道**
所属市场	成都
开发周期	3
每期费用	20,000.00
总费用	60,000.00

(2)产品推广

产品推广主要指广告宣传,每个产品每期均可以投入一笔广告宣传费用,某一期投入的广告对未来若干季度是有累积效应的，投入当季效应最大，随着时间推移,距离目前季度越久,效应逐渐降低。

(3)销售人员

公司可以在交易市场的人才市场内招聘到不同能力层次的销售人员。

1)销售能力:销售人员在一个经营周期内所具有的最大销售能力。

2)招聘费用:招聘一个销售人员所需花费的招聘费用,该笔费用在招聘时即自动扣除。

3)季度工资:支付给销售人员的工资,每期期末自动支付。

4)试用期:招聘后试用的时间,人力资源部需在试用期内与销售人员签订合同,招聘之后没有签订合同将支付罚金,每人 2,000.00 元。

5)培训费用:每次培训一个销售人员所需花费的费用,每个销售人员每个经营周期最多只能做一次培训。销售人员培训由销售部提出, 递交到人力资源部后实施,培训费用在实施时支付。

6)培训提升:销售人员完成一次培训后,销售能力将在原有能力的基础上提升的百分比。培训后销售能力=培训前销售能力×(1+培训提升)

7)辞退补偿:试用期内辞退销售人员无需支付辞退补偿金,试用期满并正式签订合同后需支付辞退补偿金,一般在每期期末实际辞退销售人员时实时支付。

表 4–2–9 销售人员具体参数

	销售人员	业务员
	销售能力	500
	招聘费用	500.00
	季度工资	3,600.00
	试用期	1
	培训费用	500.00
	培训提升	5.00%
	辞退补偿	300.00

(4)订单报价

每个经营周期,对于已经完成开发的渠道,将有若干来自不同消费群体的市场订单以供每个公司进行报价。每个市场订单均包含以下要素:

1)资质要求;

2)购买量;

3)回款周期;

4)最高承受价。

当订单无法按量满额交付时,需支付订单违约金,订单违约金=(该订单最高限价×未交付订单数量)×订单违约金比例(30.00%)

(5)市场需求

每个经营周期, 不同市场区域下的不同销售渠道都包含了多个消费群体的不同数量的潜在市场需求, 所有公司都可以通过营销渠道把自己的产品销售给这些消费者。当然消费者也将根据自身需求及其他多方面因素在众多厂家中选择自己最钟爱的产品;当然也有可能出现厂家的产品供不应求的情况,部分消费者的需求将暂时无法得到满足。对于这些暂时未得到满足的消费者,他们将在接下去的季度继续寻找自己想要的产品，但如果某些市场区域大量的消费者持续得不到产品满足,该市场的需求总量增长将逐渐放缓。

以下是专业市场调查机构提供的未来八季度的需求分析走势图（图 4-2-18~图 4-2-22)。

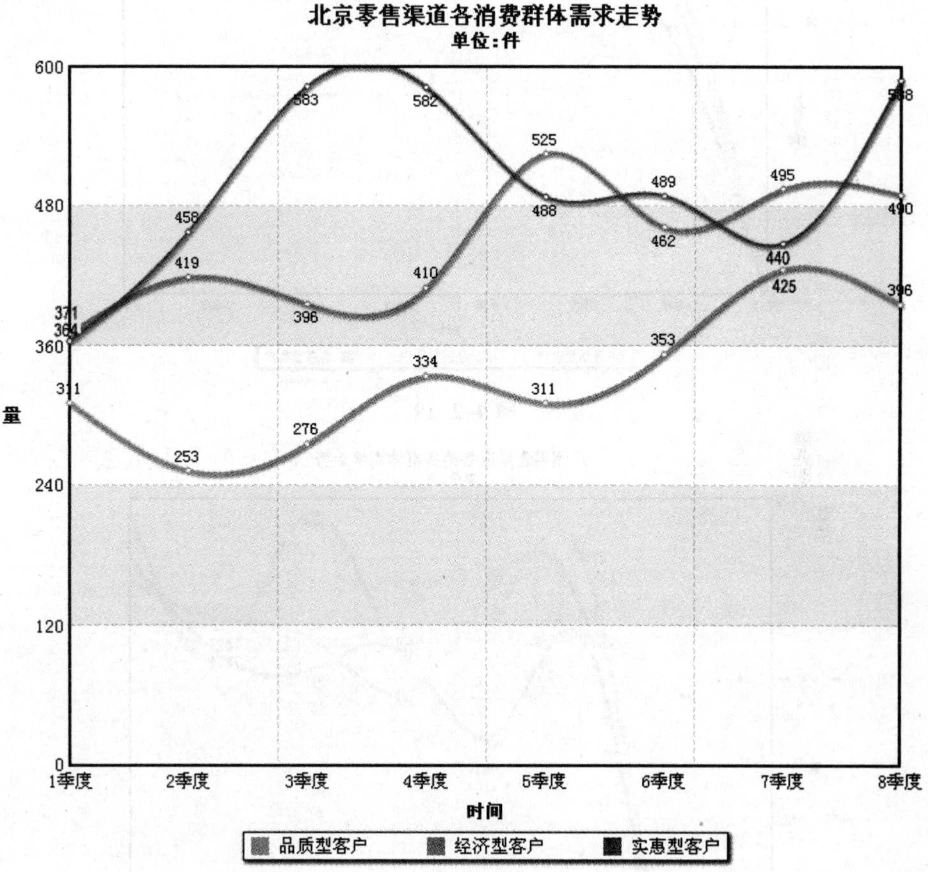

图 4-2-18

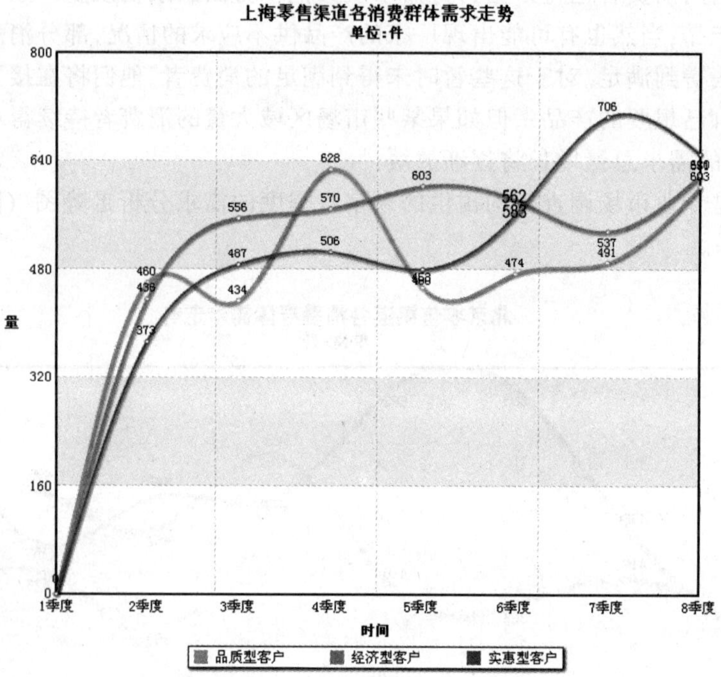
上海零售渠道各消费群体需求走势
单位:件
量
时间
1季度
2季度
3季度
4季度
5季度
6季度
7季度
8季度
品质型客户
经济型客户
实惠型客户

图 4-2-19

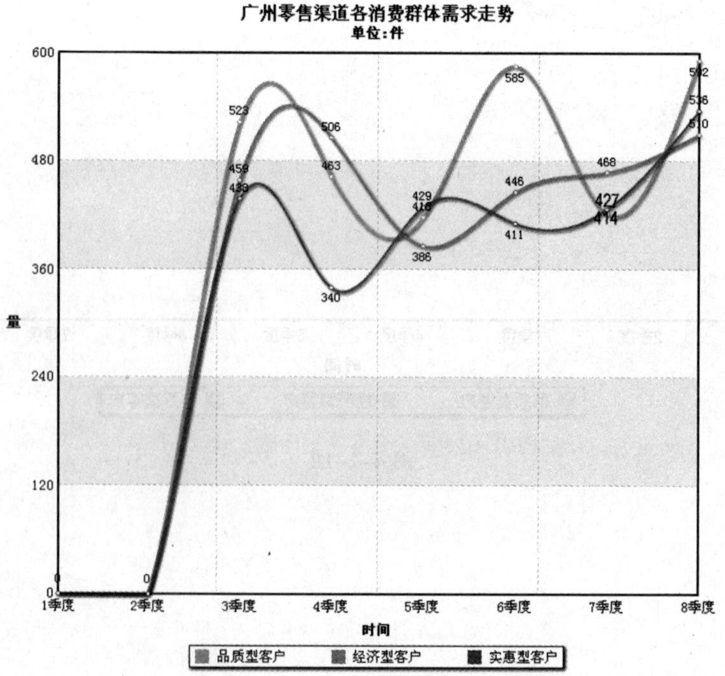
广州零售渠道各消费群体需求走势
单位:件
量
时间
1季度
2季度
3季度
4季度
5季度
6季度
7季度
8季度
品质型客户
经济型客户
实惠型客户

图 4-2-20

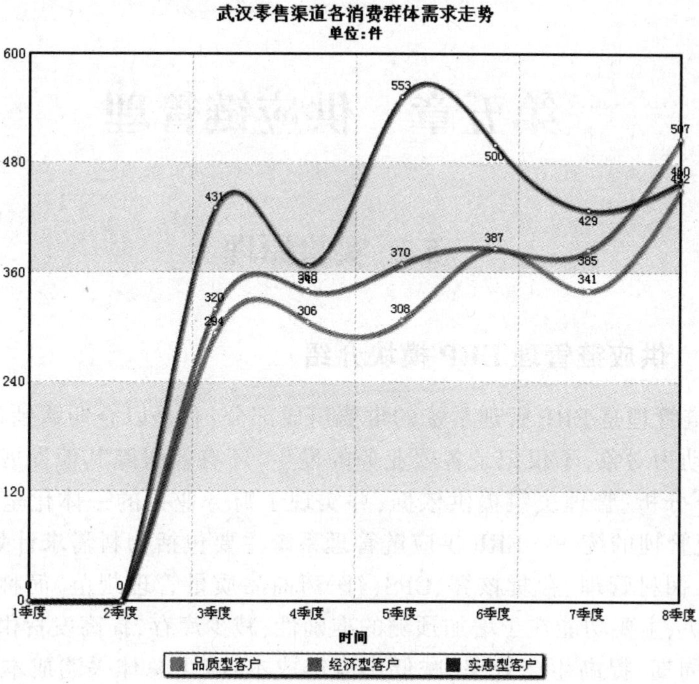
武汉零售渠道各消费群体需求走势
单位:件
量
时间
1季度
2季度
3季度
4季度
5季度
6季度
7季度
8季度
品质型客户
经济型客户
实惠型客户

图 4-2-21

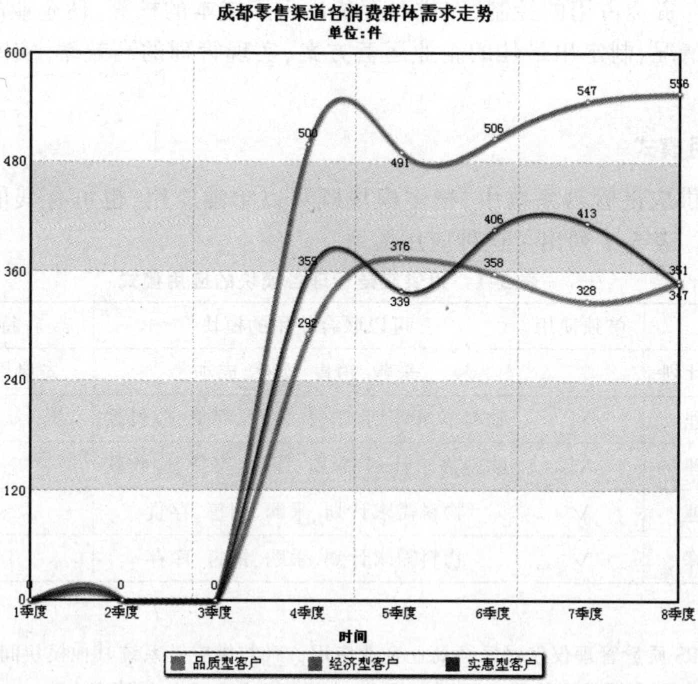
成都零售渠道各消费群体需求走势
单位:件
量
时间
1季度
2季度
3季度
4季度
5季度
6季度
7季度
8季度
品质型客户
经济型客户
实惠型客户

图 4-2-22

第五章　供应链管理

5.1 实验原理

5.1.1 供应链管理 ERP 模块介绍

供应链管理是 ERP 管理系统的重要组成部分,它是以企业购销存业务环节中的各项活动为对象,不仅记录各项业务的发生,还有效跟踪其他发展过程,为财务核算、业务分析、管理决策提供依据,并实现了财务业务的一体化全面管理,及物流、资金流管理的统一。ERP 供应链管理系统主要包括物料需求计划、采购管理、销售管理、捆村管理、存货核算、GPS(《医药商品质量管理规范》简称 GPS)质量管理几个模块。主要功能在于增加预测的准确性,减少库存,提高发货供货能力;减少工作流程周期,提高生产效率,减低供应链成本;减少总体采购成本,缩短生产周期,加快市场相应速度。同时,在这些模块中提供了对采购、销售业务环节的控制,以及对库存资金占用的控制,完成对存货出入库成本的核算。使企业的管理模式更符合实际情况,制定出最佳的企业运营方案,实现管理的高效率、实时性、安全性、科学性。

1.应用模式

ERP 供应链管理系统中,很多模块既可以单独应用,也可有其他相关子系统联合应用。表 5–1 列出了这种应用关系。

表 5–1　用供应链管理各模块的应用模式

	单独使用	可以联合使用的模块	特殊要求
物料需求计划		采购、销售、库存、成本	先启用采购、库存
采购管理	√	物料需求计划、销售、库存、存货、应付款	
销售管理	√	物料需求计划、采购、库存、存货、应收款	
库存管理	√	物料需求计划、采购、销售、存货	
存货核算	√	物料需求计划、采购、销售、库存	

说明:

由于 GPS 质量管理仅仅对医药商业企业应用,且与供应链系统其他模块间关系不甚紧密,因此该模块相关介绍另案处理,以下内容展开时不在考虑 GPS 质量管理内容。

2.数据流程

在企业的日常业务中,生产计划管理部门、采购供应部门、仓库、销售部门、财务部门都与供应链管理有极为密切的关系。各个部门的管理内容不同,工作时间的延续性是通过单据在不同部门间的流转来完成的。那么这些业务部门的工作在供应链管理系统中是如何体现的?计算机环境下的业务处理流程与手工环境下的处理流程肯定存在差异,如果缺乏对整体处理流程的了解,就无法实现企业各业务部门间的协调配合,就会影响系统的运行效率。

在供应链系统各模块集成应用的模式下,供应链系统各模块间的数据传递关系如图 5-1 所示。

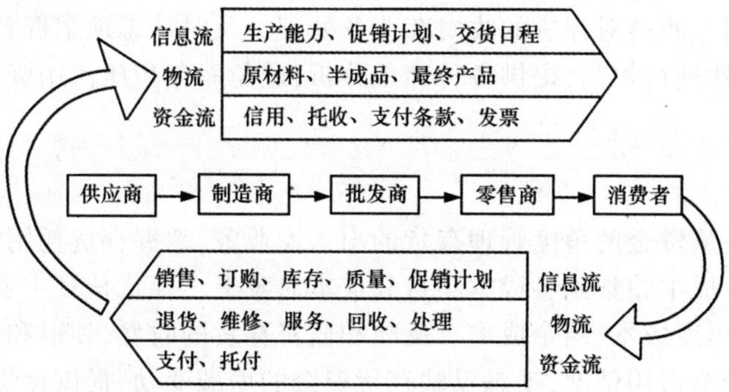

图 5-1 供应链系统各模块间的数据传递关系图

5.1.2 各个模块主要功能

1.物料需求计划

物料需求计划(Material Requirements Planning ,简称 MRP)是供应链的入口,是 ERP 的重要组成部分,是工业企业实现精益生产、准时制库存必不可少的工具,对降低生产在库物料数量,提高企业管理水平,减低资金占用,提高企业资金周转速度有着重要作用。物料需求计划依据 MRP 的需求,按照 MPR 计算原理进行计算,确定企业的生产计划和采购计划。MPR 能够决定企业生产什么、生产数量、开工时间、完成时间、外购什么、外购数量、订货时间、到货时间。

2.采购管理

采购管理帮助企业对采购业务的全部流程进行管理,提供请购、订货、到货、入库、开票、采购结算的完整采购流程,支持普通采购、受托采购、直运等多种类型的采购业务,支持按询价比价方式选择供应商,支持以订单为核心的业务模式。企业还可以根据实际情况进行采购流程的定制,既可选择按规范的标准流程操作,也可按最简约的流程来处理实际业务,便于企业构建自己的采购业务管理平台。

3.销售管理

销售管理帮助企业对销售业务的全部流程进行管理,提供报价、订货、发货、开票的完整销售流程,支持普通销售、委托代销、分期收款、直运、零售、销售调拨等多种类型的销售业务,支持以订单为核心的业务模式,并可对销售价格和信用进行实时监控。企业可以根据实际情况进行销售流程的定制,构建自己的销售业务管理平台。

4.库存管理

库存管理主要是从数量的角度管理存货的出入库业务,能够满足采购入库、销售出库、产成品入库、材料出库、其他出入库、盘点管理等业务需要,提供多计量单位使用、仓库货位管理、批次管理、保质期管理、出库跟踪入库管理、可用量管理等全面的业务应用。通过对存货的收发存业务处理, 及时动态地掌握各种库存货信息,对库存安全性进行控制,提供各种储备分析,避免库存积压占用资金,或材料短缺影响生产。

5.存货核算

存货核算是从资金的角度管理存货的出入库业务,掌握存货耗用情况,及时准确地把各类存货成本归集到各成本项目和成本对象上。存货核算主要用于核算企业的入库成本、出库成本、结余成本。反映和监督存货的收发、领退和保管情况;反映和监督存货资金占用情况,动态反映存货资金的增减变动、提供存货资金周转和占用分析,以降低库存,减少资金积压。

6.GPS 质量管理

GPS 质量管理模块完全按照医药商业企业的实际业务流程和管理需要以及国家 GPS 质量管理规范的标准管理流程进行开发。它结合药品经营企业的特点,将 GPS 规范融于医药商业企业日常管理的业务流程中, 完美有效地解决了质量管理和业务管理中存在的问题。系统可自动生成药品经营质量管理相关的记录、文档、单据、表格和 GPS 质量管理文件;支持采购质量检验、不合格药品处理、销售退货、库存养护、出库复核、首营企业和首营品种审批等业务流程处理,对医药商业企业 GPS 能够顺利达标和实现符合 GPS 质量管理规范的日常运作提供了保证。

5.2 实验指导

5.2.1 用友"创业者"企业模拟经营系统

用友"创业者"电子沙盘中的供应链管理所涉及的内容就是配合生产部门的具体生产计划,根据各原材料的提前采购期不同,及时准确地对所需要的原材料下订单,在保证生产需求的前提下,做到原料零库存、不占用流动资金。如图 5-2。

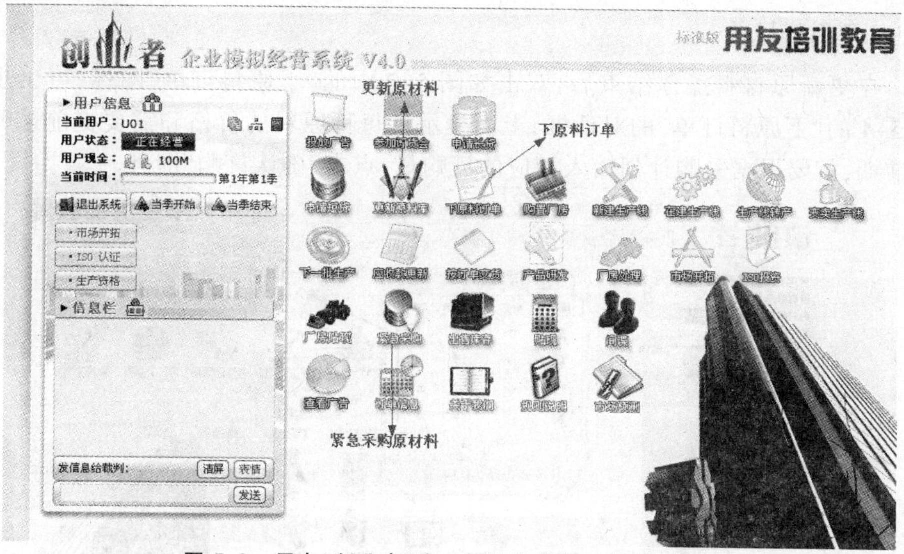

图 5-2 用友“创业者”企业模拟经营系统操作界面

1.更新原材料

双击如图 5-2 中的“更新原材料”图标，出现如图 5-3，“原材料入库/更新原料订单”的对话框，点击“确认更新”即可。确认更新时的现付金额由前两季的原料预订情况决定，只有在原材料入库时才会扣除资金。

注：在系统操作中需注意，在进行更新原材料操作之前如果需要申请短期贷款，顺序是先申请短期贷款，后更新原材料。当原材料更新过后，申请短期贷款的操作将不能进行，直到下一季。

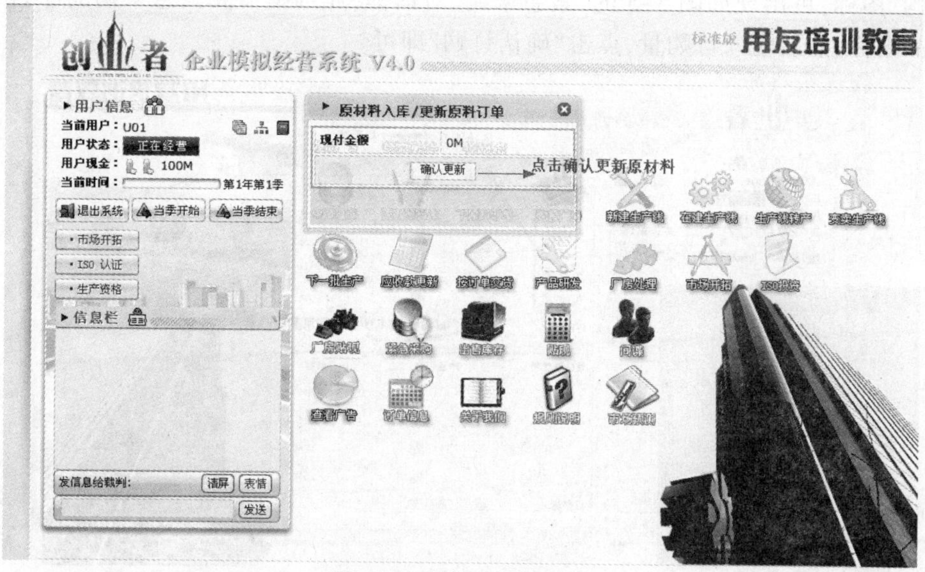

图 5-3 更新原材料窗口

2.下原料订单

在更新原材料操作结束后,双击如图 5-2 中的“下原料订单”图标,可出现如图 5-4 的“下原料订单”的对话框,上面显示了每种原料的价格和需要提前采购的提前期,需要根据采购计划输入相应的订购量,点击“确认订购”即可。

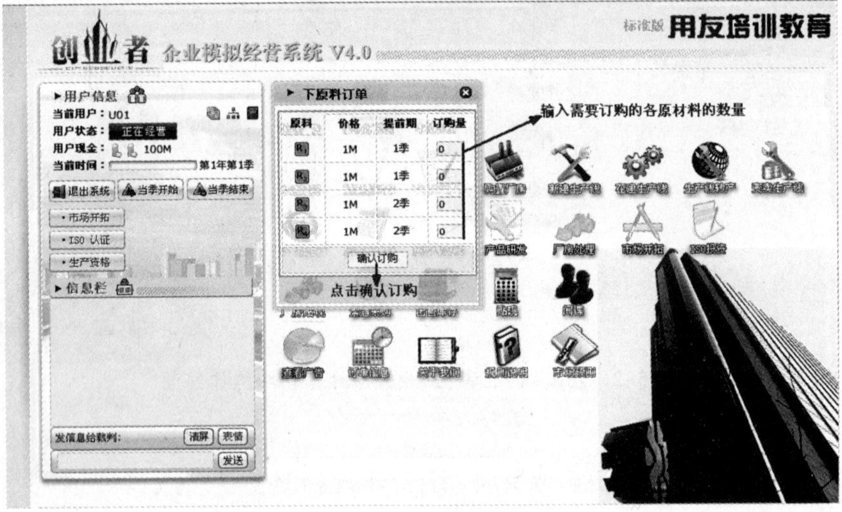

图 5-4 下原料订单窗口

3.紧急采购

当原料订购失误导致原料不够生产时，可以考虑紧急采购原材料进行生产或者紧急采购成品以按时交付订单,保障应有的市场地位。双击如图 5-2 中的“紧急采购”图标,可出现如图 5-5 的“紧急采购”对话框,先选择需要紧急采购的原料或成品名称,然后输入订购量,点击“确认订购”即可。

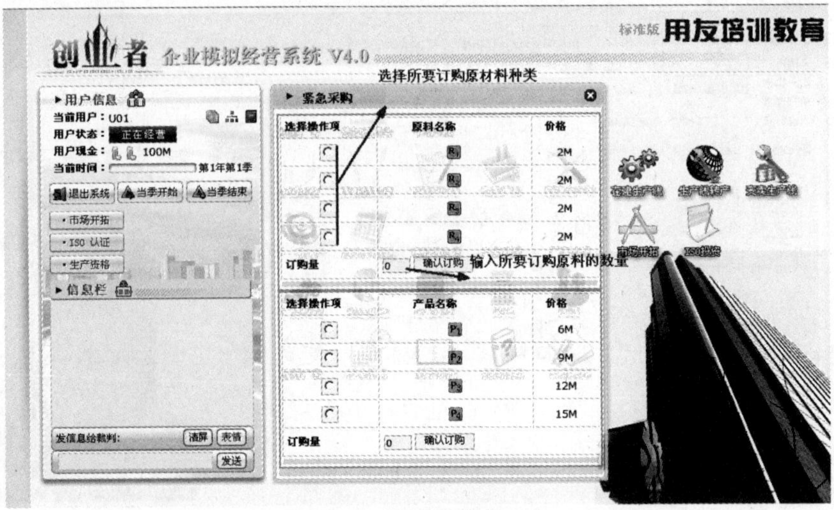

图 5-5 紧急采购窗口

5.2.2 金蝶“创业之星”商业模拟平台

在公司场景点击“制造部”(如图 5-6),在弹出窗口中选择“决策内容—原料采购”,出现如图 5-7 所示窗口,根据产品品牌的原料构成、销售预测、到货周期等信息,完成所有需要生产产品的原料采购。

图 5-6 金蝶“创业之星”商业模拟操作界面

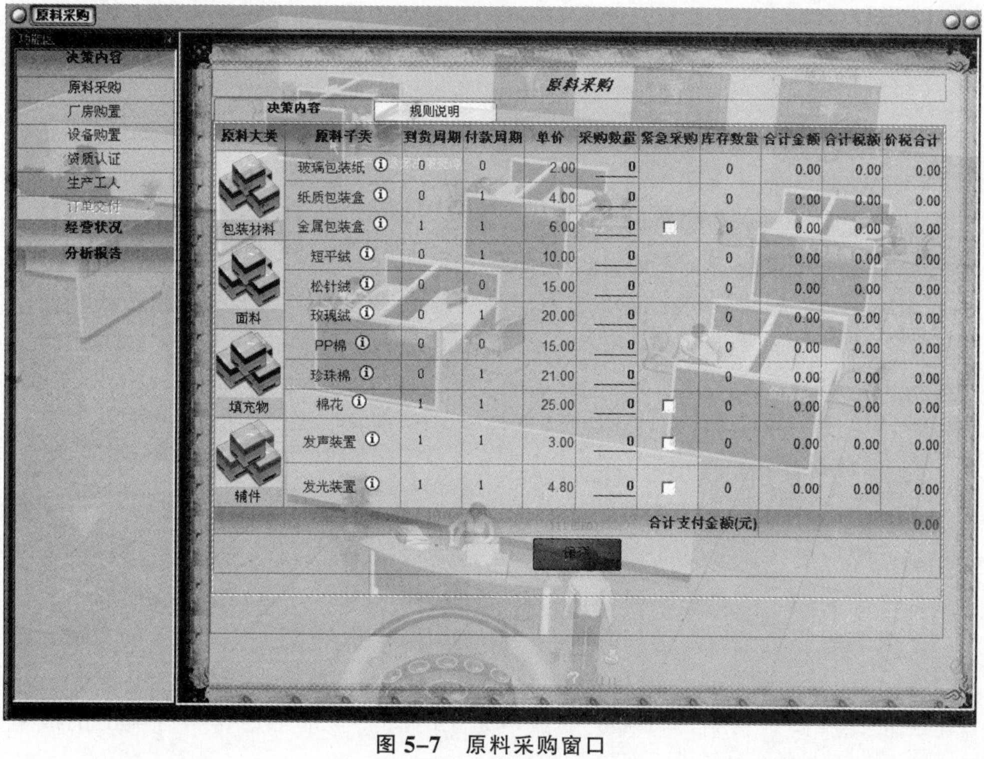

原料大类	原料子类	到货周期	付款周期	单价	采购数量	紧急采购	库存数量	合计金额	合计税额	价税合计
包装材料	玻璃包装纸	0	0	2.00	0		0	0.00	0.00	0.00
	纸质包装盒	0	1	4.00	0		0	0.00	0.00	0.00
	金属包装盒	1	1	6.00	0	□	0	0.00	0.00	0.00
面料	短平绒	0	1	10.00	0		0	0.00	0.00	0.00
	松针绒	0	0	15.00	0		0	0.00	0.00	0.00
	玫瑰绒	0	1	20.00	0		0	0.00	0.00	0.00
填充物	PP棉	0	0	15.00	0		0	0.00	0.00	0.00
	珍珠棉	0	1	21.00	0		0	0.00	0.00	0.00
	棉花	1	1	25.00	0	□	0	0.00	0.00	0.00
辅件	发声装置	1	1	3.00	0	□	0	0.00	0.00	0.00
	发光装置	1	1	4.80	0	□	0	0.00	0.00	0.00
							合计支付金额(元)			0.00

图 5-7 原料采购窗口

注:

1)根据企业产品设计的组合情况,先计算好总共需要采购的原料种类与数量,在“采购数量”一栏输入需要采购相应原料的数量,完成后点击“保存”;

2)在制订原料采购计划时要注意的是,这里所有的单价都是指不含税的价格,实际支付的金额是最右边的价税合计金额。此外,不同原料的订货周期是不同的,要根据公司整个生产计划的安排前提做好所有原料的采购计划;

3)原料如果买错了或买多了可以取消购买操作,将鼠标移到“原料子类”下相关的原料名称边的“①”标志上,会显示出该类原料的采购计划。在要取消的采购计划最右边的“操作”栏点击“撤销”(如图 5-8),取消该笔采购计划。

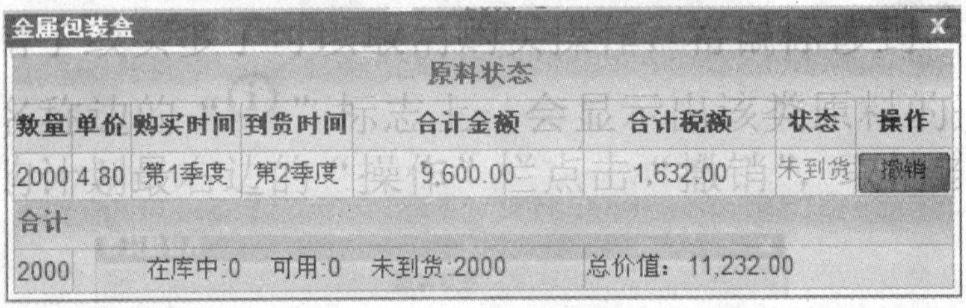

图 5-8 原料取消购买操作

5.2.3 “商道”企业经营模拟系统

1.原材料

(1)原材料成本:

原材料成本在第十年比基准数低(低耐磨材料单价 9 元,高级材料单价 1 元),这是因为目前这个行业的产能运用只有 70%。当实际产能低于总产能的 90%时,每降低 1%,原材料成本也降低 1%,由于原材料供应商的快速供应能力,公司可以实现原材料零存货。

另一个决定原材料价格波动的因素是对两种不同原料需求的相互转换。当全国使用高级材料的比例超过 25%时,每超过 1%,高级材料价格上升 0.5%,同时普通材料价格将下降 0.5%。所以,一旦高级材料的使用超过 25%,两种材料价格的差距将被拉大。

(2)原材料使用决策

所有生产“E-go”的原材料都可以方便地在公开市场购买到。全国有 300 多家原料生产供应商提供所有品种的原料。运货期一般都在 48 小时之内,这样的公开市场使生产商购买原材料的成本肯定低于自己生产原材料的成本。供应商主要供应两个等级的原料:普通材料和高级材料。使用高级材料可以提高产品的质量和功能,但价格比普通材料的产品高三分之二。

全部使用高级材料的“E-go”的成本是 15 元,而全部普通材料“E-go”的成本是 9 元。当然,本课程允许生产商用任何比例来混合使用这两种材料。

(3)原材料使用对产品质量等级的影响

产品的质量等级总分为 250 分,高级原材料的使用占 0~90 分。当提高高级原材料的使用率时,产品的质量等级也随之提高。如图 5-9 和图 5-10 对比可知。

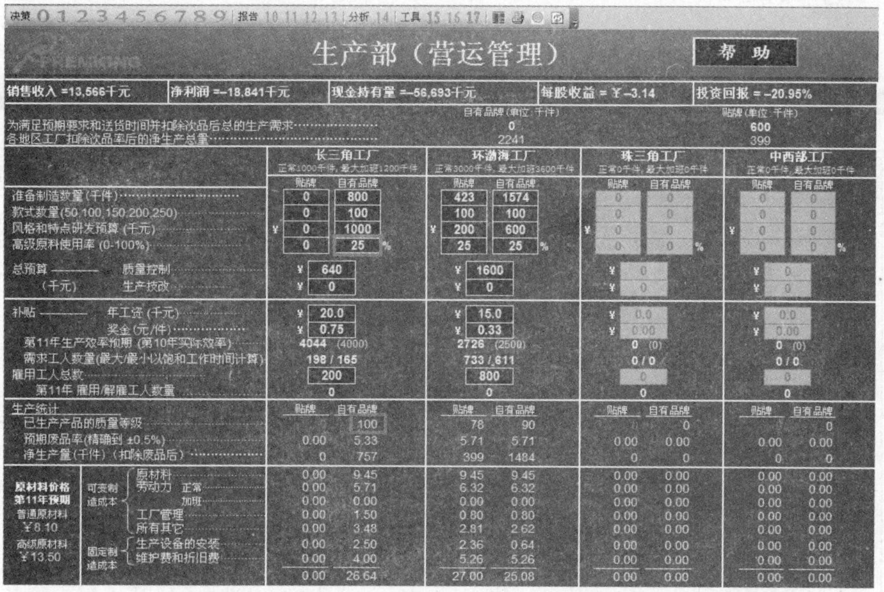

图 5-9　原材料使用对产品质量等级的影响(1)

在图 5-9 中,长三角工厂的高级原材料使用率为 25%,质量等级为 100。

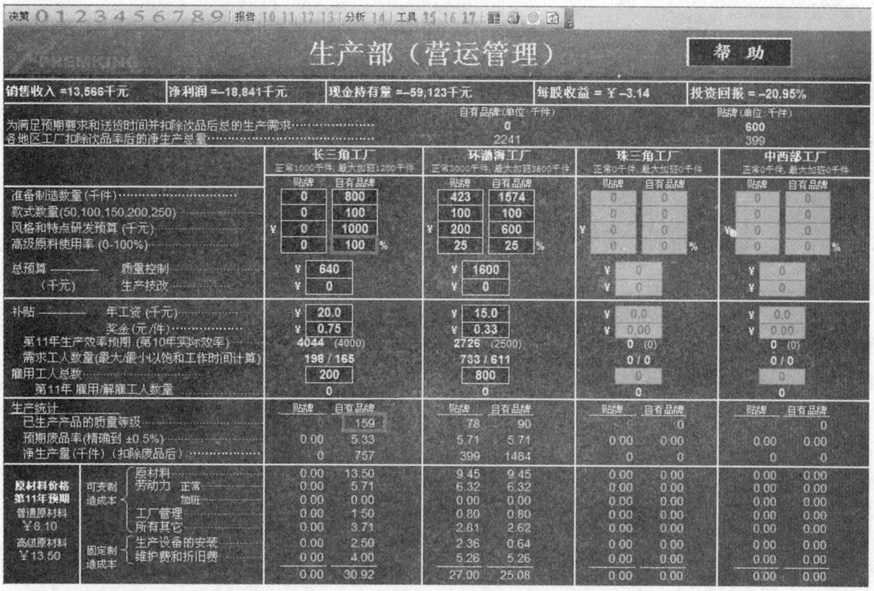

图 5-10　原材料使用对产品质量等级的影响(2)

在图 5-10 中,长三角工厂的高级原材料使用率为 100%,质量等级为 159。我们可以根据公司产品战略,选择最合适的原材料使用率,达到既能满足产品质量等级的要求,又能使成本最低。

2.仓库的运作

图 5-11 是公司第十年的仓库运作报告。

决策 0 1 2 3 4 5 6 7 8 9 | 报告 10 11 12 13 | 分析 14 | 工具 15 16 17

* **物流经理分析表** **第10年**

项目	贴牌	自有品牌仓储				总计
		长三角	环渤海	珠三角	中西部	
仓储运营(千件)						
期初存货	100	23	0	2	0	125
从何处工厂运来 长三角	0	760	0	0	0	760
环渤海	400	622	300	550	0	1,872
珠三角	0	0	0	0	0	0
中西部	0	0	0	0	0	0
可销售数量	500	1,405	300	552	0	2,757
售出数量 ——网络(零售)	0	125	24	50	0	199
批发	500	1,125	216	450	0	2,291
总计	500	1,250	240	500	0	2,490
清仓数量 (第10年末)	0	0	0	0	0	0
期末存货	0	155	60	52	0	267
仓储脱销费用	0	0	0	0	0	0
期初存货成本	2,100	552	0	38	0	2,690
+ 运入货物成本	8,340	31,103	5,702	10,454	0	55,599
- 期末存货成本 (清仓前)	0	3,525	1,141	963	0	5,629
售出货物制造成本	10,649	28,436	4,561	9,259	0	52,905
仓储费用(千元)						
存货仓储费用	25	12	0	1	0	38
运入货物运输费用	500	1,158	150	688	0	2,496
仓库运营	1,000	3,375	1,480	2,000	0	7,855
总仓储费用	1,525	4,545	1,630	4,889	0	12,589
存货清仓						
元/件 ——清仓价	0.00	0.00	0.00	0.00	0.00	0.00
清仓 分配成本 (参考注释一)	0.00	0.00	0.00	0.00	0.00	0.00
对税前收益的影响	0.00	0.00	0.00	0.00	0.00	0.00
影响 ——对税前收益的影响	0	0	0	0	0	0
(千元) 年度成本节约 (参考注释二)	0	0	0	0	0	0

注释一: 清仓每件成本与通过正常销售渠道销售的产品成本一样。清仓产品未摊销任何仓储、市场、管理或利息费用。

注释二: 每年节约的成本是仓储和财务成本的预期值。

图 5-11 物流经理分析表

(1)售出产品的生产成本

每年管理报告的第二部分向您提供了售出产品生产成本的信息,这里售出产品成本和生产产品成本是两个不同的概念,两者可能不相等。由于当年生产的产品不一定全部售出,一部分转为库存,这种情况下,生产产品的成本将大于售出产品成本。如果当年售出产品大于生产量，库存下降，售出产品成本大于生产产品成本。

由于长三角工厂所生产的全部品牌产品都在长三角生产销售，长三角市场的每件“E-go”的售出成本比其他地区高。环渤海工厂负责生产满足珠三角、环渤海、全部贴牌生产和部分长三角品牌的需求。每个市场的运输成本和利润率都有所不同。期末存货也是需要注意的部分,第十年的期末数等于第十一年的期初数。

(2)仓储费用

仓储费用由存货费用、进货运输费、和仓库运营费三个部分组成。

1)存货费用:存货费用是由上一年结存的库存产品数量决定,费用的计算采用阶梯递增法:

库存：	0~500,000 件	0.50 元/件
	500,000~750,000 件	0.75 元/件
	750,000~1,000,000 件	1.00 元/件
	1,000,000~1,250,000 件	1.50 元/件
	1,250,000 以上	2.00 元/件

2)运输费用:目前运输费是按照同地区 0.50 元/件,跨地区 1.25 元/件来计算的。

3)仓库运营费:仓库运营费包括每年 100 万元的租金（小于 20 万件的按 5 元/件计算)和从仓库到销售点及网上消费者这中间产生的包装、贴标签和运输费用。长三角有 50 万元额外的贴牌产品仓储租金（生产量不满 10 万件则按 5 元计算)。仓库的规模效应体现在:第 1 个 100 万件的销售,仓库的劳动力、原材料、设备和运输费用大约为 2 元/件，随后的 200 万件为 1.5 元/件,300 万件以上是 1 元/件。

(3)运输的决策

您和您的团队在物流决策屏(第 4 屏)如图 5-12 所示,要做出的决策就是如何把生产出来的产品合理地分配到各个仓库,以保证：

1)满足各个地区预计的销售量和库存；

2)各仓库的款式和质量处于最优化水平。所有生产的产品都必须运到公司的分销中心,产品不能从一个分销中心转运到另一个分销中心。

如果您的分销中心没有足够的存货,将产生短缺,短缺的后果为：

1) 公司销售额下降；

2) 购买者立即从对手处购买相应数量的产品；

3) 公司的服务排名下降。

为了帮助您避免短缺的发生,决策屏会提示您每个地区所需要的最少发货量。此外,电脑会自动告诉您目前仓库产品的质量等级以及款式数量。

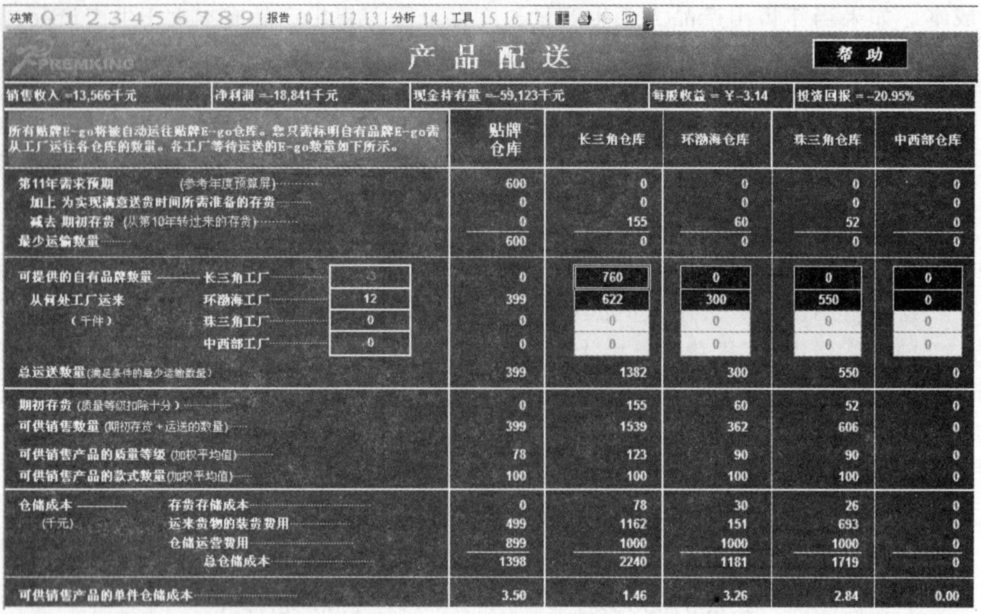

图 5–12 产品配送窗口

(4)存货管理的重要性

一方面,如果存货数量过少,除了会有短缺风险之外,还可能造成交货期的延长,从而影响到企业的服务评分。当实际次品率和预计次品率不同时,电脑会自动按比例调整实际发货数量,所以如果您只发送最小需要量时,就可能由于次品率的增加而造成短缺现象的发生。

另一方面,如果您的存货过多也会造成公司成本的上升。成本的上升体现在仓储费用的上升以及质量等级的下降。由于过多的上一年存货使这些产品由于款式的更新对消费者失去吸引力,从而降低公司产品的质量等级(本仿真系统设置:当年未售出的贴牌产品和自有品牌产品,其质量等级在次年将分别下降 5 分和 10 分)。您和您的团队必须从以上两个方面谨慎地进行存货管理。

5.3 实验项目

5.3.1 用友实验

实验目的

通过用友"创业者"企业经营模拟系统,掌握四种原材料的采购方式和采购计划的制订,以及紧急采购的操作。

1.掌握用友"创业者"企业经营模拟系统中的四种原材料的采购规则和方式;

2.根据模拟企业的生产计划和原材料采购规则,制定原材料采购计划。

实验步骤

1.登录用友“创业者”企业经营模拟系统;

2.从规则中了解四种原材料(R1、R2、R3、R4)的到货期和价格,熟悉下原材料订单、更新原材料、紧急采购原材料的操作;

3.根据A公司的生产计划,计算做出A公司的采购计划;

A公司:两条全自动生产线产P1产品、两条全自动生产线产P2产品,计划在第二年第一季上线生产。

实验总结

5.3.2 金蝶实验

实验目的

通过金蝶“创业之星”商业模拟平台,掌握四大类型原料的采购规则和方式,采购撤销等操作。

1.学习并了解四大类型原材料的采购价格,采购提前期;

2、根据模拟企业的生产计划,做出原材料采购计划。

实验步骤

1.登录金蝶“创业之星”商业模拟平台学生端;

2.从原料采购规则中了解四大类原材料的采购提前期、采购价格等内容,熟悉原材料采购和撤销操作;

3.根据A公司的生产计划制定出相应的原材料采购计划。

A公司:设计一种实惠型产品,原材料组成为:纸质包装、短平绒、PP棉和发声装置,产品名称为:“实惠1”。A公司计划用一条手工生产线生产500件“实惠1”产品。

实验总结

5.3.3 商道实验

实验目的

通过"商道"企业经营模拟系统,掌握原材料的使用决策,产品配送以及产品的仓储等内容,认识存货管理对企业经营的重要性。

1.掌握原材料的成本、原材料的使用对产品质量等级的影响;

2.掌握产品的仓储费用、和产品配送操作。

实验步骤

1.登录"商道"企业经营模拟系统;

2.了解两种原材料(普通原材料和高级原材料)的成本及其影响因素和变化趋势;

3.根据高级原材料的使用对产品质量的影响,在其他经营条件不变的情况下,比较分析当高级原材料使用率为4%、8%、24%、25%和100%时的产品质量等级分数有什么不同和规律。

实验总结

第六章　生产运营管理

6.1　实验原理

6.1.1 ERP 的生产运营管理系统架构

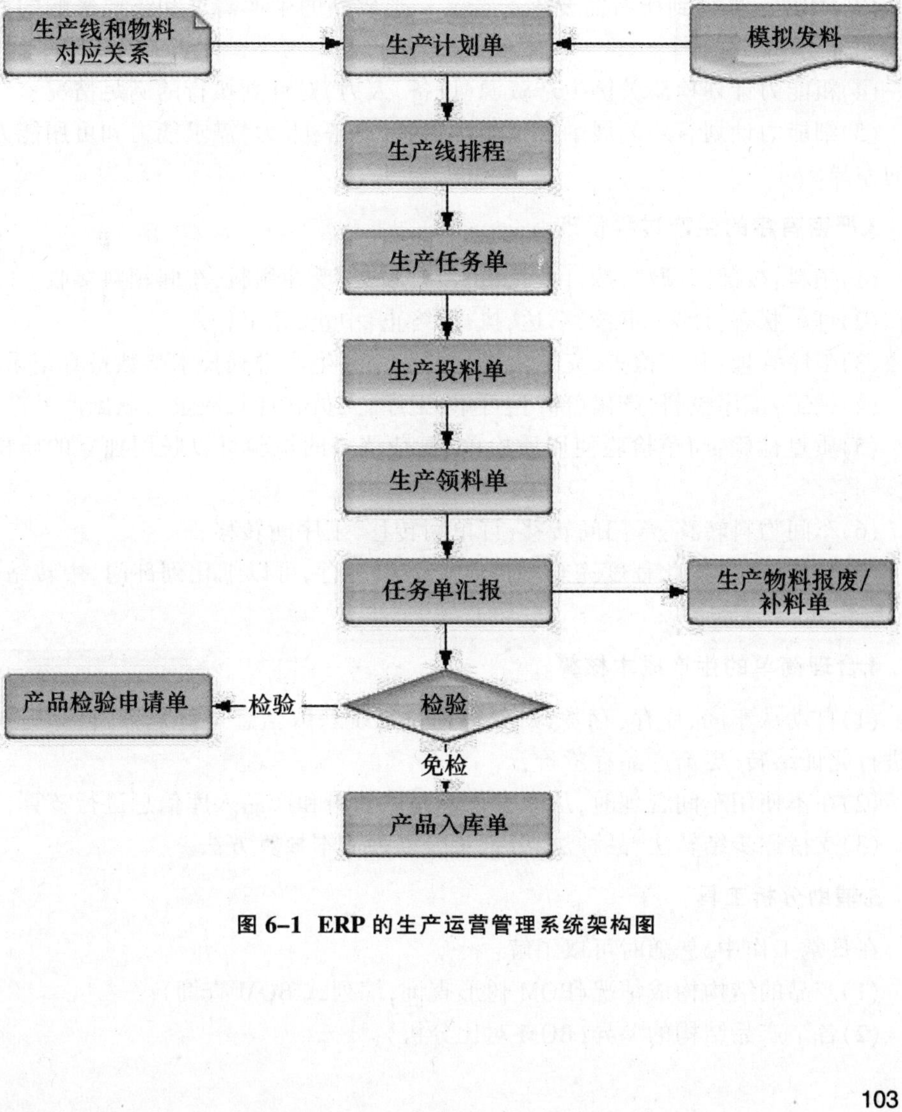

图 6–1 ERP 的生产运营管理系统架构图

6.1.2 ERP 的生产运营价值

1.多层次的计划管理体系

手工或者参照销售计划制定年度生产计划，将长期计划分解，逐步细化至季度,月度,周,甚至天,小时;根据长期计划,可以进行消耗计划的分解,及时计划实行时需要的原料采购和半成品生产信息。

2.全面的需求管理体系

(1)需求管理自动从销售,预测,设备维修等多方面获取生产需求信息;

(2)MPS 运算得到关键件生产需求;

(3)MRP 运算得到所有需要生产产品，半成品的生产需求和需要采购的原材料采购计划;

(4)粗能力计划检验关键生产资源(设备,人力)对计划执行的满足情况;

(5)细能力计划直观的展示各个生产资源(设备,人力)需求能力和可用能力之间的差异。

3.严密有序的生产过程管理

(1)领料:按部门领料,按订单领料,领料限额,反冲领料,车间领料接收;

(2)订单状态:计划,审核,下达,执行,终止,中止,完工;

(3)工序管理:开工检查,完工清场,并行工序,生产过程技术参数检查记录;

(4)报工:工序投料,产出(部门,订单,工序,人员,时间,数量),联副产品产出;

(5)质量检验:简单检验使用质检单,复杂严格的检验可以联用独立的质检系统;

(6)车间物料转移:部门间转移,订单间转移,工序间转移;

(7)台账:记录细化程度完全根据企业需求进行,可以细化到部门,中转站,订单,工序,批号。

4.合理简单的生产成本核算

(1)自动从车间,库存,存货,财务等相关系统获取信息进行核算,核算完毕自动进行凭证结转,更新产品存货价;

(2)在不使用车间管理时,从库存系统获取领料和产品入库信息进行核算;

(3)支持逐步结转法,品种法,分批法等多种成本核算方法。

5.辅助分析工具

在日常工作中,您随时可以了解:

(1)产品的结构构成情况(BOM 树形查询,缩列式 BOM 查询);

(2)各个产品结构的差异(BOM 对比分析);

(3)原料和产品的配套性情况(配套性检查);
(4)原料在现在或者将来某个时间的可供使用量(可用量检查);
(5)建议生产量和采购量(计划订单查询);
(6)生产进度掌控(生产进度查询);
(7)产品实际生产追踪(产品批次构成查询);
(8)产品成本随时了解(成本计算单查询)。

6.2 实验指导

6.2.1 用友"创业者"企业模拟经营系统

用友"创业者"电子沙盘中的生产运营管理主要为购置厂房,厂房处理,新建、在建生产线,生产线转产,下一批生产,产品研发等内容。如图 6-2:

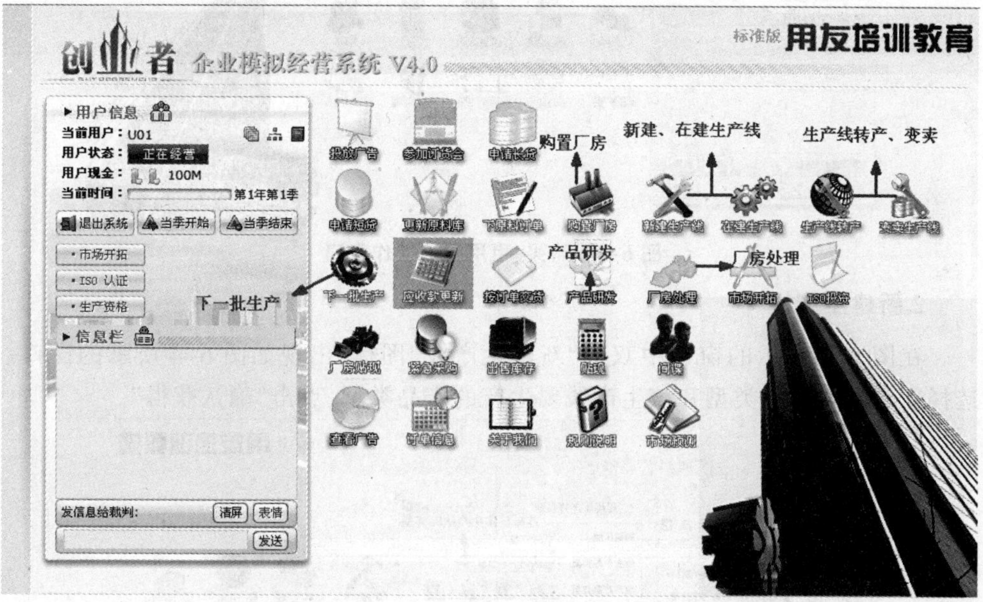

图 6-2 用友"创业者"电子沙盘操作界面

1.购买、租用厂房

在图 6-2 所示的窗口中双击"购置厂房"的图标,出现如图 6-3 所示的窗口。需要根据战略规划和实际需要,选择大、中或小厂房,并选择厂房获得方式为购买或者租用,点击"确认"获得。

(1) 购买厂房

选择购买厂房时,需在"系统"中选择大或小厂房,然后确认获得,系统将自动从现金中扣除厂房价值。

(2) 租用厂房

如果选择租用厂房,“系统”按照大厂房 5M/年,小厂房 3M/年的租金,当季扣除一年租金。

注:a. 租用或购买厂房可以在任何季度进行。如果决定租用厂房,租金在开始租用的季度交付。

b.要建生产线,必须购买或租用厂房,没有租用或购买的厂房不能新建生产线。

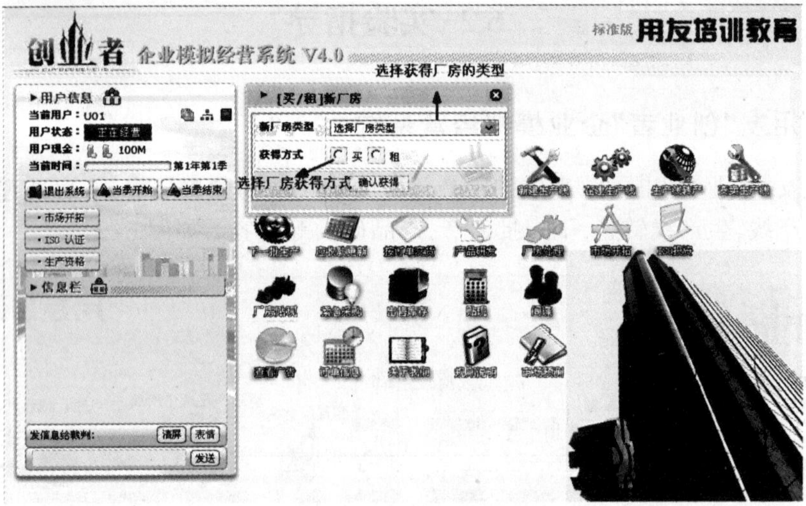

图 6-3　购买、租用厂房操作窗口

2.新建生产线

在图 6-2 所示的窗口中双击“新建生产线”图标,出现如图 6-4 所示的窗口。选择新建生产线的类型和该生产线要生产的产品类型,点击“确认获得”。

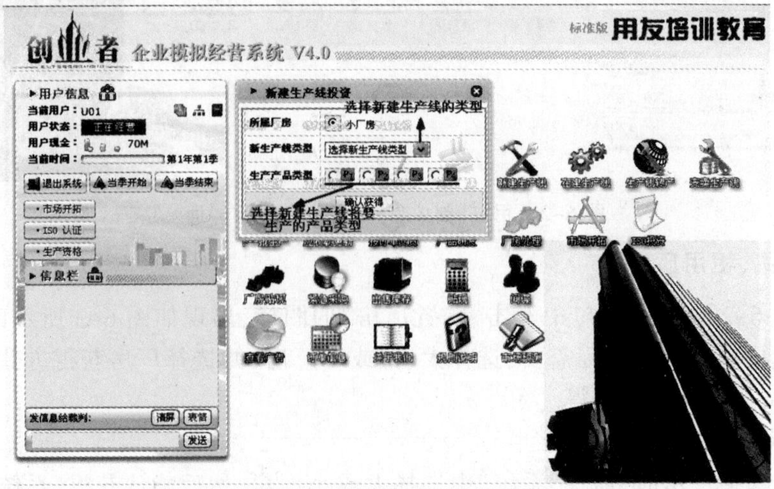

图 6-4　新建生产线操作窗口

各种生产线的情况见表 6–1：

表 6–1 四种生产线情况表

生产线	购置费	安装周期	生产周期	总转产费	转产周期	维修费	残值
手工线	5M	无	3M	0M	无	1M/年	1M
半自动	10M	2Q	2Q	1M	1Q	1M/年	2M
自动线	15M	3Q	1Q	2M	1Q	1M/年	3M
柔性线	20M	4Q	1Q	0M	无	1M/年	4M

注：此操作一次只可新建一条生产线，但可重复进行。假设新建三条生产线，则需操作 3 次。

3.在建生产线

每一种生产线都有各自的安装周期，例如全自动生产线的安装周期为三个季度，第一季度在新建生产线中新建了一条全自动生产线，在第二季度则需要在在建生产线中对该条全自动生产线继续投资。在图 6–2 所示的窗口中双击“在建生产线”图标，出现如图 6–5 所示窗口，选择继续投资的生产线，点击“确认投资”。

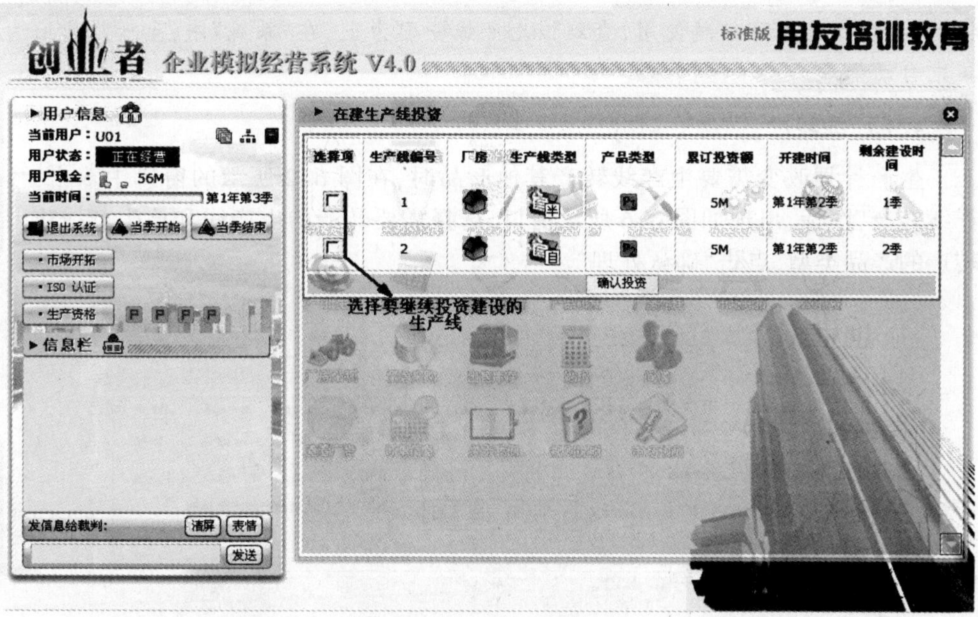

图 6–5 在建生产线操作窗口

投资生产线的支付不一定需要连续，可以在投资过程中中断投资，也可以在中断投资之后的

任何季度继续投资，一条生产线待最后一期投资到位后，必须到下一季度才算安装完成，允许投入使用。

(1)必须交纳维护费的情况:

生产线安装完成,不论是否开工生产,都必须在当年交纳维护费;正在进行转产的生产线也必须交纳维护费。

(2)免交维护费的情况:

凡已出售的生产线和新购正在安装的生产线不交纳维护费。

(3)生产线折旧

每条生产线单独计提折旧,折旧采用平均年限法,分四年折完。各种生产线每年折旧额的计算见表 6-2。

表 6-2 生产线折旧表

生产线	购置费	残值	建成第一年	建成第二年	建成第三年	建成第四年	建成第五年
手工线	5M	1M	0	1M	1M	1M	1M
半自动	10M	2M	0	2M	2M	2M	2M
自动线	15M	3M	0	3M	3M	3M	3M
柔性线	20M	4M	0	4M	4M	4M	4M

注:当年新建成的生产线不提折旧。完成规定年份的折旧后,剩余的残值可以保留,该生产线也可继续使用,直到该生产线变卖为止。在“系统”中,生产线折旧为年末自动处理。

4.生产线转产

生产计划改变需要生产线转产其他产品时,在图 6-2 所示的窗口中双击“生产线转产”图标,出现如图 6-6 所示窗口,选择需要转产的生产线和该生产线将要转产的产品类型,点击“确认处理”。

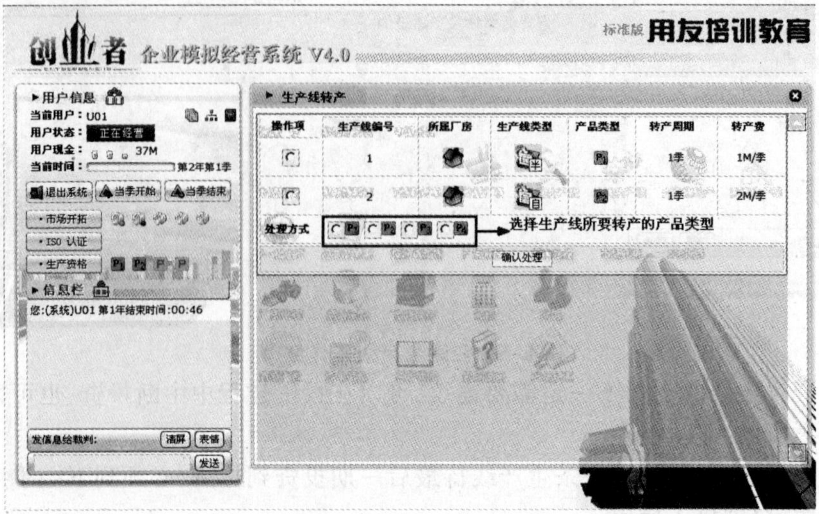

图 6-6 生产线转产操作窗口

5.变卖生产线

当市场供大于求，产品大量积压导致资金问题时，可以考虑进行变卖生产线。在图 6-2 所示的窗口中双击“变卖生产线”图标，出现如图 6-7 所示窗口，选择所要变卖的生产线，点击“确认变卖”。

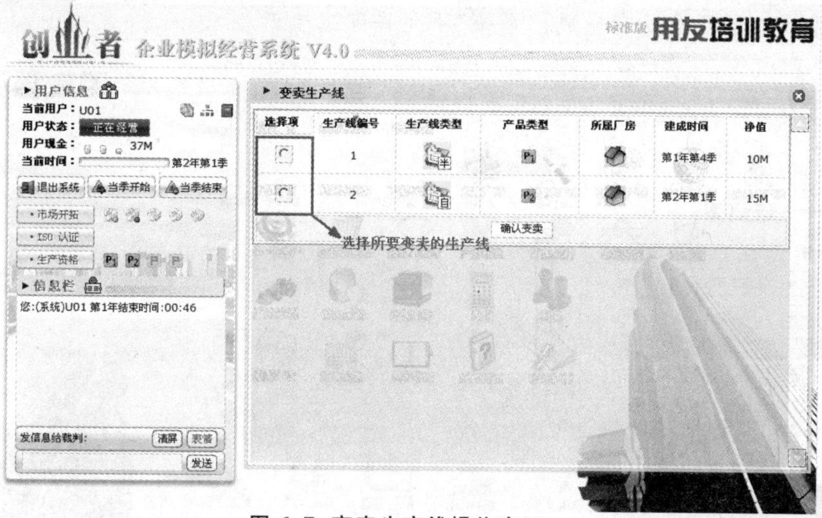

图 6-7 变卖生产线操作窗口

生产线变卖时，将变卖的生产线按残值放入现金区，其他剩余价值放入“其他”费用，记入当年“综合费用”。

6.下一批生产

在图 6-2 所示的窗口中双击“下一批生产”图标，出现如图 6-8 所示窗口，点击“开始生产”。

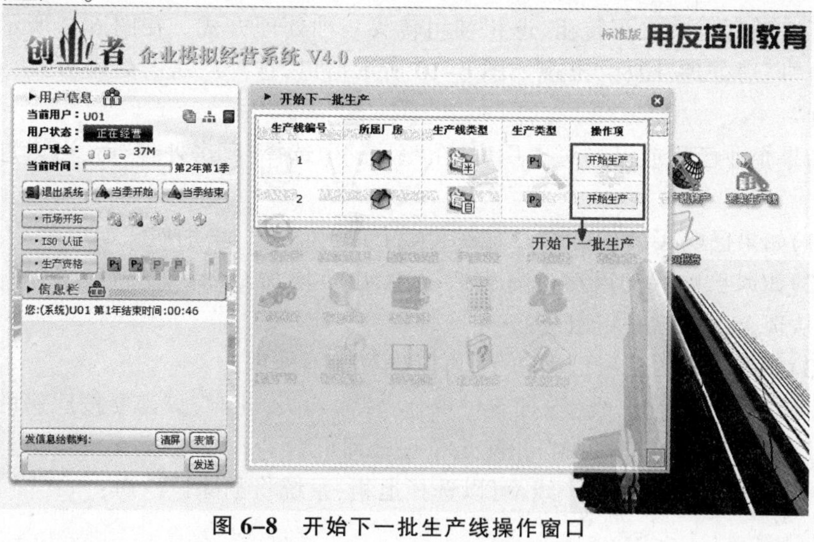

图 6-8 开始下一批生产线操作窗口

7.产品研发

在图 6–2 所示的窗口中双击“产品研发”图标,出现如图 6–9 所示窗口,选择需要研发的产品类型,点击“确认投资”即可。

注:产品研发可以中断或终止,但不允许超前或集中投入。已投资的研发费不能回收。如果开发没有完成,“系统”不允许开工生产。

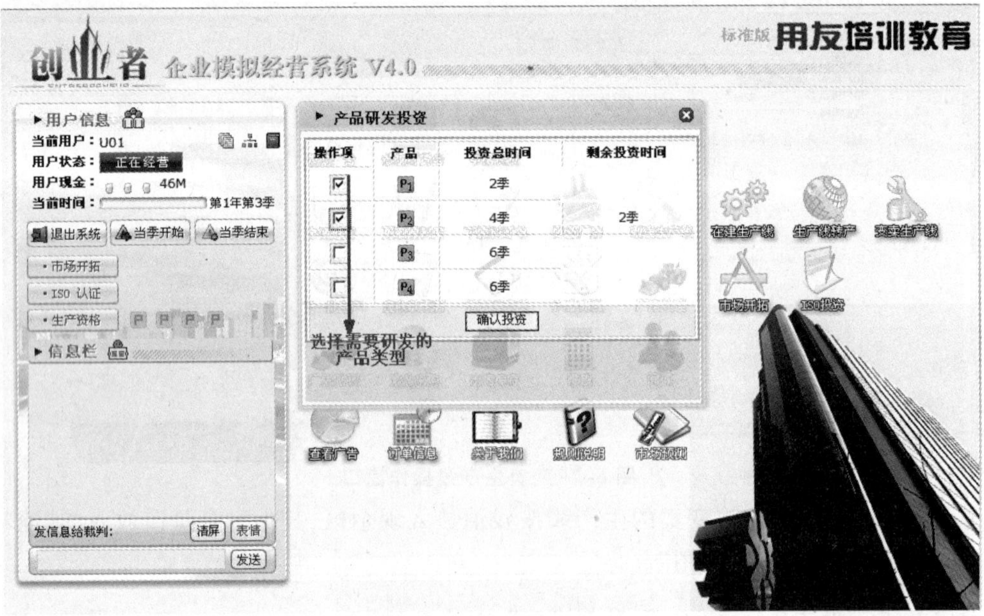

图 6–9 产品研发操作窗口

8.厂房处理

厂房处理方式有买转租、退租和租转买三种处理方式。在图 6–2 所示的窗口中双击“厂房处理”图标,出现如图 6–10 所示窗口,选择厂房的处理方式,点击“确认处理”。

如果企业已租或已购买了厂房,在“系统”中选择“厂房处理”后,可以进行如下处理:

(1)如果已购买的厂房中没有安装生产线,可卖出,增加四账期应收款;

(2)如果已购买的厂房中有生产线,卖出后增加 Q4 账期应收款,并自动转为租用,从现金中扣除一年租金;

(3)如果租用的厂房已满一年,可以进行如下处理:

a.不论是否有生产线,均可支付现金,转为购买,此时,只需要按厂房的购买价格(大厂房 40M,小厂房 30M)扣除足量现金即可;

b.如果厂房中没有生产线,可以选择退租,系统将删除该厂房;

c.对已租用的厂房继续租用时,可以不执行任何操作,"系统"将自动判定交租金的时间,自动从现金中扣除。

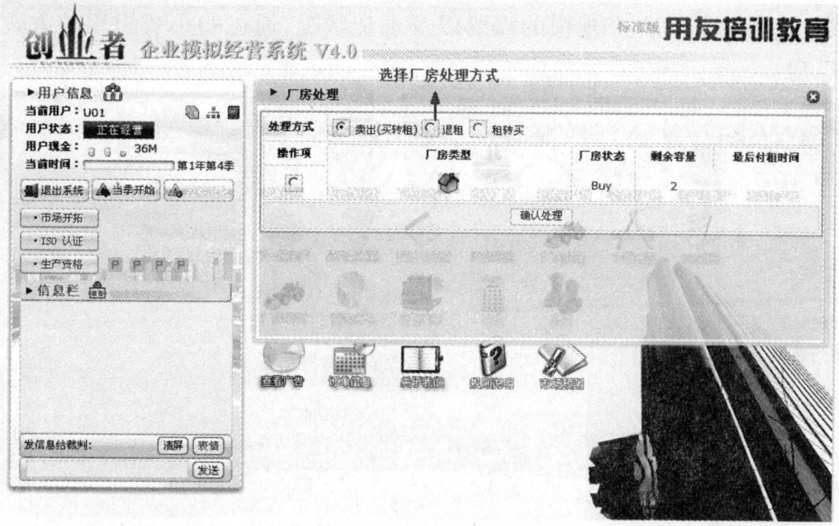

图 6-10 厂房处理操作窗口

6.2.2 金蝶"创业之星"商业模拟平台

金蝶"创业之星"商业模拟平台中的生产运营管理主要为"制造部"的运营,包括厂房购置、设备购置、资质认证、生产工人招聘、和生产车间的生产等内容。在公司场景点击"制造部",出现如图 6-11 所示窗口。

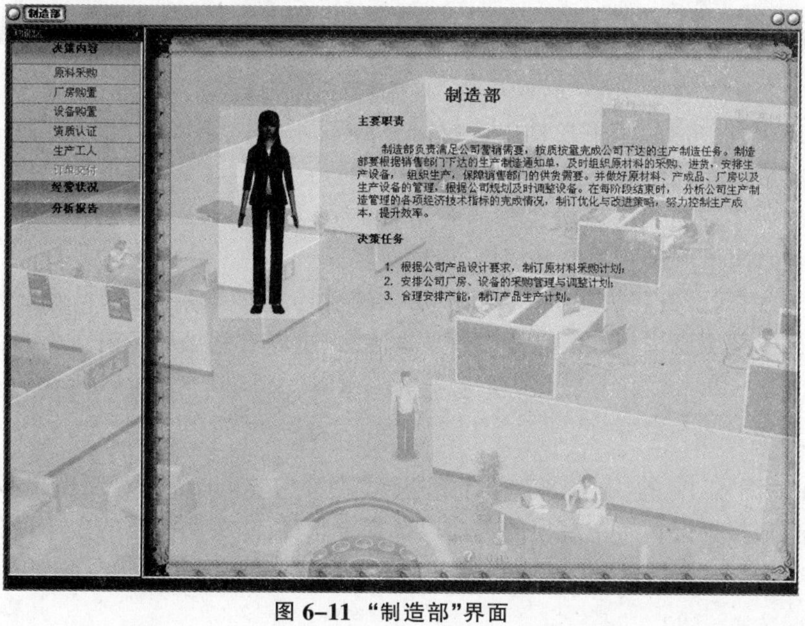

图 6-11 "制造部"界面

1.厂房购置

在如图 6–11 的“制造部”窗口中选择“决策内容–厂房购置”，出现如图 6–12 所示窗口，根据公司生产规模的需要以及现金状况，通过购买或租用的方式获取相应的厂房。

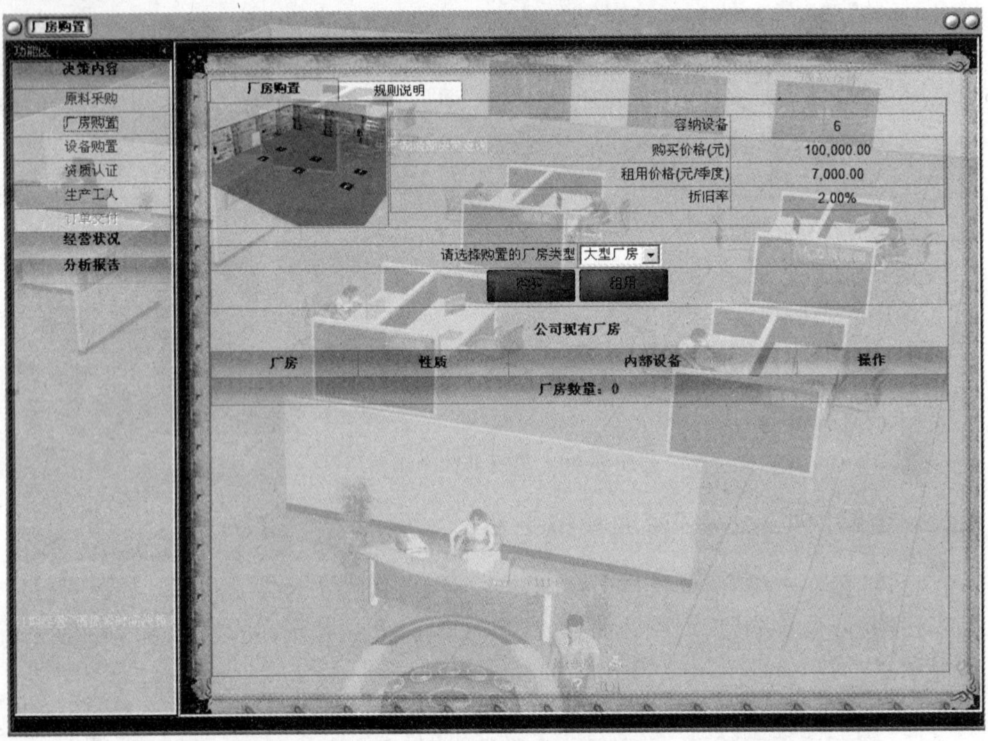

图 6–12　厂房购置操作窗口

（1）在“厂房类型”下拉框内选择需要的厂房大小，再点击“购买”或“租用”按钮，完成对选择厂房的操作；

（2）购买或租用的厂房会在下面列表显示，鼠标移至厂房名称旁的“①”标志上，会显示出该厂房有关的详细信息；

（3）“内部设备” 栏显示的是该厂房内的设备最大安装能力与已经安装的设备数量，鼠标移至该栏相关信息旁的“①”标志上，可以看到该厂房内安装的生产设备详情。

2.设备购置

在如图 6–11 的“制造部”窗口中选择“决策内容–设备购置”，出现如图 6–13 所示窗口，根据公司生产规模的需要以及现金状况，购买所需要的生产设备。

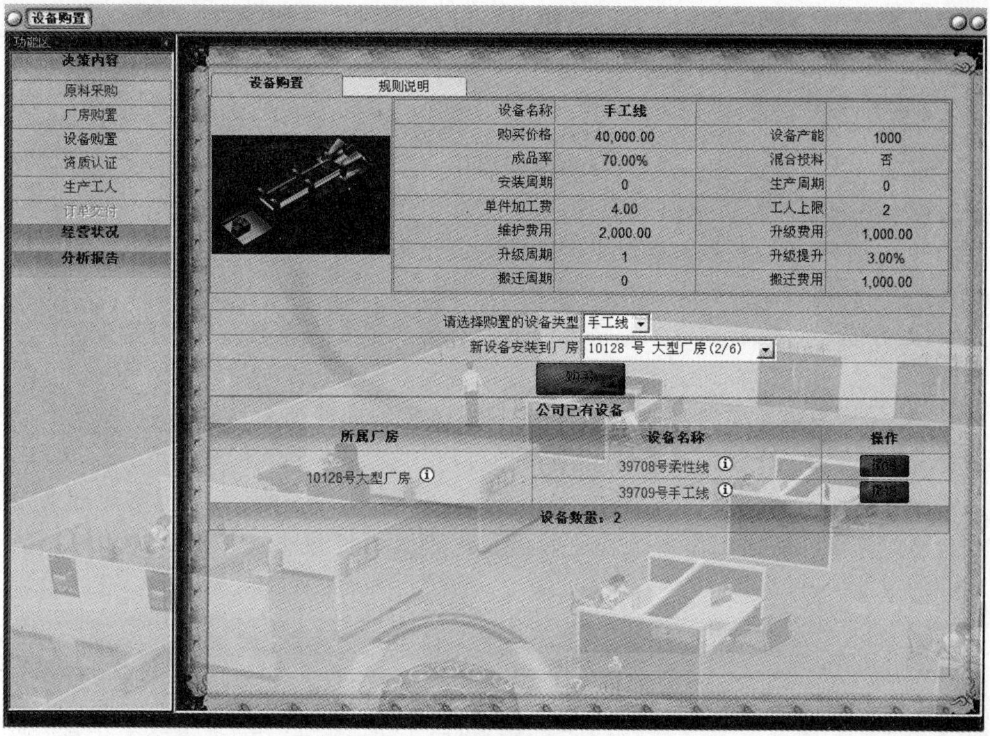

图 6-13　设备购置操作窗口

注：

1)设备只能购买而不能租用，因此要购买设备首先确保公司有足够的现金；

2)在“厂房类型”下拉框内选择需要购买的设备类型，上面会实时显示出该设备的主要参数资料；在“设备安装到厂房”选择该设备需要安装到哪个厂房里，点击“购买”按钮，完成对选择设备的购买；

3)购买了设备以后，在下面能看到公司目前所有厂房以及厂房内安装的所有设备情况。对于刚采购的设备，如果没有设备在线上生产，可以点击该设备名称右边的“撤销”按钮取消购买决策。

3.资质认证

在如图 6-11 的“制造部”窗口中选择“决策内容-资质认证”，出现如图 6-14 所示窗口，对公司确认要投资的认证体系投入认证费用。

(1)认证是对整个公司的生产资质进行的认证，而不是针对某一个产品品牌。在市场要求具体相应资质而公司没有时，将不允许进入该市场销售产品；

(2) 点击认证名称右边相关的 “投入” 按钮，完成本季度对该认证的费用投入。各类认证所需要花费的时间周期及总费用不同，需要多个季度的投入才能完成获取资质；

(3)对当季度投入的认证费用,可以点击“操作栏”的“撤销”按钮取消当季投入。

4.生产工人招聘

在公司场景点击“制造部”,在弹出窗口中选择“决策内容–生产工人”,对制造部门现有的所有生产工人进行管理。

(1)生产设备需要配备生产工人才能完成设备使用生产工作。生产工人的招聘由人力资源来完成,详见人力资源部相关操作;

(2)在这里可以看到生产制造部门的所有生产工人列表,鼠标移到工人名字旁的“ⓘ”标志上,可以看到该工人的简要介绍资料;

(3)在每一名工人的右边,可以针对该工人完成岗位调整(调整到其他生产设备上)、计划培训、计划辞退等操作(如图 6–14);

(4)所有培训与辞退计划设置好后,会递交到人力资源部,由人力资源部来完成具体的培训或辞退工作。如果递交了计划,但人力资源部还未确认,则可以撤销相应的申请。

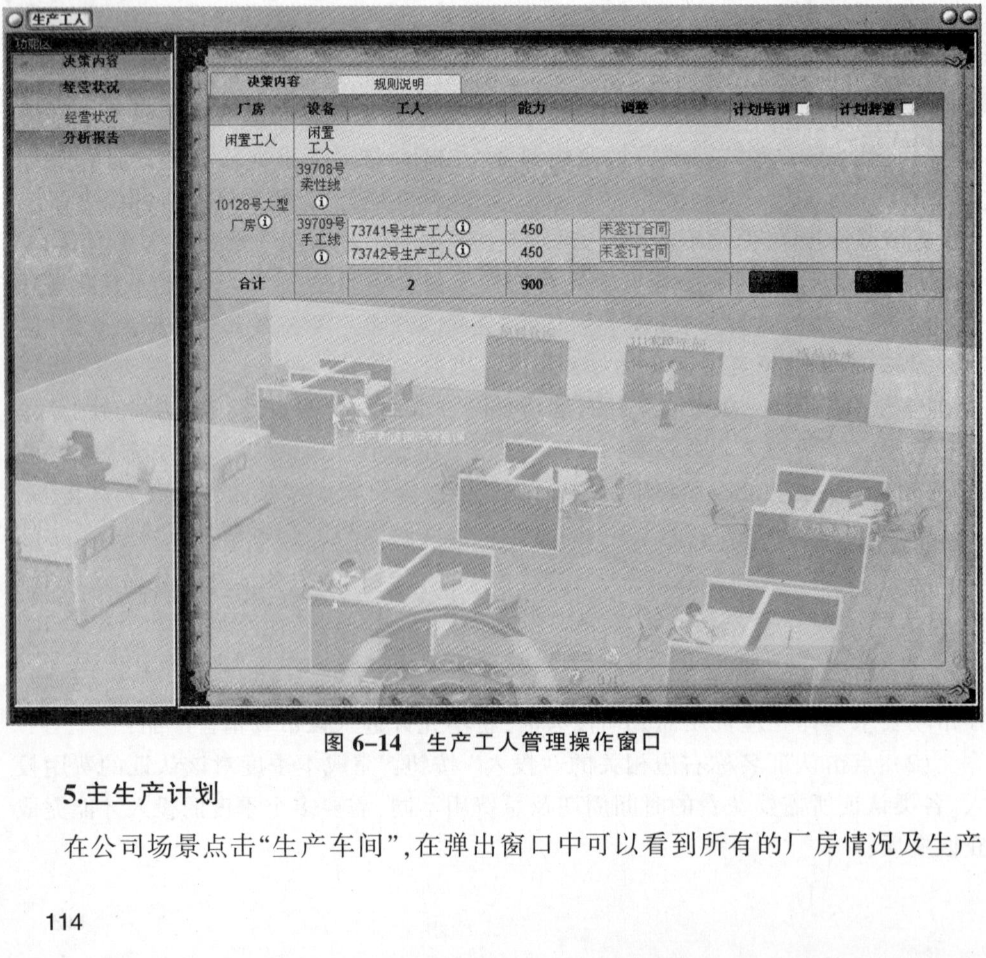

图 6–14 生产工人管理操作窗口

5.主生产计划

在公司场景点击“生产车间”,在弹出窗口中可以看到所有的厂房情况及生产设备情况。如图 6-15 所示：

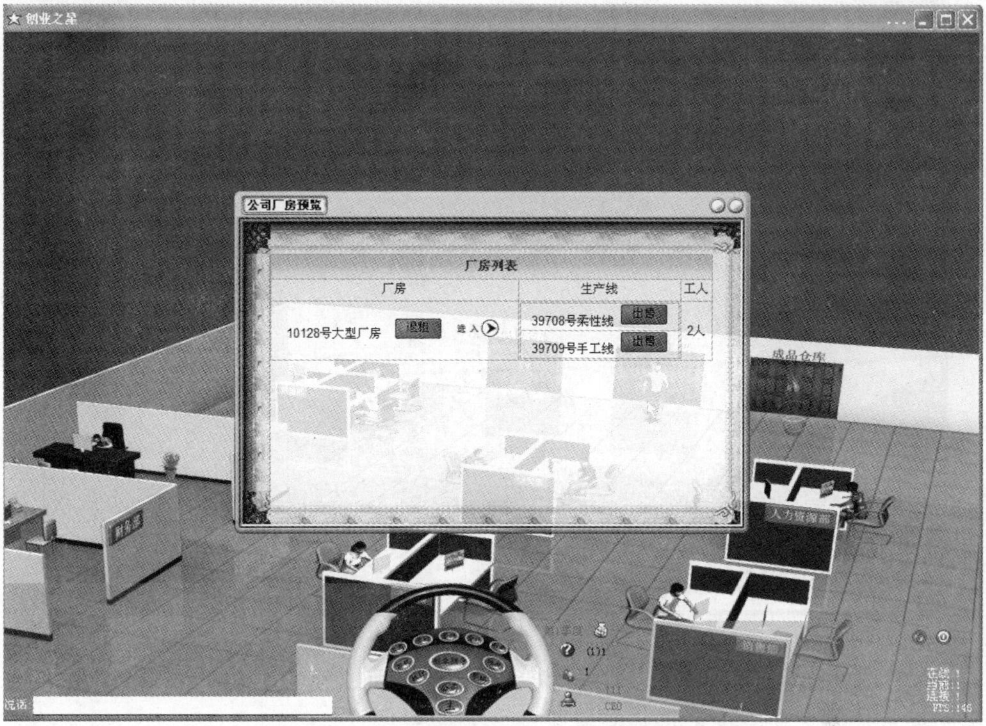

图 6-15　厂房情况及生产设备情况窗口

注：

1)“厂房”栏显示了公司目前所有的厂房情况，同时标志出该厂房是购买的还是租用的。点击厂房名称旁的“出售”或“退租”按钮，可以出售或退租厂房；

2)“利用”栏显示了该厂房内装有几条生产设备，点击“出售”可以卖掉该设备。如果设备上还有产品在生产中，则设备不能马上出售，只是制订出售计划，到季度结束时产品下线后才能出售；

3)在每一个厂房名称的右边有一个在闪动的“进入”标志，点击该标志可以进入到该厂房内部(如图 6-16)，能看到厂房内的所有生产设备情况，并对所有生产设备编排本季度的主生产计划；

图 6-16　厂房内部界面

4)如果要对某一条生产进行计划编排,则点击这个生产线,在弹出窗口(6-17)中完成对该生产设备的生产计划编排;

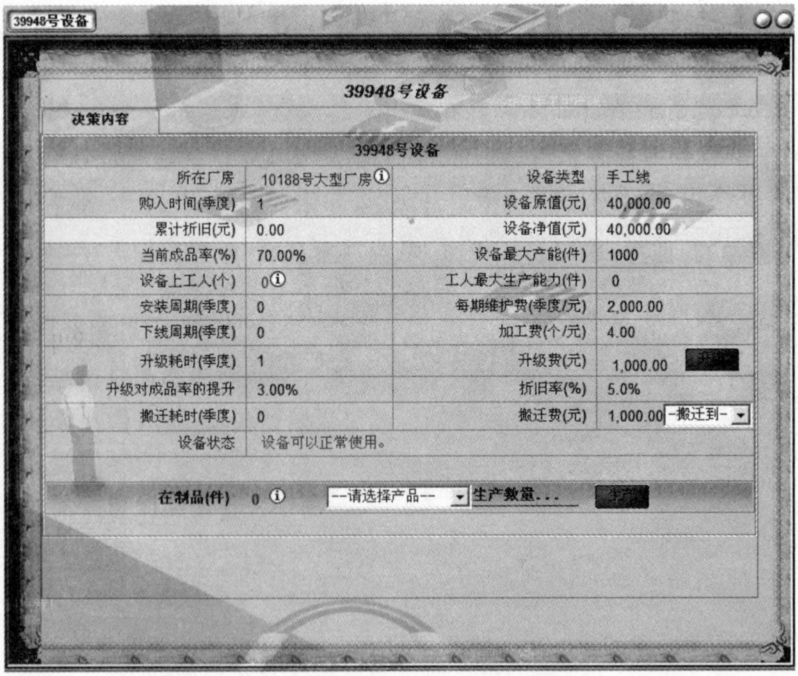

图 6-17　某条生产设备参数界面

5)点击产品选择下拉框,选择需要生产的产品;在"生产数量"位置输入本季度需要生产的产品数量,点击"生产"可以开始产品的生产计划;

6)成功生产后,"在制品"旁会显示计划生产的产品数量;

7)点击数量旁的"ⓘ"标志,可以看到该生产设备当前已经安排的全部生产计划情况。包括每批次的计划产量、上线时间、下线时间等,如果想取消某一项计划,只需点击右边的"撤销"即可。

6.2.3 "商道"企业经营模拟系统

工厂和生产的运营无论从战略上还是具体经营上都是至关重要的。目前,公司有两个生产工厂:有年产 100 万件"E-go"产能的长三角工厂和最新建造的 300 万件"E-go"产能的环渤海工厂。根据目前对"E-go"市场的展望,您和您的团队将可能在运营中需要更多的产能来满足市场的需求。您可以扩展现有工厂的产能,或投资于珠三角和中西部建造新的工厂, 您也可以收购同行业其他公司的产能或售出自己多余的产能。您的团队将花费大量的时间和精力来使工厂的运营保持高效率、低成本和高利润。

1.决策前须知

(1)原材料成本

原材料成本在第十年比基准数低 (低耐磨材料单价 9 元, 高级材料单价 15 元),这是因为目前这个行业的产能运用只有 70%。当实际产能低于总产能的 90%时,每降低 1%,原材料成本也降低 1%,由于原材料供应商的快速供应能力,公司可以实现原材料零存货。

(2)劳动力成本

劳动力成本包括基本工资、福利、计件制的奖金以及加班工资。公司第十年的劳动力成本分别是:长三角工厂 457 万元;环渤海工厂 301.8 万元。长三角工厂生产每件"E-go"的劳动力成本大于环渤海工厂的每件劳动力成本,这个差距是因为两个地区不同的工资、奖金和生产效率造成的。您和您的团队必须认真处理好两个不同地区的劳动力成本问题。

(3)加班

所有地区的加班工资是标准工资的 1.5 倍, 计件制奖金是根据在加班时间生产的合格品数量在加班工资以上发放的。尽管第十年公司没有加班生产,以后的加班生产必须包括加班工资和奖金。公司的生产能力由工厂产能或工人数乘以生产效率,两者的较小值决定。比如,您的环渤海工厂在第十一年准备雇用 700 个工人,工人的单位产能是每年 2500 件,那么总产量超过 175 万件(2500×700)就是加班产量,最大的加班产能为总产量的 20%(175 万×20%=35 万)。

图 6-18 是公司最新的工厂生产情况报告,除了百分比和单位成本,所有的单

位都是千元。

每年系统都会向您提供不断更新的生产情况报告。

决策 0 1 2 3 4 5 6 7 8 9 | 报告 10 11 12 13 | 分析 14 | 工具 15 16 17

*	生产经理分析表								第10年
	长江三角洲		环渤海地区		珠江三角洲		中西部地区		
	贴牌	自有品牌	贴牌	自有品牌	贴牌	自有品牌	贴牌	自有品牌	总计
制造成本 (千元)									
原材料 ——普通原材料	0	4,320	2,300	8,500	0	0	0	0	15,120
高级原材料	0	2,400	1,278	4,722	0	0	0	0	8,400
劳动力 ——年薪	0	4,000	511	1,889	0	0	0	0	6,400
奖金	0	570	132	486	0	0	0	0	1,188
加班费	0	0	0	0	0	0	0	0	0
工厂管理	0	1,200	341	1,259	0	0	0	0	2,800
质量控制	0	640	341	1,259	0	0	0	0	2,240
时尚设计	0	1,000	200	600	0	0	0	0	1,800
技术改进	0	0	0	0	0	0	0	0	0
批量生产安装	0	2,000	1,000	1,000	0	0	0	0	4,000
工厂维护	0	2,150	1,491	5,509	0	0	0	0	9,150
折旧	0	1,000	746	2,755	0	0	0	0	4,501
总制造成本	0	19,280	8,340	27,979	0	0	0	0	55,599
制造统计									
规格 —— 质量	0	100	75	100	0	0	0	0	
款式	0	100	100	100	0	0	0	0	
生产量 (千件)	0	800	426	1,574	0	0	0	0	2,800
废品量 (千件)	0	40	26	102	0	0	0	0	168
净产量 (千件)	0	760	400	1,472	0	0	0	0	2,632
废品率 (%)	0.00	5.00	5.50	6.50	0.00	0.00	0.00	0.00	6.00
平均质量控制 (元 / 件)	0.80		0.80		0.00		0.00		
平均技术改进 (元 / 件)	0.00		0.00		0.00		0.00		
工人劳动生产率 ———第10年	4,000		2,500		0		0		
(件 / 人 / 年) 上一年	4,000		2,500		0		0		
劳动力统计									
雇员总数 ———初期	200		800		0		0		1,000
雇用 (解雇)	0		0		0		0		0
当前	200		800		0		0		1,000
补贴 ————年薪	20.0		3.0		0.0		0.0		
(千元/人) 奖金	2.1 (¥0.75/件)		0.8 (¥0.33/件)		0.0		0.0		
补贴总额	22.1		3.8		0.0		0.0		
工厂投资 (千元)									
资本增值 第10年	0		0		0		0		0
净投资 (包括新资本)	16,000		66,500		0		0		82,500

财务经理分析表 / 资产负债表 / 市场经理分析表 / 生产经理分析表 / 物流经理分析表 / 成本分析

图 6-18 生产经理分析表窗口

(4)质量控制

质量控制的费用体现在两个方面,首先,每年花费在质量控制上的费用和不合格产品数成反比,投入越多,次品越少;其次,每年在质量控制投入的总费用和累计在每件“E-go”上投入的质量控制费用是“中国 E-go 业联合会”进行质量等级排名的两个重要指标。

(5)风格特点研发

每个公司有专门的小组负责产品款式和型号的设计更新，一旦管理层决定了工厂生产的款式数量(50、100、150、200或250),这个小组就全面负责款式设计和推广。在每款产品上的风格和特点研发投入,也是协会进行质量等级排名的重要依据。

(6)生产线安装费用

生产线的初装准备费用是由工厂生产产品的款式数量决定，具体为:50款的初装准备费为100万元,100款为200万元,150款为400万元,200款为650万元,250款为900万元。目前公司的两个工厂都生产100款。

(7)工厂维护费用

维护费用为工厂总投资的5%,5年后每年再加0.25%，这个数字在生产报告中没有显示,但公司可以从公司的财务报告中获得准确信息。工厂总投资是指在某工厂上的总投入,包括初始投资、扩张投资以及产能升级时的投资。

(8)工厂折旧

工厂的使用寿命为20年,折旧为直线折旧法,每年5%。

(9)生产效率

工人的生产效率由五方面决定：

1)每年工资的增长比例

2)奖励性工资占总工资的比例

3)总工资和这个地区同行业平均数的对比

4)工厂是否在扩大招工还是不断减员

5)每年提高在生产技改方面的投入。

(10)净工厂投资额

净工厂投资额等于账面原值扣除折旧后的净值。

(11)在企业模拟经营中,您的团队可以通过以下几方面不断提高工人的生产效率及降低生产成本：

1)采用“工厂升级”中六个资本增值方案的一种或几种来加强工厂的生产能力；

2)增加生产技改方面的投入；

3)合理搭配固定工资和奖金的比例；

4)降低次品率。

图6-19是公司第十年的生产成本概况，每年仿真系统都会提供更新的生产成本核算表以利于你分析公司运作情况并提高工作效率。

生产成本（元/件 成品）根据工厂和产品

	长江三角洲		环渤海地区		珠江三角洲		中西部地区		总计
	贴牌	自有	贴牌	自有	贴牌	自有	贴牌	自有	
原材料——普通材料	0.00	5.40	5.40	5.40	0.00	0.00	0.00	0.00	5.40
高级材料	0.00	3.00	3.00	3.00	0.00	0.00	0.00	0.00	3.00
总计	0.00	8.40	8.40	8.40	0.00	0.00	0.00	0.00	8.40
劳动力——年工资	0.00	5.00	1.20	1.20	0.00	0.00	0.00	0.00	2.29
激励奖	0.00	0.71	0.31	0.31	0.00	0.00	0.00	0.00	0.42
加班费	0.00	0.00	0.00	0.00	0.00	0.00	0.00	0.00	0.00
总计	0.00	5.71	1.51	1.51	0.00	0.00	0.00	0.00	2.71
工厂管理	0.00	1.50	0.80	0.80	0.00	0.00	0.00	0.00	1.00
质量控制	0.00	0.80	0.80	0.80	0.00	0.00	0.00	0.00	0.80
风格/款式	0.00	1.25	0.47	0.38	0.00	0.00	0.00	0.00	0.64
生产方法	0.00	0.00	0.00	0.00	0.00	0.00	0.00	0.00	0.00
废品成本	0.00	1.27	1.27	1.23	0.00	0.00	0.00	0.00	1.27
生产线安装	0.00	2.50	2.35	0.64	0.00	0.00	0.00	0.00	1.43
工厂维护	0.00	2.69	3.50	3.50	0.00	0.00	0.00	0.00	3.27
折旧	0.00	1.25	1.75	1.75	0.00	0.00	0.00	0.00	1.61
每件成品成本（扣除废品后调整）	0.00	25.37	20.85	19.01	0.00	0.00	0.00	0.00	21.12

总单位成本（元/每件）售出的贴牌和自有品牌总计

	贴牌	长江三角洲		环渤海地区		珠江三角洲		中西部地区		总计
		网络	批发	网络	批发	网络	批发	网络	批发	
生产（以送货量为准）	20.85	22.51	22.51	19.01	19.01	19.01	19.01	0.00	0.00	21.12
存货成本调整（注释1）	-0.07	0.02	0.02	0.00	0.00	0.00	0.00	0.00	0.00	0.01
售出每件制造成本	21.30	22.75	22.75	19.00	19.00	18.52	18.52	0.00	0.00	21.23
批发成本 - 存货仓储	0.05	0.01	0.01	0.00	0.00	0.00	0.00	0.00	0.00	0.02
运输（平均）	1.00	0.93	0.93	0.63	0.63	1.38	1.38	0.00	0.00	1.00
运营	2.00	2.70	2.70	6.17	6.17	4.00	4.00	0.00	0.00	3.15
总计	3.05	3.64	3.64	6.79	6.79	9.78	9.78	0.00	0.00	5.06
市场 网络市场	0.00	17.50	0.00	20.17	0.00	17.38	0.00	0.00	0.00	1.42
专卖店	0.00	0.00	0.00	0.00	0.00	0.00	0.00	0.00	0.00	0.00

图 6-19 成本分析窗口

2.生产部决策

第 1 屏为生产决策屏，如图 6-20 所示。

管理者面临的唯一原材料决策就是产品使用高级材料和普通材料的比例问题。当您决定了每件“E-go”的材料比例，计算机会自动计算出两种材料总的需求量。此外，如果您计划在不同地区销售质量不同的产品，您也可以在不同的工厂采用不同的材料搭配比例。如果其他质量相关的因素保持不变，增加高级材料的比例将提高产品的质量，反之则降低产品质量。通过“E-go”业协会的质量排名您可以立即在图 6-20 上看到改变材料比例对质量评分的影响，这个比例的变化同样会影响原材料的价格和每件“E-go”的成本。

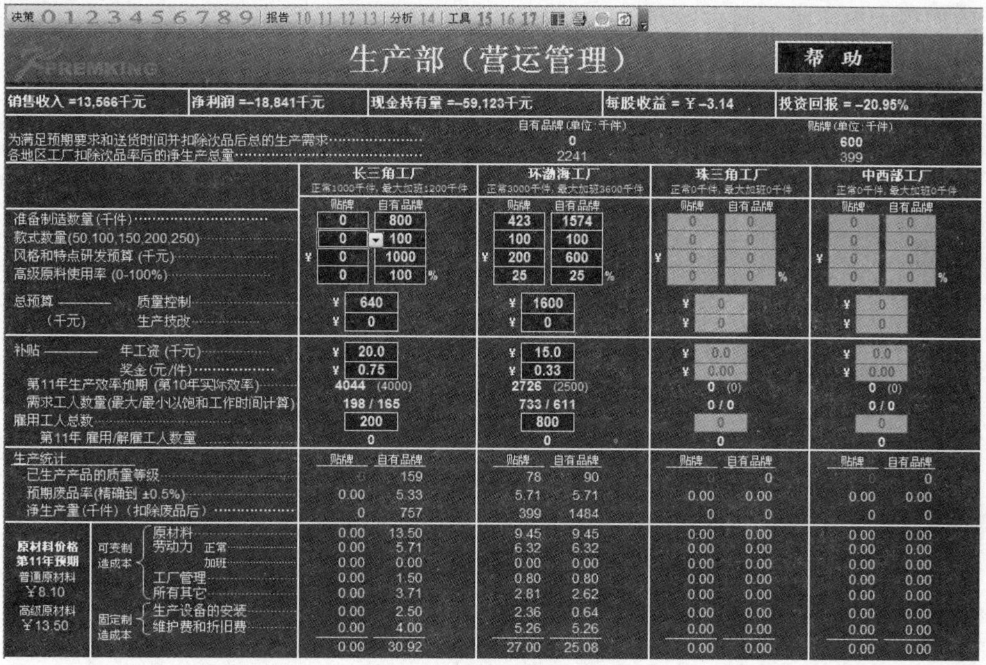

图 6-20 生产决策屏窗口

(1)生产和劳动力决策

每个决策期,您的团队都要作出一系列的生产决策,生产和劳动力决策屏(图6-20)的上半部分由您输入您的决策,下半部分则是计算机根据所有10个决策屏的信息给出的公司经营结果模拟数据。

公司究竟该生产多少件“E-go”，这主要由三个方面决定：

1)每个配售中心第十年的库存；

2)您预计的第十一年年底应该有的库存(为了达到满意送货时间所需要的安全库存)；

3)第十一年计划销售的数量。

目前公司两个工厂全负荷生产的能力分别为长三角120万件，环渤海360万件。(当工人全部加班生产时,两家工厂的基本产能乘以120%,即为全负荷产能)

自有品牌和贴牌生产比例的问题也必须要考虑。目前公司所有的贴牌生产都在环渤海工厂,主要是由于环渤海劳动力成本比较低,同时也因为贴牌产品的售价也比品牌产品低(第十年,贴牌售价34元,而自有品牌售价40至50元)。尽管售价比较低,贴牌产品在第十年给公司带来的利润为3,842,000元。所以就短期来看,贴牌生产是比较具有吸引力的一个销售渠道。公司目前的管理层不能确定是否应该在所有四个地区都进行品牌产品的销售还是集中在一两个地区，是否全国生产同一质量的产品还是针对不同地区生产不同质量的产品。这次企业经营模拟仿真,留给您很大的决策空间去选择公司未来的生产走向。

(2)工厂生产产品多样性的决策

您可以选择生产 50、100、150、200 或 250 个不同样式的“E-go”,由于不同生产规模的启动准备费用不同,您的决策将对单位成本有很大的影响。比如,在长三角工厂生产 50 个品种共 100 万件,单位准备费为 1 元/件;而如果这 100 万件分 250 个型号,则单位准备费用就会高达 9 元/件。而且,生产型号的增多将增加次品率,这是因为频繁地切换品种会降低工人对一个品种的熟练程度。品种的增加还会带来单位品种设计费用的降低,从而降低产品的质量排名,这种负效应可以通过增加风格和特点研发投入或增加高级材料的比例来弥补。

现在,工厂在长三角和环渤海生产的 100 个型号是完全相同的。如果您的决策是要不同工厂生产不同的品种数, 在向配售中心发货时就要采用加权平均法。比如,您决定在长三角生产 50 个型号 100 万件,在环渤海生产 100 个型号 300 万件,如果这两个工厂各向珠三角配售中心发 40 万件,那么珠三角市场的可售品种数将是 75 种(不计存货)。考虑存货的话,可售的品种将作进一步的调整。

公司在每个地区销售品种的多少直接关系到公司的品牌和销售额,品种越多,品牌吸引力越大。在其他条件相同的情况下,您的销售市场份额也就越大。

(3)风格和特点研发预算及质量控制的决策

在每款产品上的风格和特点研发投入, 以及在每个工厂的质量控制方面的投入,都会应影响 E-go 行业协会对您公司产品质量等级的评定。您可以通过图 6-20 的生产决策屏来体会一下,输入不同的投入对质量评分的影响。由于质量控制的连续投入有累计效应, 对一个工厂的持续投入可能会影响另一工厂生产产品的质量等级评分。

产品质量是由四个因素决定的:

1)高级原材料使用率;

2)当年在每件制成品上投入的质量控制费用;

3)累计在每件制成品上投入的质量控制费用;

4)在每款产品上的风格/特点研发投入费用。

(4)生产技改的决策

这个决策主要是通过一定的生产技术改造投入来提高工人的劳动技巧和工厂的生产效率:包括员工培训、改进生产线布置及流程等,以提高生产效率。

这些技改投入可以带来三个方面的效果:

1)最多可降低 25%的原材料成本;

2)最多减少 25%的管理费用;

3)最多可提高 10%的劳动生产效率。

根据公司第十年的数字,这样的提高是相当可观的。当然,要达到最高的增效值是要 5 年或更长时间的不断投入才可以实现的。

生产效率的提高是由工厂对员工的投入决定的，原材料成本的降低和管理费用的减少是由平均每年在每件“E-go”上的投入决定的。要获得最大限度的成本节约,就必须持续的投入,比如,您第十一年投入为 1 元/件,到第十二年降为零,那么您的平均年投入就是 0.5 元，您在第十一年投入的收效将随着第十二年投入的减少而锐减。同样,如果工厂扩大生产,投入也需要同比例的增加来保持年平均数。此外,这种投入遵循边际效益递减原理的,也就是说,投入从 0.5 元/件增加到 1 元/件,带来的效益要大于从 1.5 元/件增加到 2 元/件带来的效益。

您可以通过不同的假设输入来观察成本效率的变化，通过对比分析来决定您公司每年这一项上的投入预算。必须记住的是,您必须保证每年都投入才能获得并维持预期的收益。 生产技改的投入,可以产生如下效果:降低生产制造成本、降低工厂管理成本、提高工人劳动生产率。

(5)降低次品率的措施

次品率由四个变量决定 ：

1)每件“E-go”每年投入的质量控制费用；

2)计件奖励工资的多少；

3)生产线生产的产品款式数量的多少；

4)一些其他不可预测的随机因素。

目前标准的次品率在长三角是 5.00%,在环渤海是 5.50%,它会随着上述四个变量的变化而波动。在质量控制的投入上反映了公司通过加强对工人的质量意识培训以减少次品率。增加计件奖金可以使工人生产时的注意力更集中,因为只有合格品才算计件奖金。公司通常都把次品捐给各个慈善机构,因为任何次品都不会给公司带来销售收入,所以次品率的问题应该引起管理层的高度重视。

3.工厂决策

(1)工厂的暂时性停工

某些可能发生的生产波动会导致工厂的产量减少甚至完全停工。当您决定暂时停工时,只有在雇用人数栏输入 0 就行了。此时可变成本降为 0,但折旧不变,管理费用为正常的 25%。公司财务会把这部分固定费用转为公司管理费用,在全公司内部摊销。重新开工时,我们假设工人的劳动生产率为正常的 90%。

(2)永久关闭全部或部分工厂

一旦您发现继续经营某个工厂会造成更多损失而您又无法出售给其他公司时,您可以选择永久关闭全部或部分的工厂(以百万件为单位),但新购入的产能必须在一年以后才能永久关闭。关闭工厂得到相当于原投资 75%的清算价值,这个比例可能会在企业经营模拟过程中改变，课程管理员会公布任何可能的变化。比如,您决定关闭一个有 4 百万产能的工厂(其账面净值有 4000 万元)的四分之一，那么您的账面投资减少 1000 万元,设备的现金价值为 750 万,额外损失为 250 万。由于决策都在每年年初作出,所有的会计分录在当年发生,产能也立即相应减少。

(3)工厂的购入和售出

您和您的团队可以从对手手中以百万件为单位买他们的工厂,或把部分甚至全部工厂卖给对手,交易价格由双方谈判决定,但必须经课程管理员批准以保证交易的公平公正。一旦交易成功,你购入的产能可以立即投入使用,这使得购买现有产能比新建产能来得迅速。新建的工厂我们都假设其使用寿命为二十年,按每年 5%折旧。如果购买者在该地区有自己的工厂,那么购买现有产能的产品质量控制,生产技改投入以及工人劳动生产率将和自有工厂数据加权平均。

您不能把购入的产能转移到其他地区,并且购入一年之内不能转售。在完成交易时,您要先通过课程管理员的同意并得到交易密码才能完成交易。如果出售的工厂价格低于工厂的账面净值会产生非经常性损益项目,这个损失将在出售的那年计入财务损益表。如果您在第十二年的决策中售出工厂,用来计算损益的基数应该是第十一年末或第十二年初的账面数,第十二年的工厂折旧由买入的公司计提。您可以从图 6-21 中观察到您买卖后的新产能和相应的损益。

注:该屏操作时需要输入一个密码,系统默认密码为 Sellit。

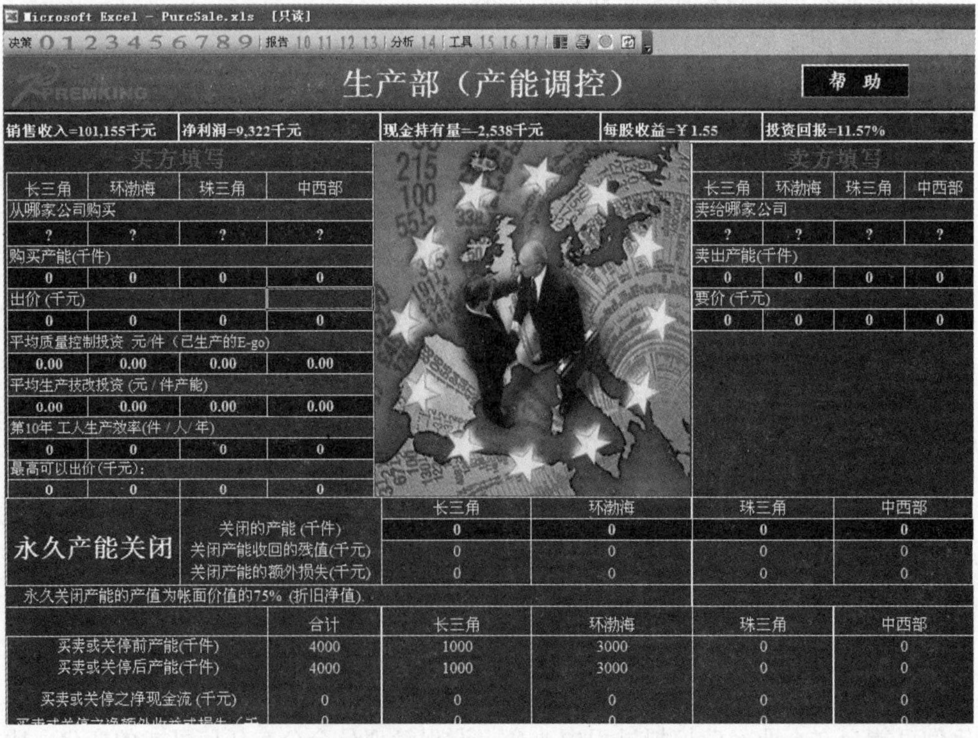

图 6-21 生产决策屏—产能调控窗口

(4)工厂的升级

本课程提供工厂升级的六个方案，图 6-22 和表 6-3 详细说明了六个方案以及其成本和收益。限制条件为：每年每个工厂只能采用一个升级方案，一个工厂最多可以实施三种升级方案。

工厂升级的投资分二十年直线折旧，每年 5%，升级的费用计入升级后的运营，新建的工厂同样可以升级，但不可以在建设的同一年升级。

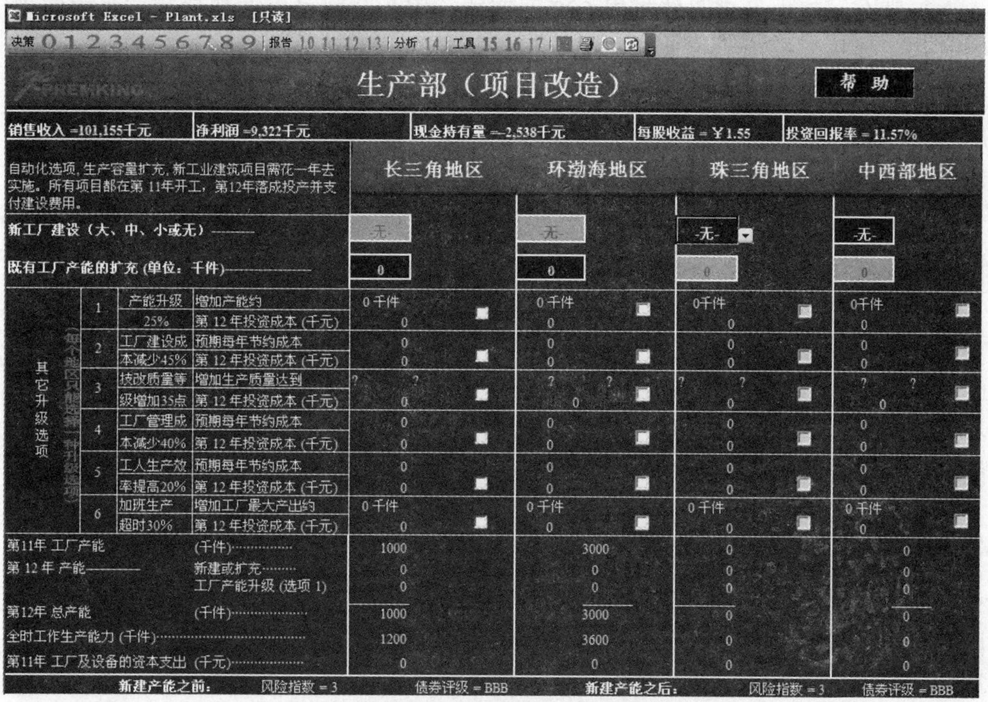

图 6-22 生产决策屏—项目改造窗口

表 6-3 工厂升级的六个方案

	效果	资本投入要求和对每年折旧成本的影响
选项 1	提高产能 25%	每百万件产能需要一次性投资 550 万(每百万件产能每年增加折旧成本 27.5 万)
选项 2	削减生产线安装成本 45%	每百万件产能需要一次性投资 300 万（每百万件产能每年增加折旧成本 15 万）
选项 3	使用新设备质量体系，提高质量等级 35 点。	每百万件产能需要一次性投资 400 万（每百万件产能每年增加折旧成本 20 万）
选项 4	削减人均管理成本 40%	每百万件产能需要一次性投资 175 万（每百万件产能每年增加折旧成本 8.75 万）
选项 5	增加劳动生产率 20%	每百万件产能需要一次性投资 300 万（每百万件产能每年增加折旧成本 15 万）
选项 6	延长限定的加班时间从 20%到 30%	每百万件产能需要一次性投资 250 万（每百万件产能每年增加折旧成本 12.5 万）

(5)工厂的新建及扩建

工厂的新建和扩建在如图 6–22 所示的第 2 屏的生产部(项目改造)屏进行。在珠三角和中西部建新工厂可以有大(300 万产能)、中(200 万产能)、小(100 万产能)三种选择。建厂需要一年时间,也就是说如果您第十一年在中西部建新厂,您可以在第十二年全面生产。四个地区的所有工厂,不论大小都可以扩大 100 万的产能,扩大的产能在决策的第二年实现。对任何工厂没有扩张次数和规模的限制,但一个工厂在一年内最多只能扩展 500 万产能,因为公司可以在新建和扩张中实现任何它所需要的规模。本课程只允许每个公司在各个地区最多拥有一个工厂。

公司是否需要扩大产能?珠三角建厂的话可以降低珠三角销售的成本(运输费用),江苏和浙江有足够的劳动力供应以及相对合理的劳动力成本。如果在中西部建厂的话,不仅降低当地的销售费用,中西部的廉价劳动力成本还可以降低公司整个生产成本。当然,在一个地区建一个大厂产生的规模效应可能胜过在四个地区分别建厂。这些都是您和您的团队需要思考和决策的重要问题。

(6)产能新建和扩充的限制条件

如果全国的产能加上上一年度的存货超过全国总需求的 25%或以上,则任何已建工厂的产能扩充量不能超过 100 万件;如果全国产能超过需求 50%以上,将不允许新建或扩充产能。但是在这种限制条件下,您仍然可以通过购买其他公司产能或升级自有工厂来获得您需要的新产能。

(7)工厂新建和扩建的成本问题

建设成本以开始建设的那一年为准,随着企业经营模拟的进行,每年的建设成本会有上下波动。这些成本费用的支付将被记录在开始投产的那个年度里。请参考表 6–4 新建工厂和工厂扩建的成本。中西部和珠三角的新工厂的劳动生产率从 3,000 件/年/人开始,第一年的新工厂次品率定为 5.5%,而扩充产能时,这两个指标假设为不变。您和您的团队必须认真分析是通过加班或升级来扩大生产呢,还是通过新建或扩展工厂来实现产能的增加。比如,一个有 500 万产能的工厂想要实现 600 万产量,他可能发现通过加班来实现这 100 万的增加产量比扩展 100 万新产能来的合算。

特别说明:每增加 1000 件产能,工厂管理费用增加 1,000 元,反之则减少 1,000 元。

表 6-4 工厂新建和扩建所需成本情况表（单位：万元）

	新工厂建筑成本			工厂扩建成本
	小型	中型	大型	
	(100 万件)	(200 万件)	(300 万件)	(每 100 万件)
第 11 年	2750	5400	8000	2600
第 12 年	2850	5590	8280	2690
第 13 年	2950	5790	8570	2780
第 14 年	3050	5990	8870	2880
第 15 年	3160	6200	9180	2980
第 16 年	3270	6420	9500	3080

注：上述数字每年增加 3.5%，四舍五入取整。公司日常支出成本以阶梯式递增，产能每增加 1000 件，成本增加 1000 元（不算加班时间）。如果产能售出或永久关闭，公司日常支出成本将以同样方式递减。

6.3 实验项目

6.3.1 用友实验

实验目的

通过用友"创业者"企业经营模拟系统，掌握购置厂房、购买安装生产线、产品研发、产品生产等有关生产运营管理的决策及操作，认识到生产运营管理中生产计划的重要性。

1.掌握用友"创业者"企业经营模拟系统中的厂房购置、租赁和生产线的购买、安装等操作；

2.掌握产品（P1、P2、P3、P4）的研发相关决策；

3.学习以市场预测为依据制定合理、有竞争力的生产计划；

4.学习各类型生产线生产能力的计算方式。

实验步骤

1.登录用友"创业者"企业经营模拟系统；

2.购买一个大型厂房，在该厂房中安装 4 条全自动生产线；

3.研发产品 P1、P2；

4.用步骤 2 中安装的 2 条生产线在第 2 年第一季开始生产 P1 产品，2 条生产线在第 2 年第一季开始生产 P2 产品（原料采购用 5.3.1 用友实验步骤 3 中的结果),试计算在第 2 年结束时 P1、P2 产品各有库存多少件?

实验总结

6.3.2 金蝶实验

实验目的

通过金蝶“创业之星”商业模拟平台,掌握厂房购置、租赁,设备购置,资质认证,生产工人招聘,主生产计划等操作,认识到企业生产运营管理的全过程及其中的重要环节对企业运营的重要性。

1.了解金蝶“创业之星”商业模拟平台中的厂房购置、租赁和设备购置的相关规则和操作流程;

2.学习 ISO9001 和 ICTI 认证的操作方式及其对企业经营的重要性;

3.了解每个类型生产线对生产工人的需求、生产工人的招聘以及生产工人生产效率对生产线产能的影响;

4.掌握各类型生产线的优缺点、生产方式,和生产能力的计算。

实验步骤

1.登录金蝶“创业之星”商业模拟平台;

2.购买一个大型厂房、并在该厂房内购置安装 1 条手工生产线、1 条全自动生产线和 1 条柔性生产线;

3.进行 ISO9001 和 ICTI 认证;

4.为步骤 2 中安装的 3 条生产线招聘生产工人;

5.计算步骤 2 中的 3 条生产线各自的生产能力;

6.分析手工生产线、全自动生产线和柔性生产线的优缺点。

实验总结

6.3.3 商道实验

实验目的

通过"商道"企业经营模拟系统,掌握工厂的购买、出售,生产成本的控制,产品质量的影响因素、成品率的影响因素等决策内容。

1.掌握"商道"企业经营模拟系统"1屏、2屏、3屏"的操作和其涉及的决策因素;

2.学习分析"生产经理分析表"和"成本分析表";

3.掌握6个工厂升级方案的优缺点。

实验步骤

1.登录"商道"企业经营模拟系统;

2.打开"1屏",在长三角工厂生产1200件贴牌产品,使贴牌产品的款式数量为100,质量等级达到120,并使其生产成本最低;

3.打开"1屏",在环渤海工厂生产3600件自有品牌产品,是产品的款式数量为250,质量等级达到180及以上,并使其生产成本最低;

4.打开"2屏",对长三角工厂和环渤海工厂进行"工人生产效率提高20%"的工厂升级操作;

5.试分析以下两种自有品牌产品方案的优缺点,并试举出这两种产品方案在现实企业产品方案中的例子。

A方案:款式数量为250,质量等级为50

B方案:款式数量为50,质量等级为250

实验总结

第七章　客户关系管理

7.1 实验原理

7.1.1 客户关怀是 CRM 的中心

在最初的时候,企业向客户提供售后服务是作为对其特定产品的一种支持。原因在于这部分产品需要定期进行修理和维护。例如,家用电器,电脑产品、汽车等等。这种售后服务基本上被客户认为是产品本身的一个组成部分。如果没有售后服务,客户根本就不会购买企业的产品。那些在售后服务方面做得好的公司其市场销售就处于上升的趋势。反之,那些不注重售后服务的公司其市场销售则处于不利的地位。

客户关怀贯穿了市场营销的所有环节。客户关怀包括如下的方面：客户服务(包括向客户提供产品信息和服务建议等),产品质量(应符合有关标准、适合客户使用、保证安全可靠),服务质量(指与企业接触的过程中客户的体验),售后服务(包括售后的查询和投诉,以及维护和修理)。

在所有营销变量中,客户关怀的注意力要放在交易的不同阶段上,营造出友好、激励、高效的氛围。对客户关怀意义最大的四个实际营销变量是:产品和服务(这是客户关怀的核心)、沟通方式、销售激励和公共关系。CRM 软件的客户关怀模块充分地将有关的营销变量纳入其中,使得客户关怀这个非常抽象的问题能够通过一系列相关的指标来测量,便于企业及时调整对客户的关怀策略,使得客户对企业产生更高的忠诚度。

客户关怀的目的是增强客户满意度与忠诚度。国际上一些非常有权威的研究机构,经过深入的调查研究以后分别得出了这样一些结论:“把客户的满意度提高五个百分点,其结果是企业的利润增加一倍”;“一个非常满意的客户其购买意愿比一个满意客户高出六倍”;“2/3 的客户离开供应商是因为供应商对他们的关怀不够”;“93%的企业 CEO 认为客户关系管理是企业成功和更有竞争能力的最重要的因素”。

如同企业的产品有生命周期一样,客户同样也是有生命周期的。客户的保持周期越长久,企业的相对投资回报就越高,从而给企业带来的利润就会越大。由此可见保留客户非常非常重要。保留什么样的客户,如何保留客户是对企业提出的重要课题。

企业的客户成千上万,企业对如此多的客户又了解多少呢?不了解客户就无法对客户加以区别。应该采取何种措施来细分客户,对细分客户应采取何种形式的市场活动,及采取何种程度的关怀方式,才能够不断地培养客户的满意度,这是企业传统客户关系管理面临的挑战。

7.1.2 客户关系管理系统的特点

1.帮助企业建立起以客户为中心的业务模式以及营销、销售和服务资源管理平台。

2.通过采用各种统计分析技术(灰色关联理论、多元回归分析技术和时序分析方法等)进行客户预测与分析,掌控客户满意度、客户忠诚度、客户持久力、客户资源分配、客户影响度等影响企业绩效的关键因素。

3.有机集成前台与后台的各种客户资源。使前台的交互系统和后台的订单执行系统实现无缝和实时的集成,并同步处理所有渠道的客户交互活动。

4.挖掘客户的终生价值。提供实施的客户需求,为进行阶梯营销、交叉营销,从而为识别价值客户、保留价值客户、挖掘客户终生价值提供可靠依据。

5.提供全过程价值客户管理。包括四个阶段:吸引(Engage),包括市场细分、营销管理、销售机会管理、销售活动管理等;交易(Transact),包括一对一营销和销售、订单管理、佣金管理等;交付(Fulfill),包括订单跟踪、发运配送、回款、盈利分析等;服务(Service),包括售后服务、客户反馈管理、客户关怀等。

7.1.3 客户关系管理系统的功能

CRM 系统的核心是客户数据的管理。我们可以把客户数据库看作是一个数据中心,利用它,企业可以记录在整个市场与销售的过程中和客户发生的各种活动,跟踪各类活动的状态, 建立各类数据的统计模型用于后期的分析和决策支持。CRM 系统主要包括市场管理、销售管理、销售支持与服务和竞争对象记录与分析的功能。

1.市场管理

(1)现有客户数据的分析。识别每一个具体客户,按照共同属性对客户进行分类,并对已分类的客户群体进行分析。

(2)提供个性化的市场信息。在对现有客户数据的分析基础上,发掘最有潜力的客户并对不同客户群体制定有针对性的市场宣传与促销手段,提供个性化的、在价格方面具有吸引力的产品介绍。

(3)提供销售预测功能。在对市场、客户群体和历史数据进行分析的基础上,预测产品和服务的需求状况。

2.销售管理

(1)提供有效、快速而安全的交易方式。一般的 CRM 系统均会提供电话销售(Telesales)、移动销售(MobileSales)、网上销售(E-commerce)等多种销售形式。并在每一种销售形式中考虑实时的订单价格、确认数量和交易安全等方面的问题。

(2)提供订单与合同的管理。记录多种交易形式,包括订单和合同的建立、更改、查询等功能。可以根据客户、产品等多种形式进行搜索。

3.销售支持与服务

(1)呼叫中心服务(CallCenterService)。

(2)订单与合同的处理状态及执行情况跟踪。

(3)实时的发票处理。

(4)提供产品的保修与维修处理。记录客户的维修或保修请求,执行维修和保修过程,记录该过程中所发生的服务费用和备品备件服务,并在维修服务完成后,开出服务发票。

(5)记录产品的索赔及退货。

4.竞争者分析

(1)记录主要竞争对手。对竞争者的基本情况加以记录,包括其公司背景、目前发展状况、主要的竞争领域和竞争策略等内容。

(2)记录主要竞争产品。记录其他企业所提供的同类产品、近似产品和其他可替代产品,包括其主要用途、性能及价格等内容。

不难看出,一套 CRM 集成系统的功能构成不应当是独立存在的,它必然与企业后端的供应链管理紧密相关，从而保证 CRM 系统中每一张订单能够在保证利润的前提下有效及时地得到确认并确保执行。每一笔销售交易的达成都有赖于企业后台的支撑平台,即 ERP 系统,其中包括分销与运输管理、生产与服务计划、信用与风险控制、成本与利润分析等功能。

7.2 实验指导

7.2.1 用友“创业者”企业模拟经营系统

1.广告投放

在图 6-1 所示的窗口中双击“广告投放”图标,出现如图 7-1 所示窗口,在每个产品对应的每个市场输入需要投放广告的数量,点击“确认投放”。

注:投入广告费有两个作用,一是获得拿取订单的机会,二是判断选单顺序。

投入 1M 产品广告费,可以获得一次拿取订单的机会(如果不投产品广告没有选单机会),一次机会允许取得一张订单;如果要获得更多的拿单机会,每增加一个机会需要多投入 2M 产品广告。比如,投入 3M 产品广告表示有两次获得订单的机会,投入 5M 产品广告则表示有三次获得订单的机会,以此类推。

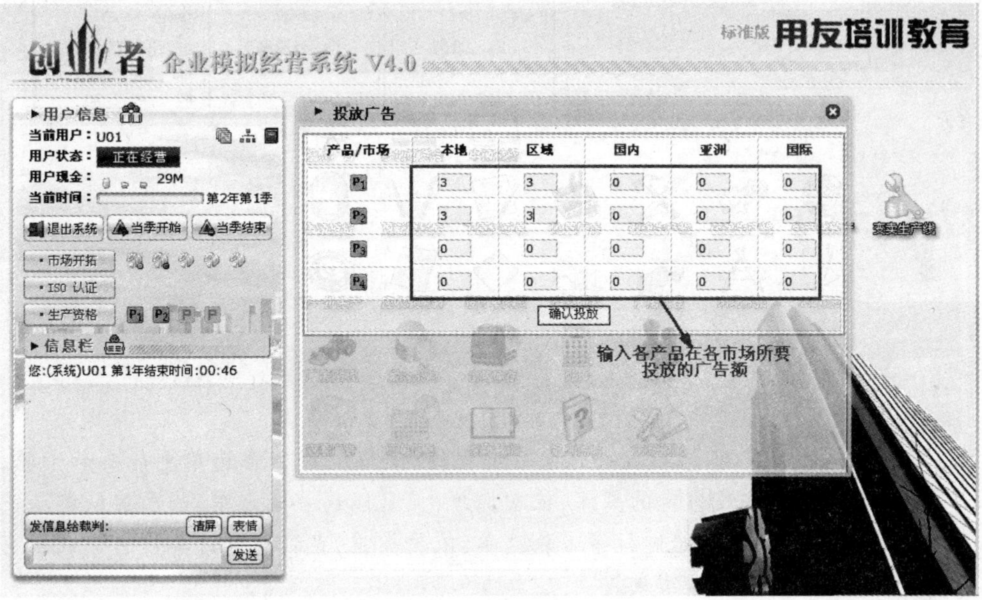

图 7-1 投放广告操作窗口

2.参加订货会

从第二年开始,在每年年初将会有订货会,每个小组在一个相同的界面(如图 7-2 所示)中按照系统排定的顺序进行选单。在每个订单上面标注了订单编号、总价、数量、交货期、账期和 ISO 要求等,双击要选取的订单即可。系统自动排定选单顺序,选单顺序依据以下顺序原则确定:

(1)上年本市场销售排名第一的队,如在该市场没有违约记录,则在本年的该市场的投入广告的产品中,优先选单;

(2)按照各队在本市场某一产品上投放的广告费的多少,排定后续选单顺序;

(2)如果在一个产品投入的广告费用相同,按照投入本市场的广告费总合(即 P1、P2、P3 和 P4 的广告费之和),排定选单顺序;

(4)如果本市场的广告总额也一样,按照上年本企业在该市场上实现的销售额排名,排定选单顺序;

(5)如果上年实现的销售额也相同,则根据系统自动抽签决定选单顺序。

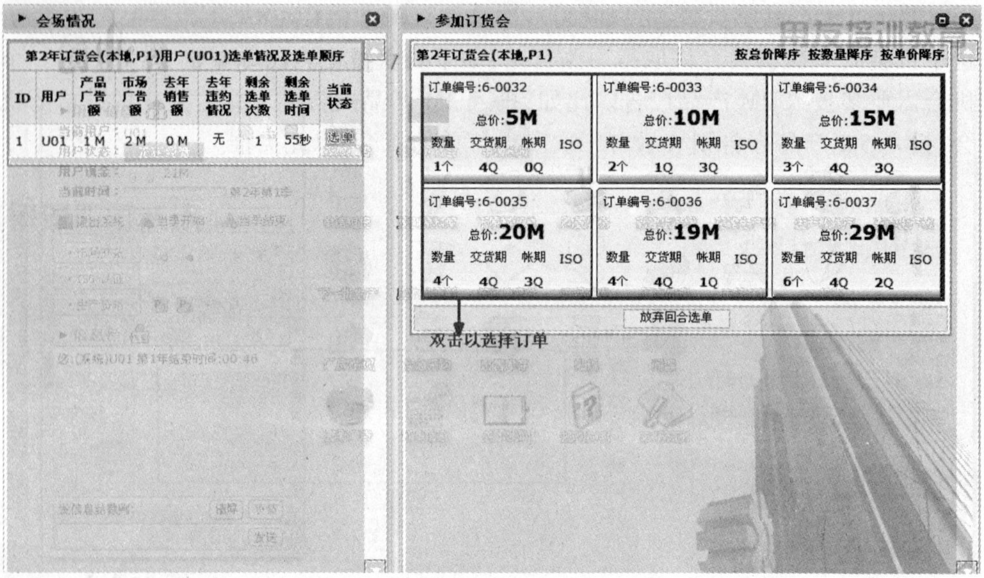

图 7–2 参加订货会操作窗口

注:系统中将某市场某产品的选单过程称为回合,每回合选单可能有若干轮,每轮选单中,各队按照排定的顺序,依次选单,但只能选一张订单。当所有队都选完一次后,若再有订单,开始进行第二轮选单,依次类推,直到所有订单被选完或所有队退出选单为止,本回合结束。

当轮到某一公司选单时,"系统"以倒计时的形式,给出本次选单的剩余时间,每次选单的时间上限为 60 秒钟,即在 60 秒钟内必须做出选择(选择订单或选择放弃),否则系统自动视为放弃选择订单。

3.订单交付

当选取了订单之后,要按照订单要求的交货期交货,在图 7–3 所示的窗口中选择要交付的订单,点击"确认交货"。能否按时交付订单决定了企业在客户心目中的地位和各户满意度,如果违约了,则影响下一年企业的选单顺序。

注:关于违约问题,所有订单要求在本年度完成(按订单上的产品数量交货)。如果订单没有完成,按下列条款加以处罚:

(1)所有订单未能按规定时间交货的,则按订单销售总额的 25%(销售总额除以 4 后向下取整);计算违约金,并在当年扣除。

(2)违约订单一律收回;

(3)市场领导者如果在该市场出现违约行为,则取消其市场领导者地位。

例如:有一张本年第三季度交货,销售额为 22M 的订单违约,则在第三季度结束时,"系统"

自动收回订单,并在当年结束运作时,从现金中扣除 5M 的违约金。

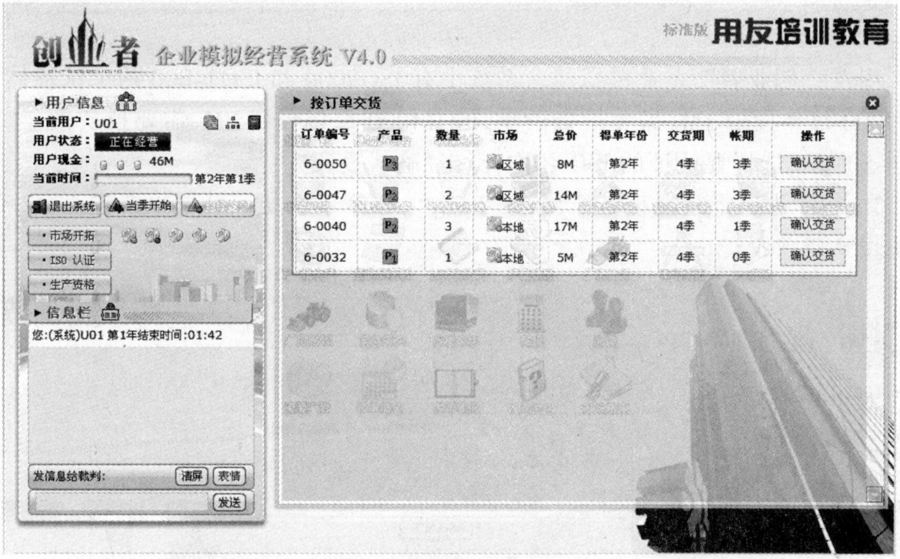

图 7–3　接订单交货窗口

4.市场开拓

用友“创业者”企业模拟经营系统中将市场分为本地市场、区域市场、国内市场、亚洲市场和国际市场，共五个市场。每个市场有各自的投资总时间和费用。如图 7–4 所示的窗口中，选择要开拓的市场，点击“确认投资”。

注：每个市场开发每年最多投入 1M，允许中断或终止，不允许超前投资。每年只有一次操作机会，在第四季度。

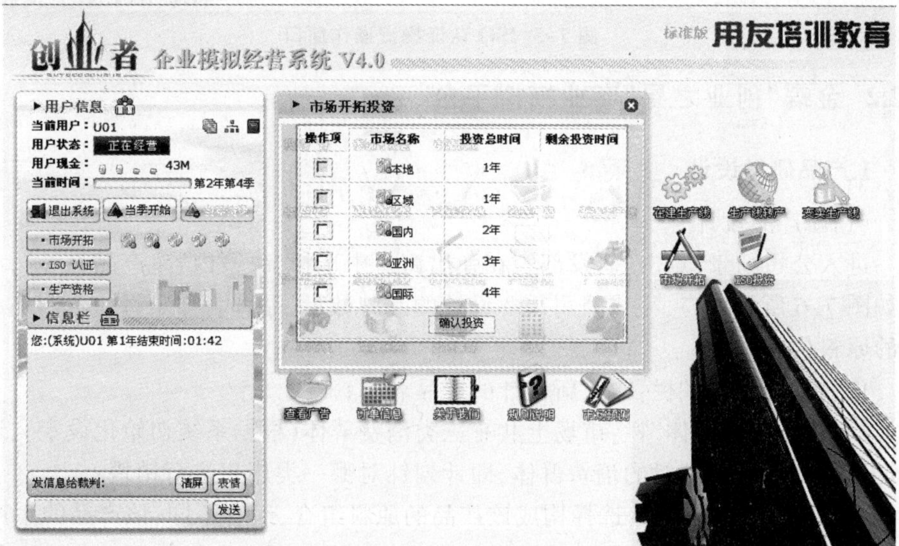

图 7–4　市场开拓投资操作窗口

5.ISO 认证

用友“创业者”企业模拟经营系统中有 ISO9000 和 ISO14000 两个认证体系。ISO9000 每年投资 1M,需要投资两年,ISO14000 每年投资 2M,需要投资两年。如图 7-5 所示,选择要认证的 ISO 名称,点击“确认投资”。

注:ISO 认证需分期投资开发,每年一次,在第四季度。可以中断投资,但不允许集中或超前投资。

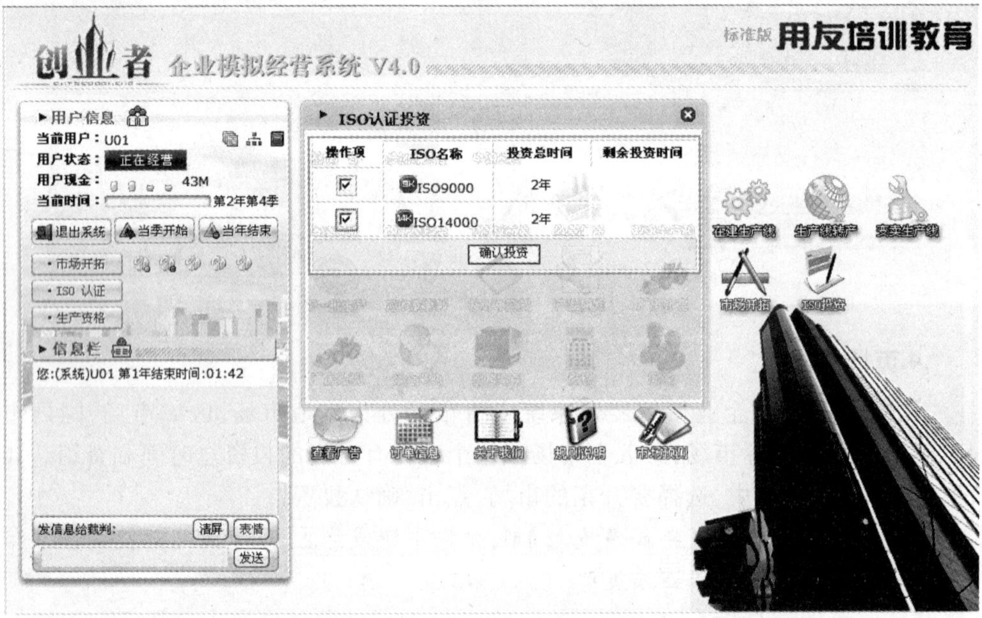

图 7-5 ISO 认证投资操作窗口

7.2.2 金蝶“创业之星”商业模拟平台

1.产品研发设计

(1)新产品设计

进入公司场景,点击“研发部”,在弹出窗口中选择“决策内容-产品设计”,出现如图 7-6 所示窗口,完成公司需要设计的品牌数量、品牌名称及每一个产品品牌的原料构成。

1)“新产品名称”栏:输入新设计的产品名称;

2)“目标消费群体”栏:市场上共有三类消费群体(根据系统初始化设定),选择确定该品牌产品所面对的消费群体,即计划针对哪一类用户进行销售;

3)“BOM 配置表”栏:选择构成该产品的原料组合,组合不同,该产品的生产成本也不相同,对消费者的影响也不同;

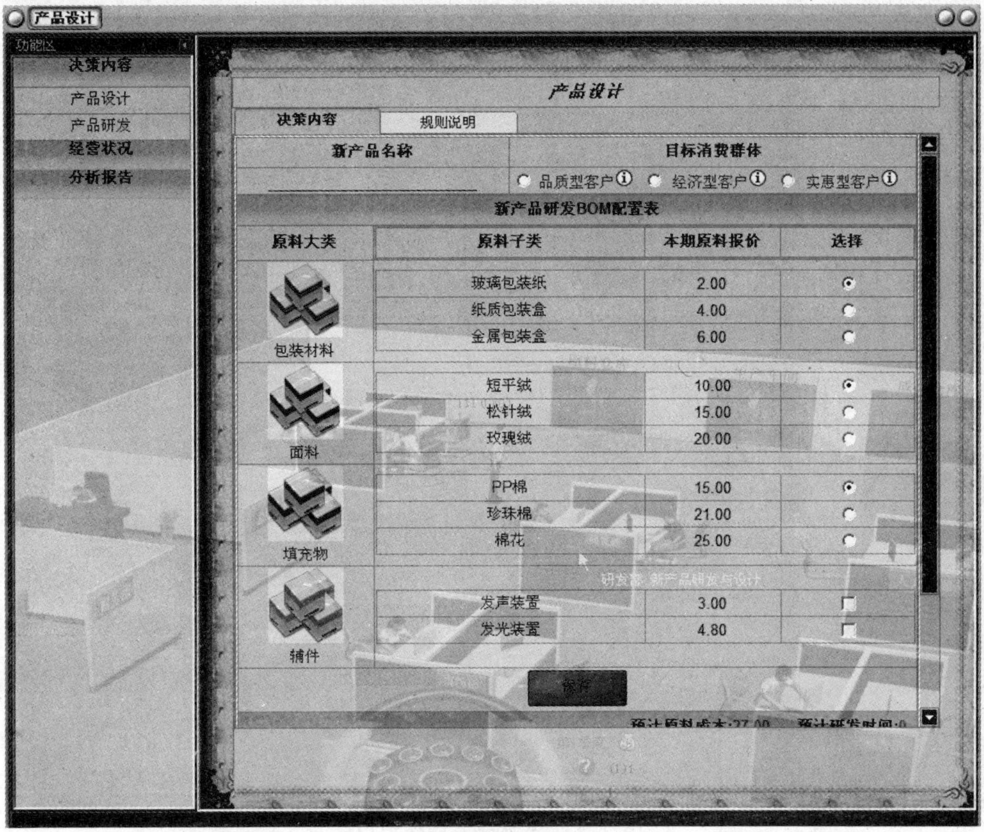

图 7-6　产品设计操作窗口

4)选择好原料组合后,在后面会动态显示构成该产品的所有原料的成本价以及完成该产品所需要花的研发时间,确定选择好后点击“保存”;

5)在窗口的下方会显示出已经完成设计的产品品牌,右边有一个“ⓘ”标志。将鼠标移到这个位置,会实时显示出该产品的原料构成等信息。同时,如果产品还没有投入研发,可以随时撤销刚设计的品牌,点击“撤销”可撤销该产品品牌。

(2)新产品研发

进入公司场景,点击“研发部”,在弹出窗口中选择“决策内容-产品研发”,出现如图 7-7 所示窗口,在此窗口中完成公司相关产品的研发投入工作,全部完成了产品的研发后,才允许正式生产制造该产品。

根据产品原料的组合情况,不同设计的产品的研发周期也不相同。一般而言,原材料组成种类越多,设计的复杂性越高,所要花费的研发时间及费用会越多。点击“投入”即可投入本季度的产品研发经费,点击“撤销”可撤销本季度的投入。

图 7-7　产品研发操作窗口

2.市场营销

(1)市场开发计划

在公司场景点击“市场部”,在弹出窗口(如图 7-8)中选择“决策内容-市场开发”,开发目标市场。

1)选择需要开发的市场,在“操作”栏点击“开发”按钮,完成本季度对该市场的开发投入。如果不需要投入,可以在本季度已投入的市场开发的“操作”栏点击“撤销”按钮;

2)如果某个市场开发需要多个周期才能完成,在后面的经营中,还需要继续持续完成市场开发投入，直到完成该市场的开发工作，才可以在该市场进行产品销售。

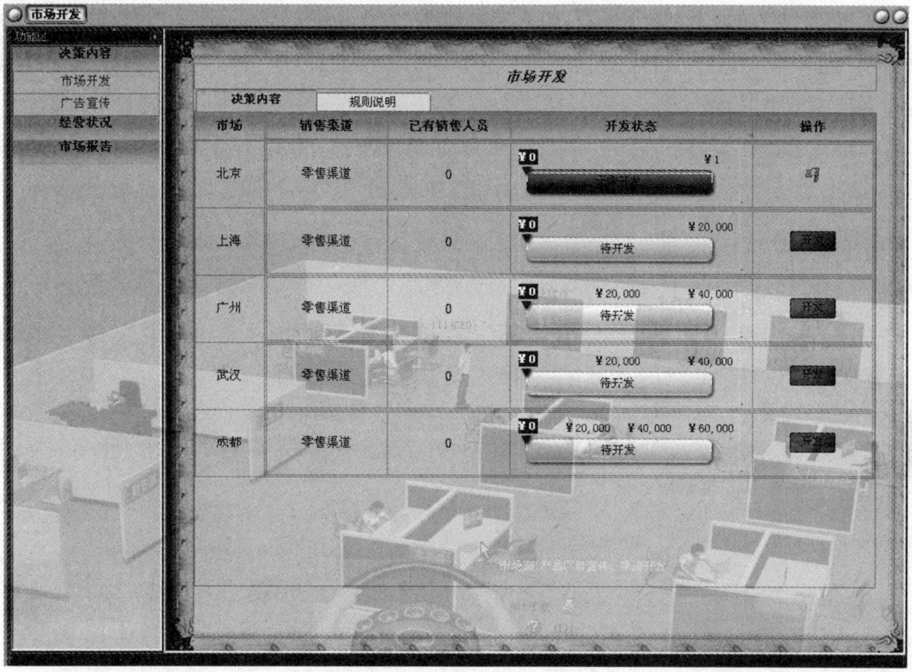

图 7-8 市场开发操作窗口

(2)广告宣传计划

在公司场景点击"市场部",在弹出窗口中(如图 7-9)选择"决策内容-广告宣传",确定当季度公司计划投入的广告费用。广告一经投放,不允许撤销。

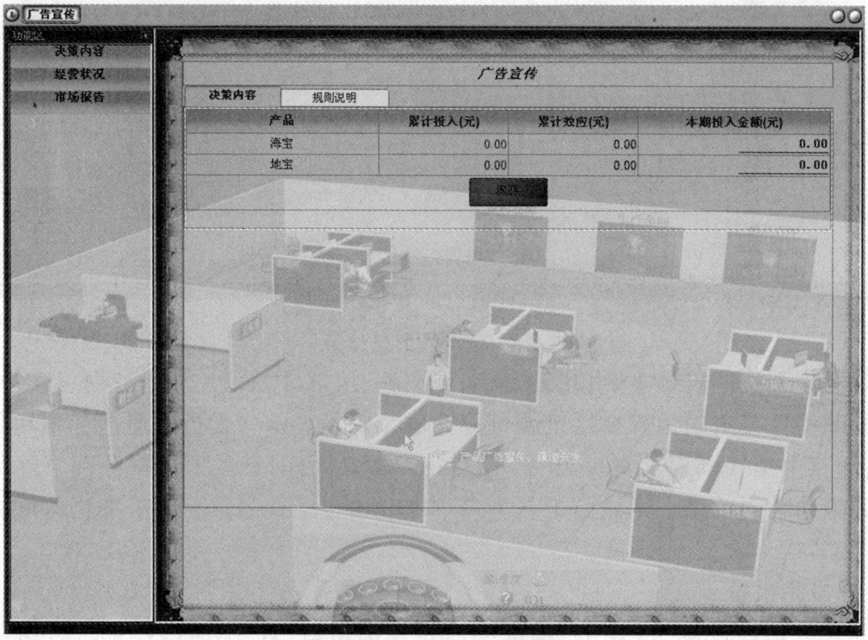

图 7-9 广告宣传操作窗口

1)广告宣传是以产品品牌为单位投放的,公司可以针对每一个产品的竞争程度及期望值来设定相应的投放金额。“在本期投入金额”栏输入本季度需要投放的广告金额,点击“保存”;

2)“累计投入”显示的是公司累计在该品牌上的广告投放金额,“累计效应显示的是广告投放至今仍对消费者产生的影响力,这个效应会随着时间推移逐步减弱。

3.产品销售

(1)销售人员

进入公司内部场景,点击“销售部”,在弹出窗口(如图 7-10)中选择“决策内容-销售人员”,对销售部门的所有销售人员进行工作安排。

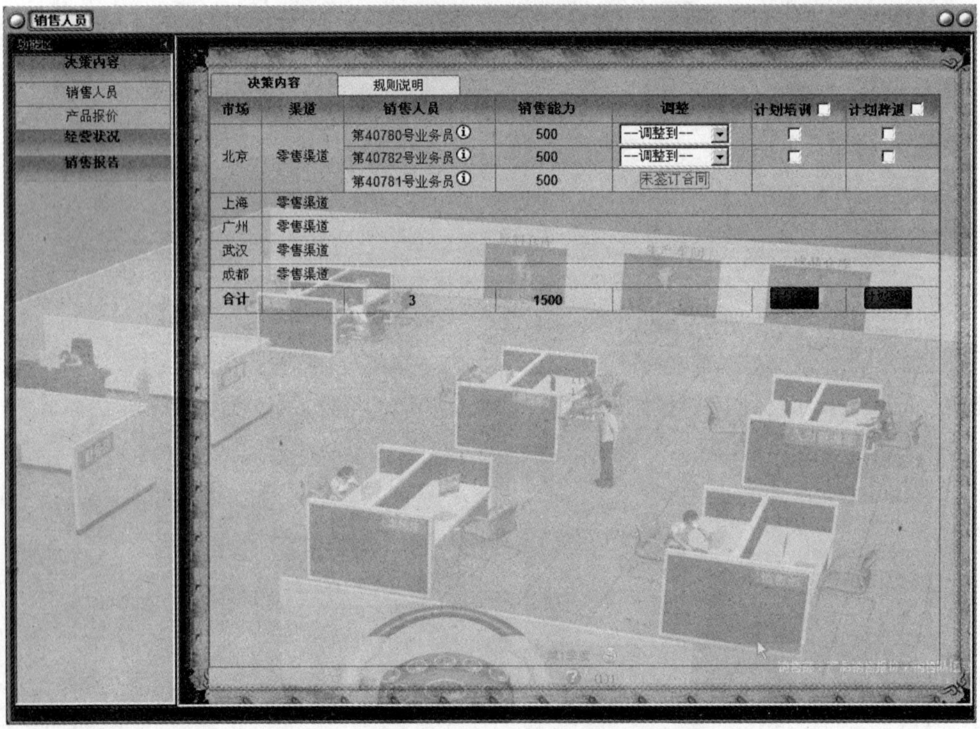

图 7-10　销售人员操作窗口

对销售人员的安排主要包括管辖区域调整、培训计划以及辞退计划。其中,管辖区域调整直接由销售部在这里就可以完成,对相关销售人员的培训计划和辞退计划,需要由销售部门负责提出,再由人力资源审核,同意后人力资源部解除与该员工的劳动合同关系,则该员工从下一季度开始将正式辞退,本季度仍将继续工作。

(2)产品报价

进入公司内部场景,点击“销售部”,在弹出窗口(如图 7-11)中选择“决策内容-产品报价”,填写各产品的市场报价以及期望的最大订货数量。

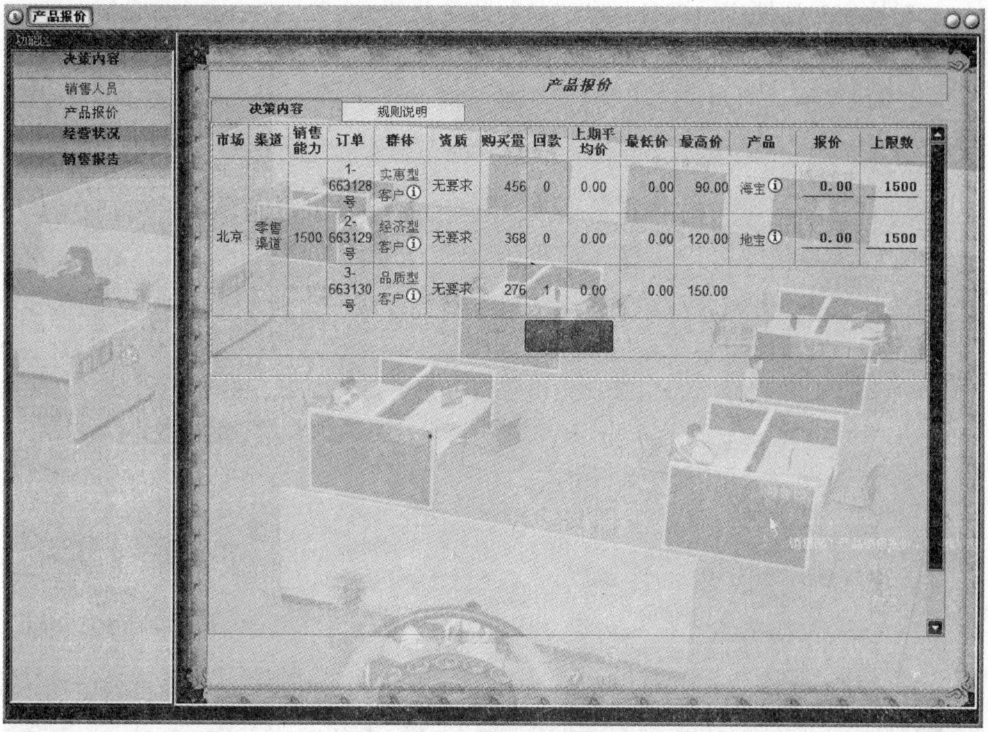

图 7-11　产品报价操作窗口

1)对每一个区域市场,在公司完成市场开发的情况下可以进入该市场销售,最右边的“报价”栏和“上限数”可以设定,否则不允许参与报价销售;

2)“报价”栏的金额指的是产品销售单价,不能超过产品在该市场的最高限价;

3)“上限数” 栏的数字表示在该市场上该产品最多只期望拿到多少订货量,以防止拿到过多订货量而产能不足导致的违约罚金;

4)全部报价及上限数填写好后,点击“保存”提交产品销售报价。

7.2.3 “商道”企业经营模拟系统

1.贴牌市场决策

进行贴牌销售的大型连锁店对所有竞标者的要求是：质量等级至少 50 分,款式数量至少有 50 种(在企业经营模拟进程中,这些要求经常会进行更改,请随时留意。)。在长三角市场,当您去参加贴牌销售连锁店的竞标会时,您的出价得比本公司自有品牌平均批发价至少低 2.5 元,否则您会被拒之门外。如果在贴牌采购时无法取得较低的价格,贴牌销售的连锁店就无法取得更大收益,因为他们本来可以从销售自有品牌中获得很大利益。如果管理层能够参加贴牌销售连锁店的竞标,每年需做出两个决策：

（1）决定向连锁店供应“E-go”产品的数量；

（2）决定以什么价格进行竞价。

贴牌决策项目如图 7-12(第 7 屏)所示。

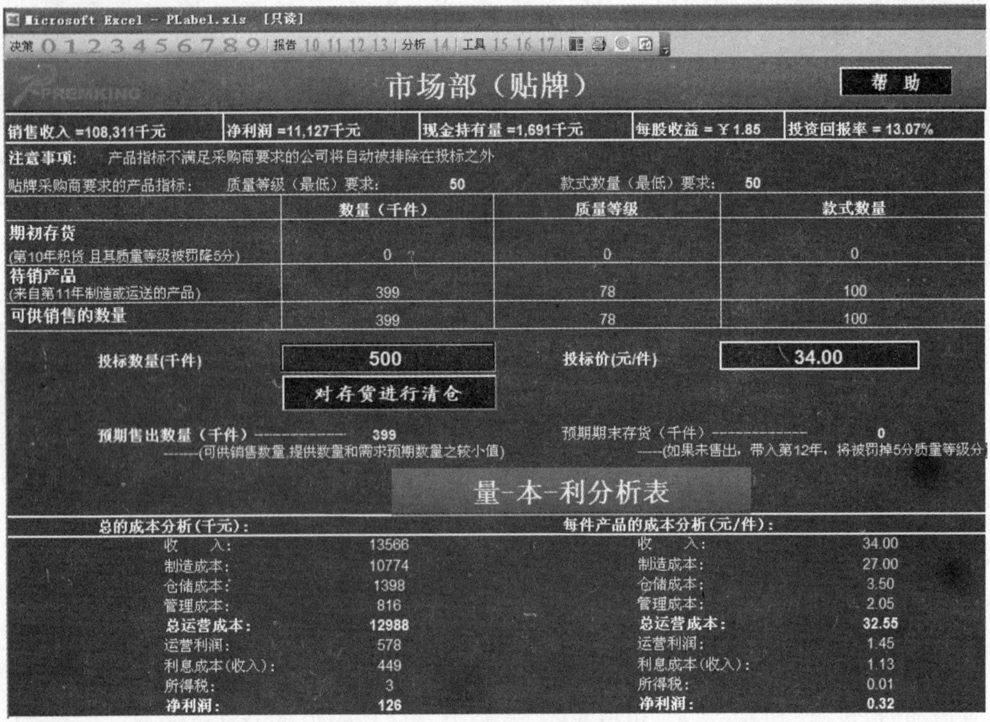

图 7-12 贴牌决策项目操作窗口

a.竞标的规则

1)必须符合竞标要求：即质量等级至少 50 分；款式数量至少有 50 款；出价比本公司自有品牌平均批发价至少低 2.5 元。

2)出价最低的公司首先中标，如果该公司的产品数量无法满足贴牌销售连锁店的总需求数量，则按竞标价由低到高，依次中标，直到满足总需求为止。

您公司的产品可能全部中标，可能中标一部分，也可能一件也没卖掉。销售数量的多少，取决于连锁店需要购买的数量、竞争对手给出的竞标价格以及各公司能够提供的商品的数量。如果竞标价相同，质量等级高的竞标者胜出；如果竞标价和质量等级均相同，款式数量多者胜出。没有卖出的贴牌“E-go”类货品将被保留在存货中，您可以在下一年的竞标过程中卖掉它们。但是，在次年，他们的质量等级将被自动扣除 5 分。

b.贴牌存货之清仓功能

万一您的公司在售出贴牌商品竞标过程中失败，有一个功能可以使您用跳楼价来对剩余货品进行清仓。要查看当年的清仓项目,只需点击屏幕上的清仓按钮。对话框将跳出,对选项进行解释,并显示存货的买家愿意为购买您的剩余货品所付的价钱。根据不同的情况,该价钱每年都将有所差别。对话框还会给您提供一个估算,即如果清仓,可以在仓储成本和存货费用方面节省多少资金。典型情况下,清仓价会低于制造成本。清仓价不包含任何运输成本、市场、管理或利息成本。因此,通过常规渠道卖掉贴牌存货乃上佳之选，而采用存货清仓方式实在是迫不得已的最后手段。如果选择存货清仓方式,只需让清仓按钮停留在“开”状态。要放弃存货清仓方式,点击按钮到“关”状态即可。

2.网络市场决策

在第十年,公司通过网络,已经以每件 62 元的价格卖出了 19,9 万件“E-go”,并且在长三角、珠三角、环渤海市场的利润分别达到每件 5.56 元、5.22 元和 1.92 元。从全行业角度来看，各个地区第十一年所有公司的在线销售总额将达到自有品牌销售额的 11%,第十二年这个数字将达到 12%。第十一年年末,您将得到关于未来五年的需求预期走势预测,显示每年潜在的在线销售百分比(为简化起见,这个百分比在全国市场的四个地理分区均适用)。注意,任何一年中,所有公司的在线销售预期总额至多为当年自有品牌销售预期的 20%。

网络市场决策屏如图 7-13(第 6 屏)所示。

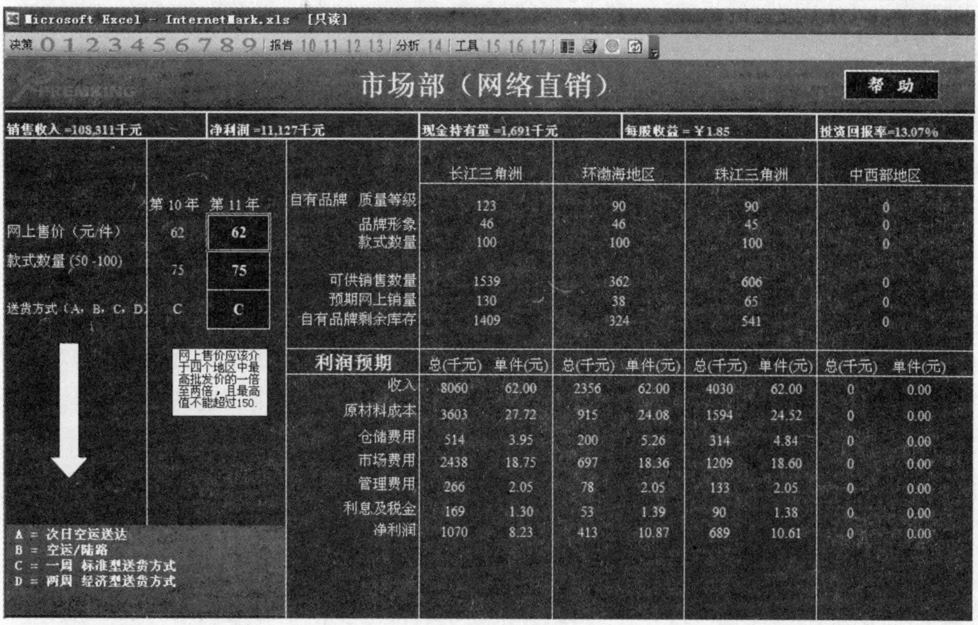

图 7-13 网络市场决策操作窗口

每年,管理层需要做三个在线销售的决策:

(1)确定网络平均零售价(基于可供销售的款式数量);

(2)提供多少种款式;

(3)送货时间。

3.自有品牌市场决策

自有品牌市场决策对您的公司相对于其他公司的竞争力,以及您公司品牌的确立和产品的销售都有深远影响。前任管理层做出的第十年决策如图 7–14 所示。

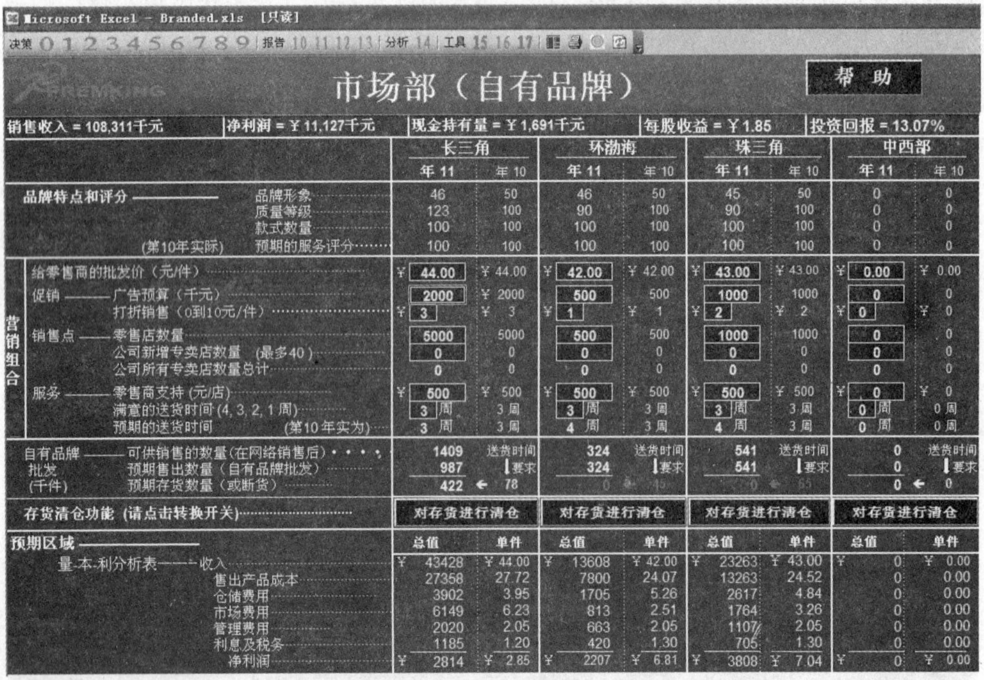

	长三角 年 11	长三角 年 10	环渤海 年 11	环渤海 年 10	珠三角 年 11	珠三角 年 10	中西部 年 11	中西部 年 10
品牌特点和评分——品牌形象	46	50	46	50	45	50	0	0
质量等级	123	100	90	100	90	100	0	0
款式数量	100	100	100	100	100	100	0	0
(第10年实际) 预期的服务评分	100	100	100	100	100	100	0	0
营销组合 给零售商的批发价(元/件)	¥ 44.00	¥ 44.00	¥ 42.00	¥ 42.00	¥ 43.00	¥ 43.00	¥ 0.00	¥ 0.00
促销——广告预算(千元)	2000	¥ 2000	500	500	1000	1000	0	0
打折销售(0到10元/件)	¥ 3	¥ 3	¥ 1	¥ 1	¥ 2	¥ 2	¥ 0	¥ 0
销售点——零售店数量	5000	5000	500	500	1000	1000	0	0
公司新增专卖店数量 (最多40)	0	0	0	0	0	0	0	0
公司所有专卖店数量总计	0	0	0	0	0	0	0	0
服务——零售商支持(元/店)	¥ 500	¥ 500	¥ 500	¥ 500	¥ 500	¥ 500	¥ 0	¥ 0
满意的送货时间(4, 3, 2, 1 周)	3 周	3 周	3 周	3 周	3 周	3 周	0 周	0 周
预期的送货时间 (第10年实为)	3 周	3 周	4 周	3 周	4 周	3 周	0 周	0 周
自有品牌批发(千件)——可供销售的数量(在网络销售后)	1409	送货时间	324	送货时间	541	送货时间	0	送货时间
预期售出数量(自有品牌批发)	987	↓要求	324	↓要求	541	↓要求	0	↓要求
预期存货数量(或断货)	422 ←	78	0 ←	[illegible]	0 ←	[illegible]	0 ←	0
存货清仓功能(请点击转换开关)	对存货进行清仓		对存货进行清仓		对存货进行清仓		对存货进行清仓	
预期区域	总值	单件	总值	单件	总值	单件	总值	单件
量-本-利分析表——收入	¥ 43428	¥ 44.00	¥ 13608	¥ 42.00	¥ 23263	¥ 43.00	¥ 0	¥ 0.00
售出产品成本	27358	27.72	7800	24.07	13263	24.52	0	0.00
仓储费用	3902	3.95	1705	5.26	2617	4.84	0	0.00
市场费用	6149	6.23	813	2.51	1764	3.26	0	0.00
管理费用	2020	2.05	663	2.05	1107	2.05	0	0.00
利息及税务	1185	1.20	420	1.30	705	1.30	0	0.00
净利润	¥ 2814	¥ 2.85	¥ 2207	¥ 6.81	¥ 3808	¥ 7.04	¥ 0	¥ 0.00

图 7–14 自有品牌市场决策操作窗口

4.价格决策

由于将每种款式和型号的"E-go"都进行标价非常困难,所以在本仿真系统设计时,管理层仅需要设定各地区产品平均价格。前任管理者试图实行全国平均价,而我们建议在各地区推行平均批发价格。您必须具备在各地区定价的判断力。您定的平均价,适用于独立经销商和公司拥有的零售专卖店(您所应选择的分销渠道之一)。

您应该多花点时间考虑一下公司从售出的每件"E-go"中得到的收益。零售商一般会以高出他们采购价一倍的价格卖出产品。例如,您给独立零售商的批发价是每件"E-go"40 元,则零售商的平均零售价就是每件 80 元。通过公司自己拥有的专卖店销售产品的好处是每件“E-go”的净利润就是每件“E-go”的零售价格减去制造成本,省去了中间商的差价。如果管理层选择在某个地区开设专卖店,其实际获利价格将是在该地区所提供产品的批发及零售价格的平均值。换句话讲,该价格是给零售商的批发价和公司拥有专卖店零售价的混合价格。我们将在接下来向您描述零售店及专卖店市场决策的细节。拥有公司自己的连锁专卖店使您有能力设定一个更高的批发价格,益处很多。

自有品牌每件最高平均价是99.99元。这个最高价格限定适用于各地区。每年的价格提高或降低幅度是没有限制的。如果您不想继续在某个地区销售产品,您只需在该地区销售价格处键入0,同时将您在该地区的市场投入也降为0(或者投入一些市场费用,这完全取决于您的战略)。

您要格外注意的一点是,当您对产品定价时,要充分考虑竞争对手。您所给出的价格必须具备竞争力。您公司产品与竞争对手产品的价格之比,是决定销售量和市场份额的最重要因素。如果您公司在某地区给出的价格比平均批发价高出很多,那么就有很多购买者在比较之后选择其他相对便宜的品牌,最终放弃您的产品。然而,高于平均价格的定价策略的负面影响可以通过以下努力加以抵消,比如,较高的产品质量、对独立零售商更好的服务、额外的广告、更大的顾客折扣、更好的品牌形象、公司产品线上更多的“E-go”型款式、更加有效的在线销售模式、更大的零售渠道网络和零售专卖店。但如果您公司的价格越高于该行业的均价,您的市场份额也就越小。

5.广告决策

通过比竞争对手投入更多的广告费用,您的品牌认知度可以超过对手,从而有可能获取更多的市场份额。广告能够扩大品牌认知度,有助于促进消费者到零售店中去挑选您公司品牌的商品,并且使人们对您公司的最新“E-go”型款式有所了解。广告带来的竞争优势的大小,取决于您公司当年的广告预算。如果年度广告支出超过了该地区企业的平均广告支出,则该公司在本地推广力度就较强;如果比平均广告支出低,那么推广力度就较弱。当然,您必须注意更多的广告投入并不能使生产成本降低,同时也不会因为巨额的广告支出而降低盈利能力——在广告上花掉比对手太多的钱,有时候也是不合算的,因为广告支出的边际效益是逐渐递减的。输入所有的广告花费(以千元计),注意,中国“E-go”行业联盟的评判公司品牌形象的标准中,所有年份累计的广告支出总额占60%的权重。

6.顾客折扣的决策

对购买您公司产品的顾客提供折扣,是使您的公司区别于对手公司,并且创造潜在竞争优势的方式之一。您有十种折扣方式供选择,即从1元到10元十种不同的折扣。

所有您提供的折扣都必须以整数元为单位。您也可以不给折扣。不同的折扣能够在每一个地区市场使用。消费者对折扣所作的反应取决于:

(1)给予折扣的大小:(¥8~¥10 的折扣与¥3~¥5 的折扣相比而言能产生更大的市场份额);

(2)您公司所提供的折扣是高于还是低于在该地理地区的平均折扣。

由于不是所有的买家都会邮寄折扣券,所以每件"E-go"实际的折扣是小于折扣券的面值的。如表 7-1 所示。

表 7-1

折扣额	折扣券寄还率	售出产品的每件成本
1	15%	0.15
2	20%	0.40
3	25%	0.75
4	30%	1.20
5	35%	1.75
6	40%	2.40
7	45%	3.15
8	50%	4.00
9	55%	4.95
10	60%	6.00

7.零售渠道相关的决策

一家公司的独立零售店越多,其产品与消费者接触的机会就越多,而对于消费者来说就近购买您公司的产品就越容易。当前,您的公司有 5,000 个长三角零售渠道,500 个环渤海零售渠道和 1,000 个珠三角零售渠道。您在一个地区能够拥有的零售渠道数量的上限是 99,999 个(足够多了)。拥有更多的零售渠道一般来说比只有少量的零售渠道更有优势。但这个数量也不是越多越好,当超过一定数量的时候,零售渠道的边际效益就会下降。拥有比平均水平少的零售店数量,对于占有相当的市场份额来说并不是最重要的因素,也许一个公司能够在一个地理区域内只是靠 100 个左右的零售渠道完成大部分的销售(假设是在大城市),但同时会有其他销售方式,如公司的产品对消费者有足够的吸引力,或在线销售提供一个有吸引力的网站,或利用零售专卖店对零售渠道作为补充。

输入总的零售店数量。这些输入不是以"千"作为单位的。例如,您决定需要 6,000 个长三角零售渠道,输入 6,000(而不是 6)。在所有其他的竞争因素都是同等的情况下,在特定地理区域内,拥有较多零售渠道的公司将比拥有较少零售渠道的公司销售量更大。

8.公司拥有的专卖店相关的决策

您将发现，开设并经营公司所有的一系列连锁专卖店需要强大的财政资源支持。前期投入和公司运营成本如下：

(1)每一个专卖店要投入15万元的资本在装修、家具、固定设备和现金登记系统中(每个专卖店15万元的投资成本适用于全国市场的所有四个地理区域)。这项投资每年的折旧率为5%。

(2)在长三角，专卖店的店铺租金为每年8万元，在环渤海为4万元，在珠三角为6万元，在中西部为4万元。

(3)每年的维护费用为每个专卖店2.5万元(占总投资的16.7%)

(4)第十一年，在长三角和珠三角，每家店每年的人员工资为50万元，因为工资增长和通货膨胀的关系会以每年2.5%的速度增长。

(5)第十一年，环渤海和中西部，每家店每年的人员工资为25万元，同样的，会以每年2.5%的速度增长。

9.零售商支持和线上服务相关的决策

每年自动设定有100元的管理成本，是用来对每一个零售渠道作支持和服务的，这100元是被自动扣除的，而且在模拟进程中您的课程管理员可以更改这个数字。如果您公司的竞争策略中有一个策略是为了提升您的服务等级，达到比平均水平高100分，从而获得零售商更多的促销支持，那么您可以采用的实施方案就是在零售支持和在线销售上加大投入。实际上，在第十年，您的公司为长三角、环渤海和珠三角的零售支持和在线销售每个店额外花费了500元，参照图7-14所示，这额外的500元是除每年固定的100元之外的花费，有助于使您的产品在所有三个地理区域中达到满分的服务等级。

10.送货时间相关的决策

零售商们认为4周的送货时间是“令人满意”的，4周送货的成本会计入每件“E-go”的仓储运营成本中去。较短的送货时间会提高您公司的服务等级，但也会产生更高的成本。通常，3周的送货时间会使每件“E-go”增加0.5元的成本，2周的送货时间会使每件“E-go” 增加1.25元的成本，1周则会使每件“E-go”增加2.00元的成本。在课程进程中这些成本是可能发生变化的。不过，在您的生产线上的“E-go”型越多，您试图达到的送货时间越短，那么您公司需要在每个配货中心的存货就会越多，这样才能满足不断变化的“E-go”型款式和不同数量的零售订单。软件提供的计算系统能够随时告知您需要配备多少存货才能实现时送货，从而让零售商满意。如果您估算的存货水平低于要求的水平，您将不得不决定是否延长您的供货时间，或是否增加产量并扩大存货，或是否需要在次年决策中降低服务等级。请注意，存货的仓储成本会随着没有卖出产品的存货的增长而增长。在每个仓库中每件存货的成本是这样的：未卖出存货中的头 50 万件成本为每件 0.5 元，接下来得 25 万件 “E-go”存货成本为每件 0.75 元，从 75 万到 100 万件的每件成本为 1.00 元，从第 100 万到第 125 万件为每件 1.50 元，超过 125 万件为每件¥1.50。如果不能达到要求存货的水平，将会对零售商的送货时间延迟，导致次年的服务等级水平低于预期。

11.产品形象代言人竞标

十二位来自世界各地的明星表示他们愿意穿上某个公司的“E-go”，并且如果该公司出价够高，他们可以签约成为该公司的产品代言人。所有这些明星都雇用了经纪人在竞价过程中代表他们，以决定他们将与哪家公司签约。在图 7-15(第 8 屏)中提供了管理层感兴趣的信息。第十一年，将有三位知名明星参与签约竞价，其余的九位明星将根据图 7-15 中从第二栏到最后一栏显示的日程安排来排定在接下来的年份中竞价的顺序。

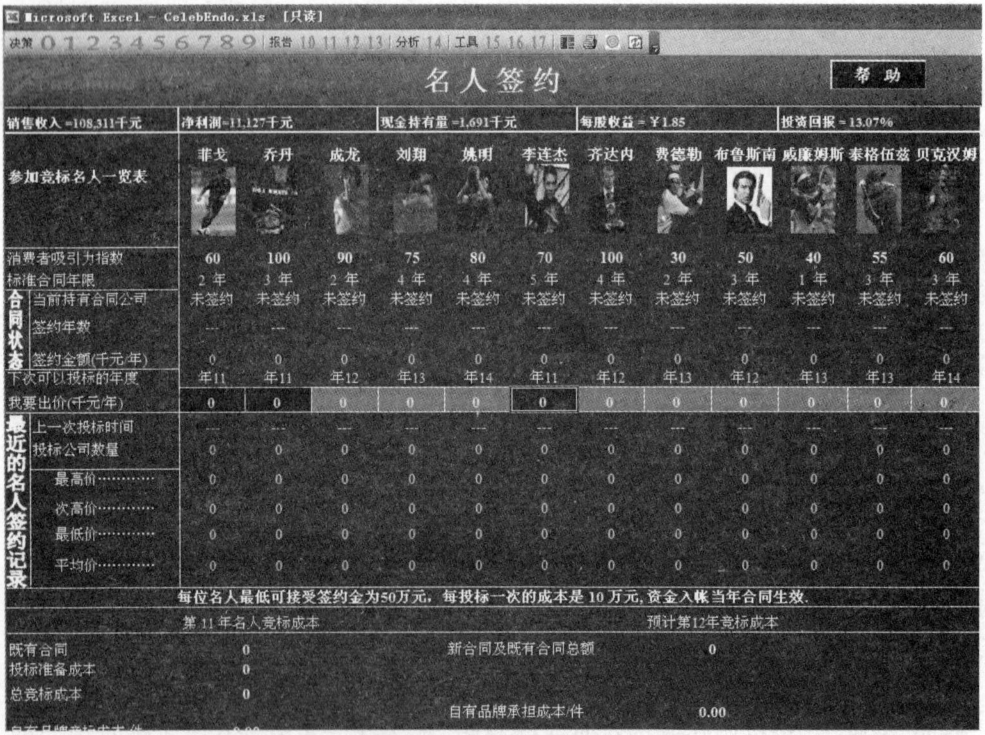

图 7-15　产品形象代言人操作窗口

所有十二名的明星都是世界知名人士，根据屏幕显示的消费者吸引力指数，每一位名人在各个地理区域中都有着同样的影响力（为简单起见）。吸引力指数为 100 的明星比吸引力指数为 50 的明星更具影响力。签约一位有着较高吸引力指数的明星对您公司的品牌知名度有着显而易见的巨大提升作用。签约明星在中国

“E-go”业联盟的品牌形象计算中占40%的权重。与您公司签约的名人吸引力指数越高,您公司品牌整体的品牌形象就越高,能够占有的品牌市场份额就越大(其他情况相同)。对每一家公司签约名人的数量没有限制,不过,一旦与一家公司签约的名人的吸引力指数之和超过400,其对市场影响力的边际效益就会迅速下降。名人签约所能带来的利润增长能否覆盖签约名人的成本,将取决于您在名人签约竞价中的出价高低。根据可靠的市场调查显示,如果赢得签约的竞价不是没有道理的天价,那么在“E-go”类市场中名人签约的价值将会得到体现。

7.3 实验项目

7.3.1 用友实验

实验目的:

通过用友“创业者”企业经营模拟系统,掌握该系统中广告投放、订单选择、市场开拓等操作,认识客户关系管理对企业经营的重要性。

1.了解用友“创业者”企业经营模拟系统中广告投放的规则和作用;

2.掌握用友“创业者”企业经营模拟系统的选单规则和订单的交付;

3.了解用友“创业者”企业经营模拟系统中市场和ISO的开拓规则和简单操作。

实验步骤:

1.登录用友“创业者”企业经营模拟系统

2.对系统中的本地和区域市场进行开发投资;

3.对实验6.3.1步骤4中计算出的第二年可以产出的产品,在广告投放中,以自己的理解在本地和区域两个市场对P1、P2两类产品投放合理的广告。

实验总结:

____

____

____

____

____

7.3.2 金蝶实验

实验目的:

通过金蝶"创业之星"商业模拟平台,掌握产品设计、研发,广告宣传和产品报价等操作,并了解客户关系管理对企业销售和经营的重要性。

1.了解产品设计和研发的基本操作,并了解产品设计对产品销售的重要性;

2.了解产品的广告宣传的操作,和广告投放的规则;

3.学习产品报价的操作和规则。

实验步骤:

1.登录金蝶"创业之星"商业模拟平台;

2.学习设计并研发一个实惠型产品、一个经济型产品和一个品质型产品;

3.对设计研发好的三款产品根据各自的客户诉求,进行广告宣传投放;

4. 对设计研发好的三款产品进行报价;

5.试分析设计研发最能满足客户诉求的一个实惠型产品、一个经济型产品和一个品质型产品,并说明原因。

实验总结:

____

____

____

____

____

7.3.3 商道实验

实验目的:

通过"商道"企业经营模拟系统,掌握贴牌市场、网络市场和自由品牌市场的运营规则和基本操作,认识客户关系管理对企业经营的重要性。

1.了解贴牌市场的运行规则、贴牌产品的竞标规则;

2.了解网络市场的相关决策和操作;

3.了解自由品牌市场的运行,掌握自由品牌产品的价格、广告、折扣、零售商、送货时间和签约名人等对自有品牌产品销售的影响。

实验步骤:

1.登录"商道"企业经营模拟系统;

2.打开第 7 屏(贴牌市场部),对实验 6.3.3 步骤 2 中生产的贴牌产品进行贴牌竞标操作；

3.打开第 6 屏(网络市场部)，对实验 6.3.3 步骤 3 中生产的产品进行网络市场销售决策；

4.打开第 5 屏(自有品牌市场部)，对实验 6.3.3 步骤 3 中生产的产品进行自由品牌市场决策，包括批发价、广告、客户折扣、零售渠道及其支持、专卖店和送货时间等决策；

5.打开第 8 屏(名人签约)，查看名人竞标规则，根据自己企业的产品方案，选择尝试签约名人；

6.试比较分析实验 6.3.3 中的 A、B 两种产品方案对于名人签约的重要性，并说明理由。

实验总结：

第八章 资金运营管理

8.1 实验原理

8.1.1 资金运营管理的具体功能

1.账户管理

账户管理是整个集团资金管理系统的核心,分内、外部存款户、结算户、内部、外部贷款户等类别分别进行管理,管理的功能包括:开户、账户透支限制、冻结与解冻、封账、账户监控及销户等功能。

2.存款管理

存款管理按照性质分为结算存款、定期存款、委托存款、协定存款等。对于定期存款,可以自定义提前天数的自动提醒功能。

3.结算管理

结算管理包括转账结算、委托收款、委托付款、托收承付、及计提利息、单据/清单打印等业务处理,并实现对合同管理、贴现台账、账户余额表、账户明细账、日均余额表、开销户查询、业务量统计等报表的查询,以及对存款、贴现等到期自定义提前天数的自动提醒等。结算管理通过内、外部网银,支持网上结算。

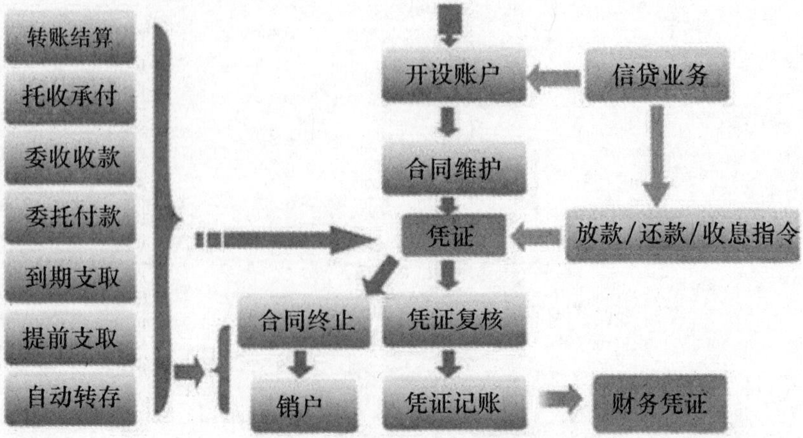

图 8-1 结算管理流程图

4.国际业务

(1)TT付款:汇出国外汇款是国际贸易支付结算方法之一,是银行接受客户的委托,把外汇款项通过银行的海外联行或国外代理行,汇到汇款人指定的收款人所在银行账户的业务。

(2)TT收款:国外汇入汇款主要是采用电汇方式收取的货款。在银行提供的汇入款项水单上一般只有汇款人和金额,很难判断出该笔货款是具体某家单位的收款,通常把这些款项都划入出口代理单位账户上,再由各出口单位向出口代理单位确认、划收。

5.信贷管理

(1)授信管理:主要实现对集团下属单位短期流动资金额度的控制和流向的监管。通过对下属单位授信协议的分配、使用情况的跟踪和控制,及时掌握各下属单位授信额度的使用情况和资金流向,为管理者提供快捷方便的数据分析、决策功能,为集团企业提供一种有效的决策辅助手段。

(2)信贷管理:该系统日常业务处理与结算系统密切相关,决策管理和客户资料积累由资金部门共同完成,实现合同信息共享、查询方便的信贷电子化管理系统,将信贷规章制度和业务操作流程转化为电脑程序进行控制,创造"制度制约+机器制约"的信贷管理机制。

(3)资金计息:包括各种存款账户的计息和各种借款合同的计息。可自由设定计息条件、存借款利率,调整计息积数,支持特殊计息期间的处理,利息单据可以自动生成记账凭证登记入账。

(4)融资租赁:融资租赁系统通过对集团所有融资租赁合同的管理和分割,跟踪租赁合同的本金、尾款和手续费的发生情况,自动计算租赁合同的利息,掌握租赁合同期间内所发生的所有成本。

(5)消费/买方信贷:处理流程上和信贷业务处理流程基本类似,在合同管理的时候系统根据还款计划和还款次数自动计算每次应还款数据和还款利息,数据自动传递到柜台部门,前台业务人员可根据此数据进行相映的扣款和核算处理。

6.票据管理

(1)票证管理:系统处理业务主要包括:票据类别定义、票据的入库管理、票据的领用、票据的控号管理、票据的挂失。空白票据分内部票据和外部票据,每种票据的入库、领用等情况系统可自动记录。需要进行控号管理的,在柜台作凭证时要输入票据号,系统可自动判断该单位所登记的号码是否正确,同时还对是否为本单位、是否使用过、是否是作废或挂失等业务进行相应管理。

(2)票据业务:系统可以实现商业承兑和银行承兑汇票应收、应付管理,支持票据的贴现、转卖、再贴现、背书、抵押等业务处理,并协同生成结算凭证。

7.投资管理

(1)证券投资:系统以证券自营和委托资产业务的实际流程为基础,集成了众多券商对该业务的管理要求,实现了证券自营和委托资产的资金、证券交易、库存、成本、收益等方面的核算和管理,并提供了实用的业务统计分析和预警功能。

(2)实业投资:系统主要管理投资企业信息和项目合同,投资企业的资产负债、损益、现金流量和收益明细等财务状况,项目的股权变更,投资收益等;能查询投资明细账、投资台账、投资动态表等投资报表;并可对投资项目的财务状况、经营成果、现金流量和财务比率等进行统计。

8.资金监控

(1)集中监控:为实现资金的集中管理,在集团范围内资金的统一调度、有效利用,必须集中对下属单位在银行的开户情况、账户种类、账户头寸和业务流水进行全面监控,为及时掌握所有下属单位存贷款业务的全貌,需要一个能将业务数据集成在一起的资金监控系统。

(2)事后监督:事后监督系统具有凭证录入和强大的校检功能,采用和前台相同的体系。后台人员将前台处理完的原始凭证全部录入一遍,系统自动进行前后台数据的校检,有异常情况随时提出详细的报告。

(3)领导查询:领导查询系统就是为方便集团主管领导查询资金管理机构的运营情况而设计的,领导查询除提供查询常用报表、账户余额、资金头寸、信贷信息外,还提供分析数据以帮助领导决策。

9.资金分析

(1)资金分析:结合经营、融资、投资等具体业务的当前状态及后期变化趋势进行动态地资金供求分析和管理。具体分为资金来源分析(含资金来源分析、来源趋势分析、资金成本分析等),资金需求分析(含资金需求分析、需求趋势分析、投资收益分析等),资金供求分析(含资金供求分析、供求趋势分析、资金周转率、资金流量分析等)。

(2)应收分析:应收账款分析决策系统为集团总部、下属单位提供应收账款管理统一的、集中式的分析决策支持平台和工具。总部标准化数据的管理、数据的获取、校验、审核;进行分析决策和指标评价、绩效考核、业务监控。

(3)决策支持:将业务核算,内部控制,风险防范,系统安全性及保密性,海量数据处理作为突出解决点,建立集团数据仓库,提供强大的业务分析及监测功能,以满足决策层对多层面决策分析的要求。

10.客户服务

(1)系统维护:维护工具主要完成系统用户管理、数据管理和日志管理等。

(2)语音服务:语音查询系统是为方便集团内部单位实时动态的查询账户余额信息。

(3)网上服务:网络信息发布,消息中心公告板等。

11.工作流管理

(1)权限设置:对从成员单位到具体的各类业务操作人员的权限管理和分配,实现财务不相容工作岗位的相互制约。

(2)资金审批:审批流基于单据定义,单据分种类,对选定的单据审批流程提供按照审批岗位与人员、审批顺序、审批额度、审批条件自定义功能。定义不同的审批队列,可定义到岗位,也可定义到具体人。审批人可预先进行转授权,当要外出时,启动转授权,返回后再取消,或指定转授权的时间区间。

8.1.2 资金运营管理的业务管理特征

1.以账户管理模式为核心,支持多级账户、多币种、多语言、多业务处理

(1)银行账户管理:设立统一的银行收付账户,进行账户信息的查询、账户头寸的查询、对账等管理。

(2)内部账户管理:结算中心给每个成员单位开设一个或多个内部结算账户,用于记录各成员单位在结算中心的资金结算情况。内部账户需要进行归集管理,归集管理是一种集团账户管理的模式。

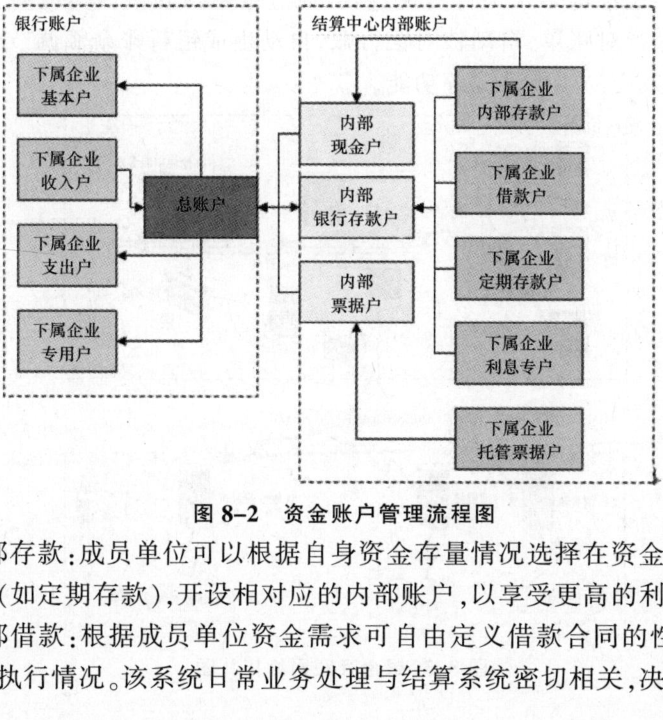

图 8–2 资金账户管理流程图

(3)内部存款:成员单位可以根据自身资金存量情况选择在资金管理机构的资金存放形式(如定期存款),开设相对应的内部账户,以享受更高的利息收益。

(4)内部借款:根据成员单位资金需求可自由定义借款合同的性质,实时监控借款合同的执行情况。该系统日常业务处理与结算系统密切相关,决策管理和客户资料积累由集团资金处和资金管理机构共同完成、而账户管理和计息、收息工作由会计部和结算部依次完成,实现信息共享、查询方便的融资电子化管理。

(5)资金调度:根据成员单位业务资金预测与资金调度申请,结合目前资金的存量进行资金调度,完成资金上划和下拨。

2.资金预算管理与资金结算的动态结合,实现预算计划的事中控制和管理

资金预算管理包括资金预算编制审批、预算执行、预算调整、预算控制,预算执行情况查询和分析等内容。通过资金预算可以预测各期间现金流量情况及资金需要,在有对外资金支付业务发生时,必须在事先审批通过的预算项目下支付,否则不能对外支付,每笔资金支付情况与预算汇总表进行对比,生成预算执行情况表,时实、动态的反映预算执行情况,有效控制整个集团的资金支出及资金运用,做到事前计划、事中控制、事后分析的完美结合。

3.完善的网上交易服务

(1)安全、迅速、便捷的网络结算方式,支持总部与异地分结算中心以及多级结算平台的矩阵式复杂应用;

(2)内部网银:实现内部网上结算,成员单位与成员单位的往来交易,对外的资金结算和交易,加强企业服务,提高结算效率。

4.开放式接口支持各家银行的"银企互联"服务

银企直联:已经与多家银行实现直联,通过银企互联接口实现网上收、付款处理,自动下载银行对账单,自动核对银行账,自动生成银行账余额调节表,实时查询银行账户余额及交易明细情况等功能。

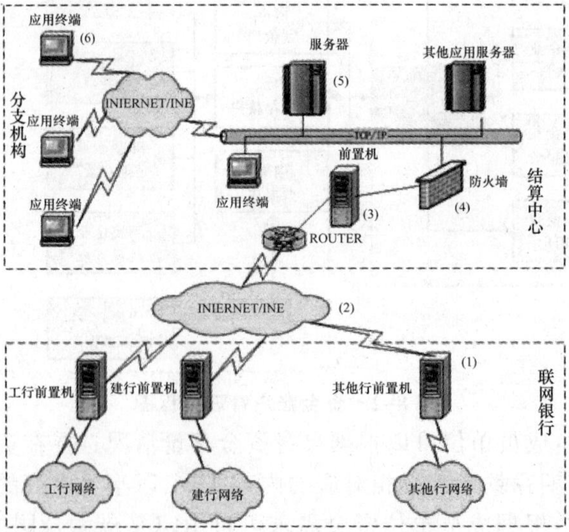

图 8-3 银企互联网络拓扑图

8.2 实验指导

8.2.1 用友“创业者”企业模拟经营系统

用友“创业者”电子沙盘中的资金运营管理表现在以下几个方面：申请长期贷款、申请短期贷款、应收款更新、厂房贴现、出售库存和应收款贴现。如图 8-4：

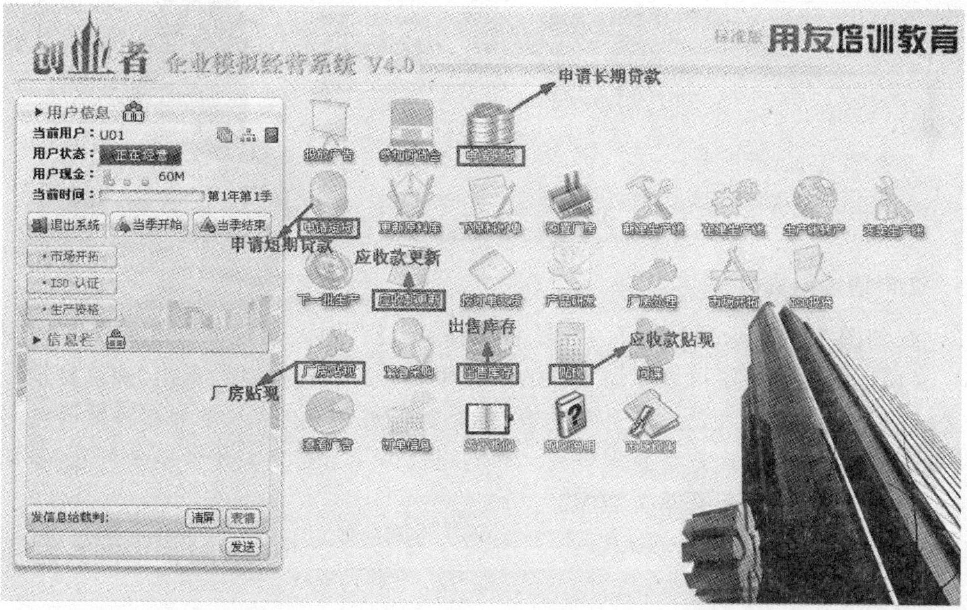

图 8-4　用友“创业者”电子沙盘操作界面

1.申请长期贷款

在如图 8-4 所示操作界面中，双击“申请长贷”图标，出现如图 8-5 所示的窗口，在窗口中显示出了可以申请的贷款的最大额度，选择需贷款年限、输入需贷款额，点击“确认贷款”。

注：长期贷款的贷款时间为每年年初，订货会之后；贷款额度为所有者权益的三倍减去已贷贷款（已贷长期贷款和已贷短期贷款之和）；还款方式为每年付息，到期还款。（基本贷款单位 10M）

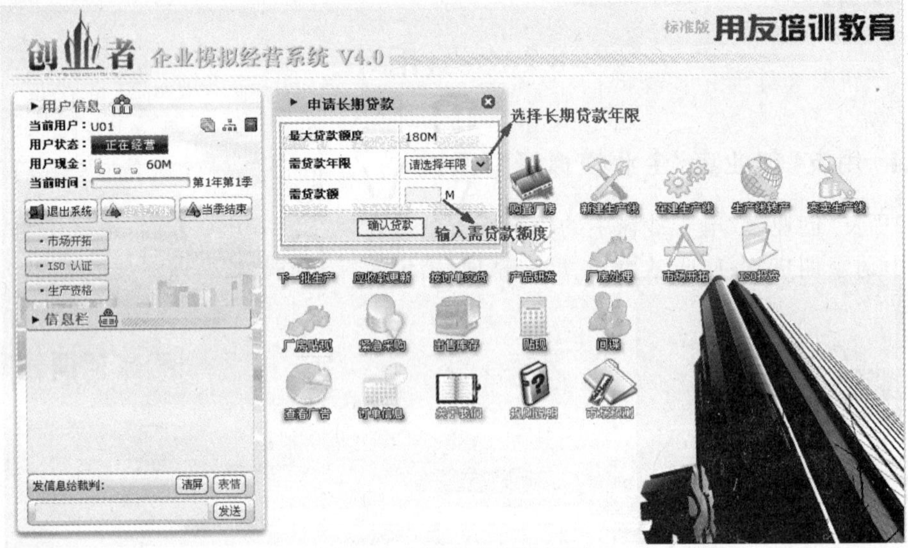

图 8–5 申请长贷操作窗口

2.申请短期贷款

在如图 8–4 所示操作界面中,双击“申请短贷”图标,出现如图 8–6 所示的窗口,在窗口中显示出了可以申请贷款的最大额度,输入需贷款额,点击“确认贷款”。

注:短期贷款的贷款时间为每季季初;贷款额度为所有者权益的三倍减去已贷贷款(已贷长期贷款和已贷短期贷款之和);还款方式为到期一次性还本付息;借款期限为一年。(基本贷款单位 20M)

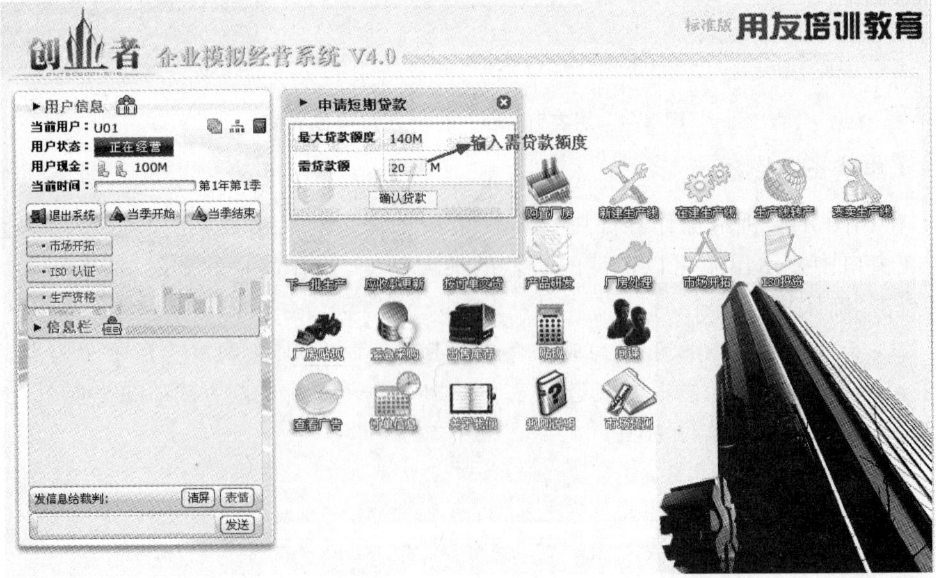

图 8–6 申请短贷操作窗口

3.更新应收款

在如图 8-4 所示操作界面中,双击“应收款更新”图标,出现如图 8-7 所示的窗口,输入收现金额,点击“确认更新”。应收款账期分为 1 期、2 期、3 期和 4 期,更新应收款时只可以更新 1 期的,其他各期应收款系统将账期自动减 1 期,以此类推等到账期 1 期时才可以更新为现金。

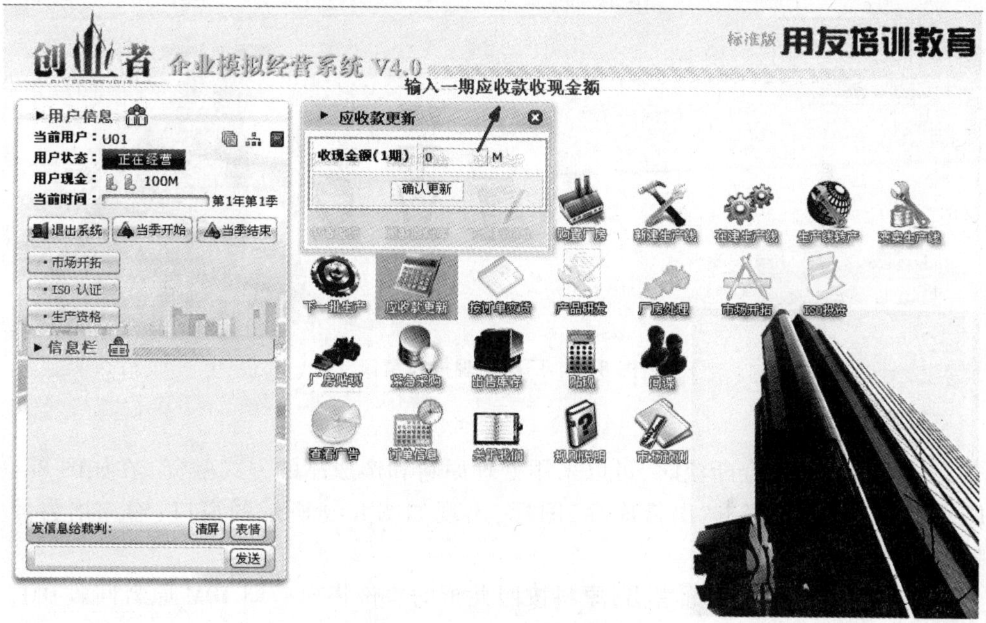

图 8-7 应收款更新操作窗口

4.厂房贴现

当模拟企业资金链断裂时,可以考虑将买的厂房直接贴现。在如图 8-4 所示操作界面中,双击“厂房贴现”图标,出现如图 8-8 所示的窗口,选择需要贴现处理的厂房,点击“确认处理”。

注:

(1)厂房贴现是随时可以进行的;

(2)厂房出售所得资金为 4 期应收款,所以进行厂房贴现时,得到的现金是按照 4 期应收款贴现率贴现得到的;

(3)厂房贴现操作后,厂房将自动转为租用模式,所以在厂房贴现后,得到的现金为厂房价值减去贴现费用,再减去相应的厂房租金所得。

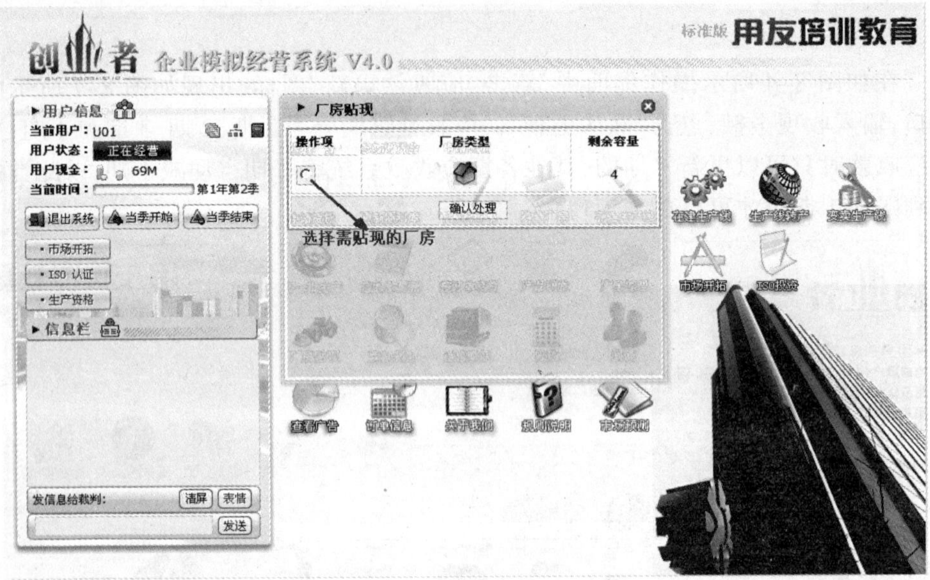

图 8-8 厂房贴现操作窗口

5.出售库存

当模拟企业现金断流时,可以采用处理原料和产成品的方式融资。在如图 8-4 所示操作界面中,双击“出售库存”图标,出现如图 8-9 所示的窗口,输入出售数量,点击“确认出售”。

产品可以按照成本价售出,原料按照九折的售价售出。即 10M 原料回收 9M,出售原料不足 10 时,扣除 1M。

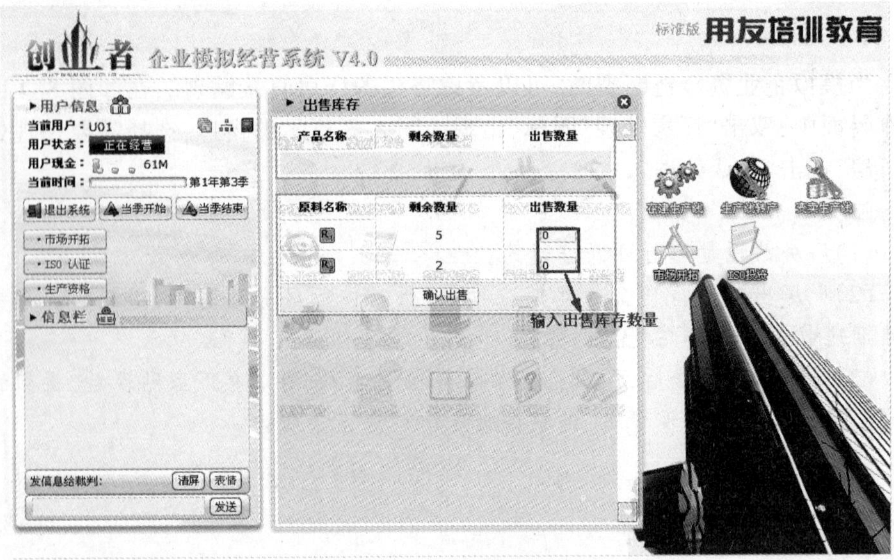

图 8-9 出售库存操作窗口

6.贴现

在如图 8-4 所示操作界面中，双击“贴现”图标，出现如图 8-10 所示的窗口，输入贴现额，点击“确认贴现”。

注：一季、二季的应收款贴现率为 10% ，三季、四季的应收款贴现率为 12.5%。只要有足够的应收账款，可以随时贴现(包括次年支付广告费时，也可使用应收款贴现)。

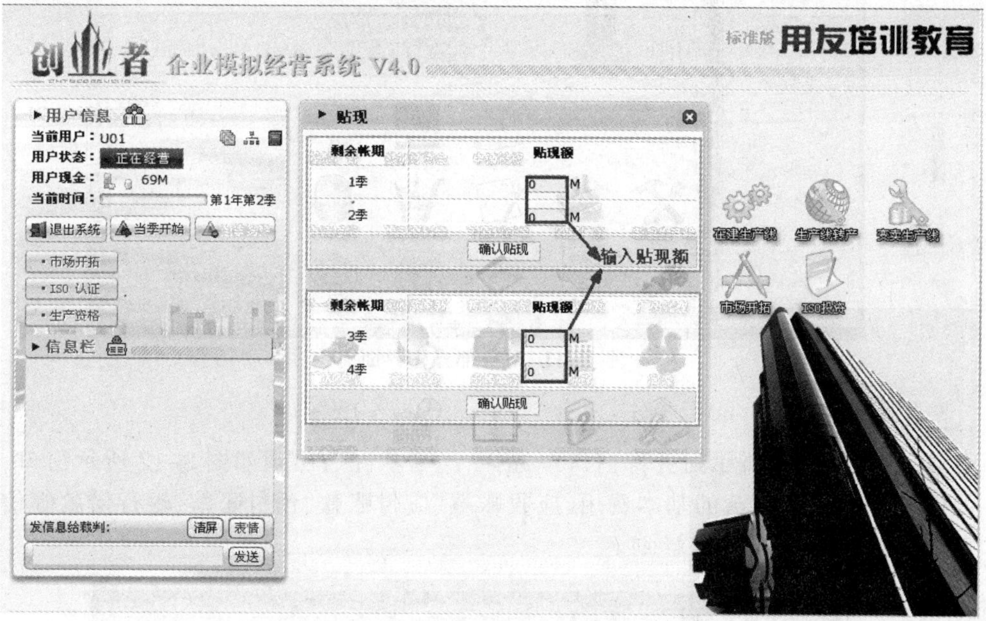

图 8-10 贴现操作窗口

8.2.2 金蝶“创业之星”商业模拟平台

金蝶“创业之星”商业模拟平台中的资金运营管理主要为经营状况、银行借款、账款贴现。在公司场景点击“财务部”，出现如图 8-11 所示窗口。

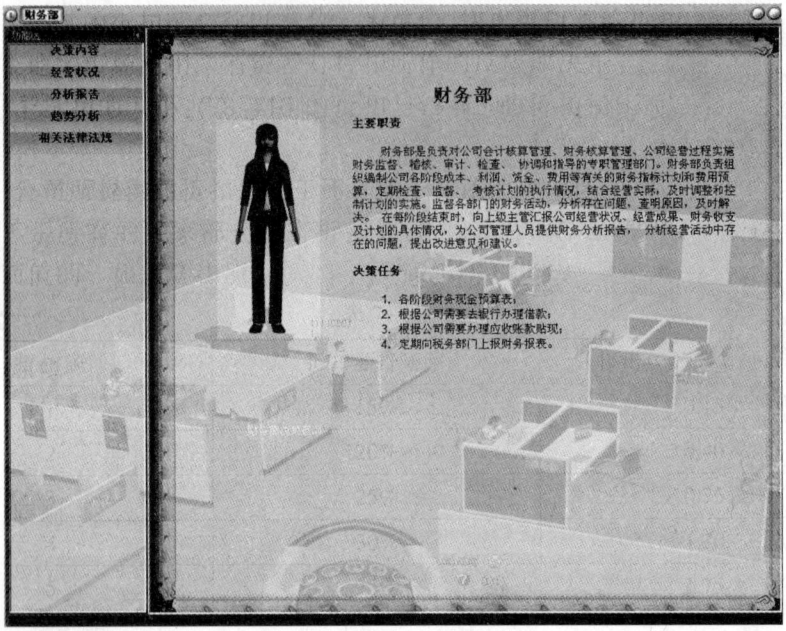

图 8-11 财务部操作界面

1.经营状况

在如图 8-11 所示财务部窗口中选择“经营状况”,出现如图 8-12 所示窗口,可以查看每季度经营的基本费用、应收账款、应付账款、预付账款、银行借款等信息,以便正确的制定财务计划。

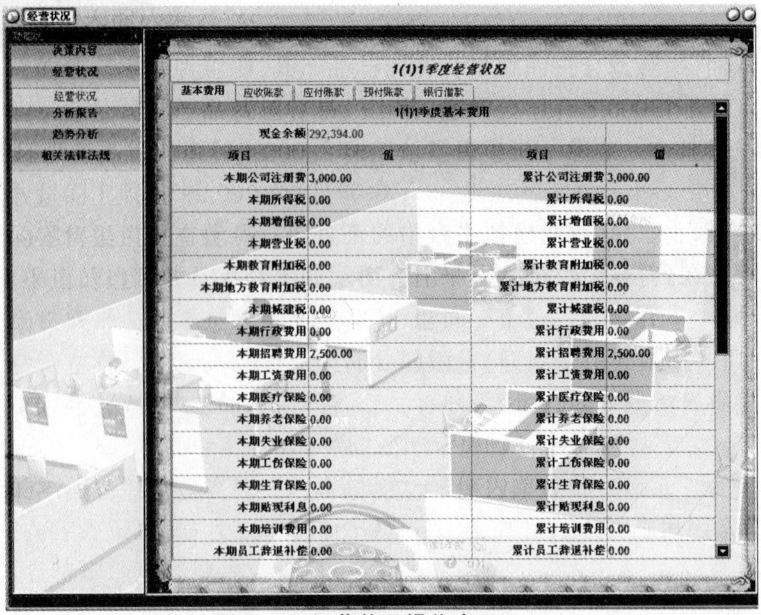

图 8-12 经营状况操作窗口

2.银行借款

进入主场景，点击“创业银行”(如图 8-13 所示)。

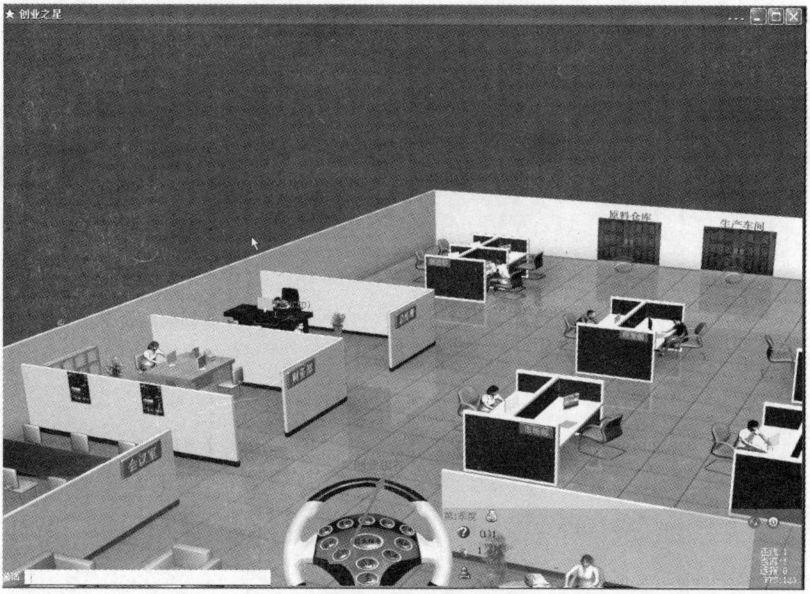

图 8-13　金蝶“创业之星”商业模拟系统主场景

进入创业银行后，点击“信贷业务”窗口(如图 8-14)，在弹出窗口中完成借款决策任务。当季借款的金额不能超过本期授信额度，累计借款的金额不能超过总的授信额度。

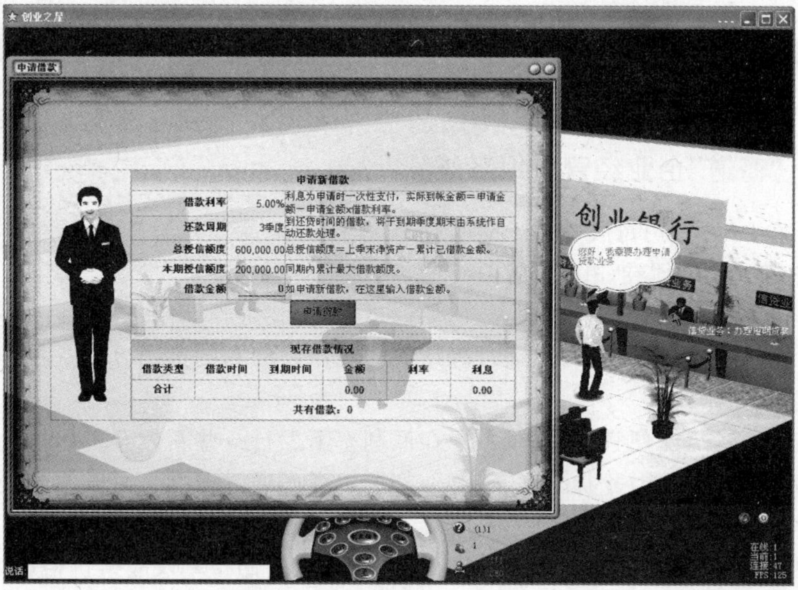

图 8-14　信贷业务操作窗口

3.账款贴现

进入公司内部场景,点击“财务部”,在弹出窗口中选择“决策内容–账款贴现”(如图 8–15),根据公司本季度的资金需求急缓程度及各部门的经营计划,适当地做出贴现决策。

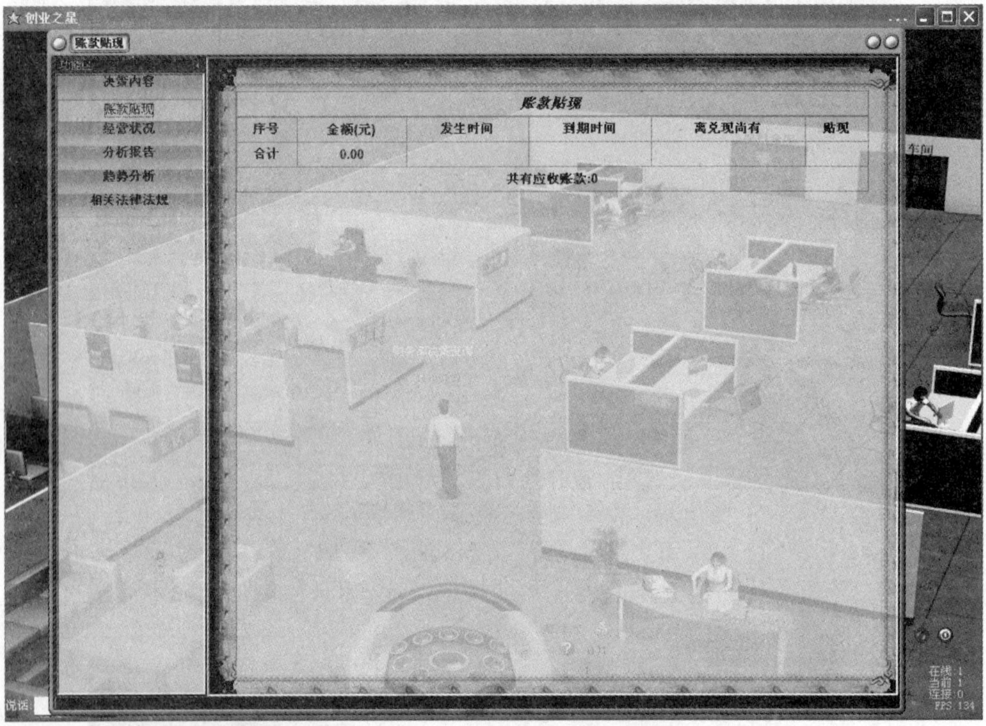

图 8–15 账款贴现操作窗口

8.2.3 “商道”企业经营模拟系统

在第十年,公司每股收益 1.5 元,派发红利 0.40 元。公司普通股票价格在每股 15 元左右。股票债券评级为 BBB。

公司有很好的财务状况筹资,比如通过发行债券(长期债务)和新股替换短期负债。另外一种办法,您可以通过冻结或减少派发红利的办法,从公司内部筹得资金,用于公司扩张。

如果利息足够便宜,您可以考虑在低利率下发行一些新债券。如果没有更多的资本需求而公司财务状况又非常好,您可以考虑通过回购公司股票或提前赎回公司债券来使每股收益提高。

财务决策对公司债券评级、短期借款利率、投资回报率及股票价格影响巨大,所以,您要非常慎重。

1.收益表

图 8-16 显示了公司第十年的收益表,请注意以下几点:

Microsoft Excel - Reports.xls [只读]

决策 0 1 2 3 4 5 6 7 8 9 | 报告 10 11 12 13 | 分析 14 | 工具 15 16 17 |

*	收益表					第10年
	贴牌	自有品牌				
千元		长江三角洲	环渤海地区	珠江三角洲	中西部地区	总计
收入(来自E-go产品销售)	17,000	52,750	10,344	22,000	0	102,094
售出货物制造成本	10,649	28,436	4,561	9,259	0	52,905
仓储费用	1,525	4,545	1,630	4,889	0	12,589
市场费用	0	8,763	1,435	2,919	0	13,117
管理费用	984	2,460	472	984	0	4,900
运营利润(亏损)	3,842	8,546	2,246	3,949	0	18,583
额外收益(损失)						0
利息收益(损失)						-5,726
税前利润						12,857
所得税						7,000
净利润						9,000
每股收益(元/股)						1.50

图 8-16　收益表

(1)总收入 10209 万元,运营利润 1858 万元,税后净利润 900 万元。长三角自有品牌销售占总运营利润的 46%(854.6 万/1858.3 万),到目前为止,是公司最重要的市场部门。

(2)公司的所得税率是 30%。税后亏损在三年内可抵扣公司盈利。例如,若您的公司今年税后亏损为 50 万元,这 50 万元可从您公司后两年的税前收入中抵扣掉,直到 50 万元扣完为止。

额外损益来自于以下两种情况:当您永久性关闭一家工厂或专卖店;或当您用高于或低于账面价值的价格卖掉工厂产能。关闭工厂或专卖店的投资损益,卖掉工厂的收入或损失将计入额外损益项目,将影响税前收入。例如,当工厂永久关闭的时候,清算价值是净投资的 75%;当专卖店关闭的时候,清算价值是净投资的 10%;工厂和专卖店关闭的销账将在当年以额外损失计入公司收益表。您计划以高于工厂账面价值的价格卖掉工厂,您的公司就得到了额外收益,收益等于售价和账面价值的差价;(对每个工厂的净投资显示在每年的制造报告里)如果您以低于工厂账面价值的价格卖掉工厂,您的公司就发生了额外损失,损失等于售价和和账面价值的差价。

2.现金流量表

现金流量表提供了一个简便的方法查看现金的流入流出。参见图 8-17(第 11 屏)所示,公司第十年的现金流量表。在第十年,来自各种渠道的现金流入累计

10158 万元。总流出现金 10148 万元,给公司留有 10.2 万元带入第十一年。偿付债券 660 万元代表了对 1、2、3 号债券本金的偿付(参见第十年资产负债表的注释 6,图 8-18)。偿付债券利息也是指上述 1、2、3 号债券。

关于现金流量表,有四点您需要牢记在心:

(1)因为公司在每年 12 月无法收到多数订单的货款,以及因为多数零售商在每年 8 月 1 日以后不付货款,直到次年才付。所以公司的现金流入与每年收益表所报的销售收入并不完全相符。每年的销售收入总是等于去年收入的 25%加上今年收入的 75%。

(2)从股票和债券发行而得到的现金都是在当年收到,卖掉工厂的现金也会在当年收到,工厂清仓或关闭专卖店的现金也会在当年收到。

(3)支付原材料的现金,由去年成本的 25%和今年成本的 75%组成。因为供应商在每年 10 月 1 日之后,次年 1 月 1 日之前得不到货款。

(4)公司有责任在每年年底支付所得税。例如公司支付税金 385.7 万元,代表了第十年税前收入 1285.7 万元的 30%。同样的,公司每年的红利也在当年宣布。

Microsoft Excel - Reports.xls [只读]

决策 0 1 2 3 4 5 6 7 8 9 | 报告 10 11 12 13 | 分析 14 | 工具 15 16 17

现金流量表

千元

现金流入		
期初现金		0
E-go产品销售收入 (参考 注释1)		101,584
新发行债券		0
新发行股票		0
工厂产能售出或清算		0
短期贷款		0
额外现金流入		0
总现金流入		101,584
现金流出		
支付原材料供应商 (参考注释2)		23,520
运营费用	生产 (参考注释3)	27,823
	仓储	12,589
	市场 (参考注释4)	13,117
	管理	4,900
新建产能支出		0
工厂自动化支出		0
新建公司拥有商店的支出		0
债券本金支出		6,600
债券利息支出		5,636
短期贷款偿付		950
短期贷款利息支出或收益		90
普通股票回购		0
所得税支出		7,000
红利支出		2,400
额外现金流出		0
总现金流出		101,482
净现金流动		102

图 8-17 现金流量表

3.资产负债表

图 8-18(第 11 屏)显示了公司第十年年末的资产负债表。总资产累计 10912 万元,其中 7800 万元代表了在长三角和环渤海工厂的投资。应收账款 2539.6 万元代表了公司将在第十一年收到的第十年销售收入。

公司通常授予 3-5 个月的信贷给独立的零售商,多数零售商利用这个信贷政策,在每年的八月到次年年初不支付运费。此外,每年十二月公司无法收到大多数在线销售的货款,因为年底的业务非常繁忙,当前债务由应付账款和短期贷款组成。公司的应付账款的其中一项由第十年原材料采购款的 25%构成,这笔费用可在次年的 1 月 1 日还清。所有第十年发生的费用,包括所得税,最迟每年年终付清,因此不构成年终债务。

Microsoft Excel - Reports.xls [只读]

决策 0 1 2 3 4 5 6 7 8 9 | 报告 10 11 12 13 | 分析 14 | 工具 15 16 17

*	资产负债表 千元		第10年
资产			
现金		102	
应收帐款 (参考注释1)		25,396	
E-go产品存货		5,629	
总流动资产			31,127
财产、工厂及设备	总投资	90,000	
	累计折旧	12,000	
(参考注释2)	净投资		78,000
总资产			109,127
债务及所有者权益			
应付帐款 (参考注释3)		5,880	
短期应付贷款 (参考注释4)		0	
长期债务之当前部分 (参考注释5)		6,600	
总流动负债			12,480
长期未付债券 (参考注释6)			43,400
总债务			55,880
所有者权益	普通股 (参考注释7)	6,000	
	额外股东资本 (参考注释8)	30,000	
	累计未分配利润 (参考注释9)	17,247	
总计所有者权益			53,247
债务及所有者权益总和			109,127

图 8-18 资产负债表

4.公司债券评级

当前您公司的债权评级是 BBB。针对“E-go”制品行业,共有七个固定评级。(AAA、AA、A、BBB、BB、B、和 C)AAA 表示财务稳健企业;C 级债券被视为“垃圾债券”。债券评级取决于三个因素:

(1)资产负债率;

(2)利息保障倍数(每年纯利与年度应付利息的比值);

(3)战略风险指数。

5.资产负债率

您公司第十年年末的资产负债率是 0.46(资产负债率等于总债务 5000 万元除以总资产 10868 万元)。在计算这个比率的时候,债务被定义为已发行的长期债券和短期贷款的总和。资产负债率低于 0.25(或 25%)被债券评级机构视为有足够能力承受风险且信贷状况优秀;若资产负债率达到 0.5(或 50%)或更高,对公司债券评级将有递增的负面影响,资产负债率大于 0.65 将导致债券评级降为 BB 或更低。(除非您的公司有非常理想的利息保障倍数,以抵消不佳资产负债率的影响)

6.利息保障倍数

利息保障倍数是公司税前及息前盈余除以利息总额的比率(税前及息前盈余和利息总额在收益表里都可查到)。您公司第十年的利息保障倍数为 3.25(1858.3 万/572.6 万=3.25),这意味着公司净利润足够大,是当前每年应偿付利息总额的 3.25 倍。对风险敏感的债券持有者或购买者来说,利息保障倍数达到 2.0 是最低要求。因为销售额的突然下降或运营成本的突然提高,会恶化公司现金流,导致公司无力偿还债务。如果某年您公司的利息保障倍数低于 2.0,您将丧失发行新债券的权利。举个例子说,如果您第十一年的利息保障倍数仅为 1.8,您将不能在第十二年发行新债券,但是您可以利用短期贷款来进行融资。如果您公司的运营收入改善良好,使利息保障倍数重新高于 2.0,您的公司将重新获得发行新债券的权力。此外,如果您公司的债券评级跌入 C 级时,您公司发行新债券的要求将被否决,尽管利息保障倍数高于 2.0。有一种情况可以例外,那就是发行新股,即股东对公司增资。

7.战略风险指数

证券分析师把战略风险指数作为债券评级的一个因素。战略风险因素是以下三个因子的函数:

(1)您公司拥有多大的产能;

(2)贴牌销售占总销售的百分比;

(3)您公司在多少个地区拥有自己的工厂。

在以下情况下,您会面临高战略风险指数:

1)产能越高,战略风险指数越高(如 1 千万件或更多)。产能越高,就要求您必须占有更高的市场份额,以充分利用规模效益带来的成本低廉的好处。

2)贴牌销售占总销售的百分比越高,则战略风险指数越高。证券分析师认为,如果贴牌销售占总销售的百分比很高(比方说 30%以上),战略风险也越高。因为竞争对手很容易获得您的市场份额,只要他们出一个较低的投标价就可以了。贴牌的市场份额很容易迅速失去,因此损失销售收入,利息保障倍数下降,削弱了公司偿还债务的能力。

3)产能越集中于一个地区,战略风险指数越高。

4)公司的战略风险指数从 1(低风险)到 10(高风险)。战略风险指数大于 7 以上对公司的债券评级呈递增性负影响。战略风险指数小于 7 以下对公司的债券评级呈递增性正影响。

8.财务及现金决策

图 8-19(第 9 屏)显示了不同的财务选项。您可以使用它们进行计算,得出满意的财务决策。需要您做出决策的项有:短期贷款、发行新债券、发行新股、提前赎回债券、回购股票、派发红利等。当前决策是上一届管理层第十年度做出的。您可以试填一些数字,利用自动计算功能,得出您满意的结果。

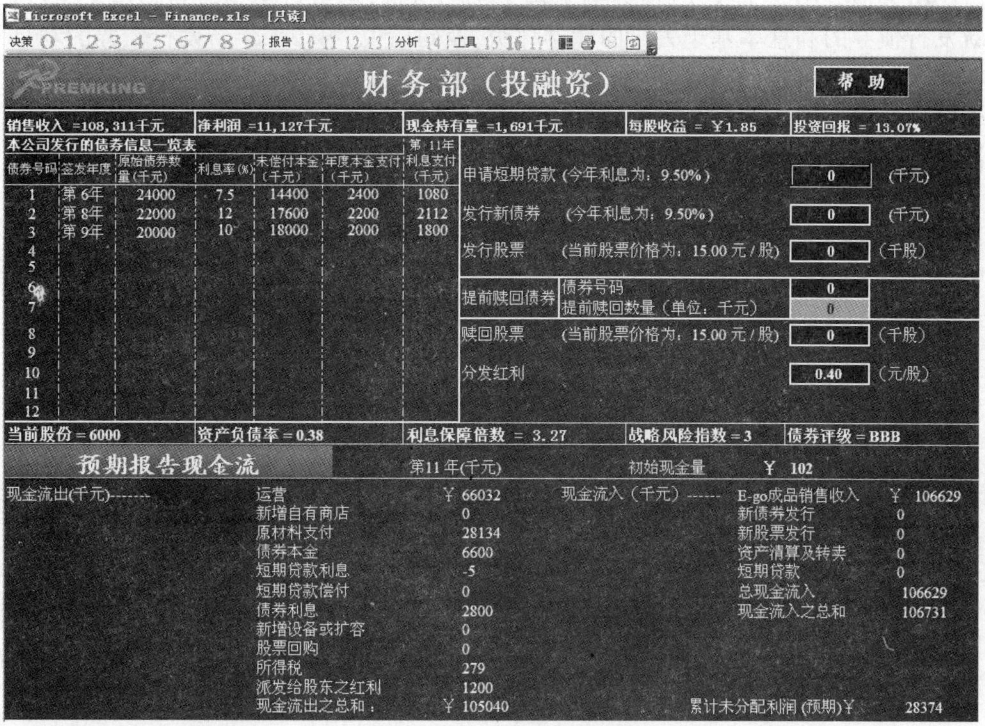

图 8-19　财务及现金决策屏

(1)短期贷款申请

公司与全国各大财团的协议表明,如果公司的债券评级和债务状态没有超过警戒线的话,管理层有买最多 1 亿元的短期债券的自主决定权。短期贷款的利息率与当前公司债券评级的利息率相等。例如,第十一年的短期贷款利率与公司第十年的债券评级利率相等。这也意味着,如果今年您的债券评级是 BBB,那么您第十一年的短期贷款利率将是 9.50%。基本利率是每年都在变化的,在课程中有相关提示。

(2)债券利率及短期贷款

债券评级 AAA 的公司,得到与基本利率相等的贷款利率,而其他公司的贷款利率则依次增高,如表 8-1 所示。公司发行新债券的利率依照当年公司的债券评级计算。

(3)所有短期贷款需在次年还清

去年的债务可以通过今年继续短期贷款的方式来还清。管理层需关注长期债券和短期贷款的总额,如果资产负债率高于 50%,公司的债券评级就会恶化,除非利息保障倍数足够高以抵消这种不良影响。

(4)债券发行

所有债券均为十年期,债券本金每年平均偿付,未偿付本金的利息每年支付,新发行债券的利息率基于去年的债券评级。换句话说,第十二年新发行债券的利息率是基于第十一年的债券评级。如果您公司第十年债券评级是 BBB,那么第十一年发行的新债券的利息就是 9.5%(基于表 8-1)。在企业经营模拟进行中,AAA 级债券的利息是有波动的,因为现实中,中央银行经常调整基本利率。

表 8-1

本年度债券评级	新发行债券利息	短期贷款利息
AAA	7.5% 或依央行公告	基本利率 7.5% 或依央行公告
AA	AAA 级之利率 + 0.5%	基本利率 + 0.5%
A	AAA 级之利率 + 1.25%	基本利率 + 1.25%
BBB	AAA 级之利率 + 2.00%	基本利率 + 2.00%
BB	AAA 级之利率 + 3.00%	基本利率 + 3.00%
B	AAA 级之利率 + 5.00%	基本利率 + 5.00%
C	AAA 级之利率 + 8.00%	基本利率 + 8.00%

注:公司最多可以发行十二次新债券(前管理层已经用过三次了)。每次最多可发新债券总额为 9999.9 万元。

新债券发行的协议要求上年度的利息保障倍数必须大于 2,否则不予发行新债券。因此,为了能够保住发行新债券的能力,管理层必须尽其所能,保证每年的利息保障倍数大于 2。

结果您会发现过度依赖发行新债券不是融资的最佳途径,万一您失去了发行新债券的权利,您仍然可以借一些短期贷款。事实上,如果您公司债券评级跌至 B 或 C,您最好考虑通过短期贷款来融资,因为此时以高利率发行长期债券是比较亏的,尽管日后利息率降低时,您可以提前赎回债券,但是提前赎回债券是要交 2% 罚金的。所以当您的债券评级较低时,通过短期贷款融资比较划算。

(5)发行新股

当公司想扩张时,很可能发行新股。如果可以卖掉额外的股份或筹集到新的资本,投资者会对公司非常感兴趣。新股发行价格等于市场价格减去一个折扣价格,例如,新发行10%的股份将以大约低于每股市场价10%的价格发行。当您输入准备发行的新股数时(千股),经过折扣的发行价将显示在左边的括号里。举例如下:

假设公司决定通过发行100万股(每股12元)的股票来筹集资本。这意味着100万股立即带来1,200万现金,在资产负债表中的股东权益项上,普通股项下将计入100万(面值1元×100万股);额外股东资本项下将计入:

1,100万((发行价12元-面值1元)×100万股=1100万)

公司董事会对增发新股做了如下限制:

1)任何时候,公司股票总股数不得超过5,000万股。第十年年末已发行股票600万股,这意味着您有足够的空间(4,400万股)发行新股,以募集资金。

2)任何时候,您不得以低于每股7.5元的价格发行新股,而且,如果在任意一年的年末股票市场价低于7.5元,您在次年将不得发行新股。

上述限制,保障了现有股东的利益,已经自动写入程序,当您做决策超出上述限制时,系统会自动提示。

(6)提前赎回债券

您随时可以全部或部分赎回债券,但是如果提前赎回的话要付2%的罚金。在提前赎回债券决策一栏里输入债券代码和数量(千元)就行了。计算程序会自动计算罚金并把这笔费用打入您的利息费里。在低利率的时候赎回高利率的债券多数情况下是合理的,因为有时候就算加上罚金,还是能节省不少。

(7)回购股票

如果您想从投资者手里回购股票,您也许不得不以高于市场价的价格回购,价格的高低取决于您回购份额的多少。换句话说,回购股票会把剩余股票的价格抬高,回购越多,回购价就越高。当您输入回购股数时,计算机会在左边显示一个回购价。回购股份的钱可由手头的现金支付,或来自于短期贷款、发行新债券、甚至于削减红利派发。然而,董事会已经颁布规定,总股数不得少于300万股,这是您回购股份的下限。举例如下:

假设公司决定以18.5元/股的价格回购100万股份,需要1,850万现金来完成回购。在资产负债表的股东权益项下,将减去100万元(面值1元×100万股),在额外股东资本项下,将减去1,750万元((185.5元/股回购价-面值1元)×100万股)。

一旦额外股东资本项目下为0,公司会计将从所有者权益项下抵扣股票回购成本。(不包括从股东权益项下扣除的1元面值)股票回购成本不能导致所有者权益为负,一旦资产负债表上的所有者权益累计为负,所有回购决策都将被否决。

(8)每股红利

公司每年的红利对股东来说非常重要,红利的多少直接反映在股价上。您有权决定是否继续派发每年 0.4 元的红利,您也有权决定是多发还是少发。

第十年,公司税后每股收益 1.5 元,派发红利每股 0.4 元;总利润 900 万元,派发红利 240 万元(0.4 元/股×600 万股)。这意味着第十年累计未分配利润和所有者权益增加了 660 万元。如果您派发的红利大于本年度利润,累计未分配利润将会下降。当累计未分配利润为负的时候,禁止派发红利;或当您派发红利会导致累计未分配利润为负时,也是不允许的。除此之外的其他情况,董事会一般不干预管理层派发红利的决定。

(9)现金账户利息

公司与银行的协议要求,每年年初,银行将对结存在公司支票账户上的现金支付利息。

利息率设定为比基本利率低 3%。第十年的基本利率为 7.5%,那么给现金结存的利率就是 4.5%。如果在任何时候,公司管理层无法维持年末的现金结存量为 0 或正数,银行将自动给公司一笔短期贷款,以维持支票现金账户大于 0。这笔短期贷款的利率将比正常贷款的利率高 2%。

(10)影响公司股票价格的因素

第十年年末,您公司股票价格是每股 15 元,您公司股票价格的涨跌取决于如下因素:

1)销售收入的增长:自第十年以来收入的复合增长率。增长率越高,股票价格上涨越快。

2)公司每股收益的三年预期:投资者对未来三年平均每股收益趋势的预期将直接反映在股价上。增长趋势对股价有正面影响,下跌趋势对股价有负面影响。

3)每年的投资回报率(ROI):较高的投资回报率意味着股东资本得到了高额回报,对股价有正面影响。投资回报率=(净利润+支付的债务利息)/(所有者权益+总债务)。实际上,投资回报率表示已使用资本的回报率,因为它包括了净利润(来自于股东资本的收益)和支付的债务利息(来自于债主资本的收益)。比方说,在第十年,公司净利润 900 万元,偿付利息 572.6 万元,股东资本 5324.7 万元,总债务 5000 万元,所以投资回报率(ROI)等于 14.3%。

4)未来三年平均投资回报率(ROI)之变化趋势:如果未来三年 ROI 预期增长,投资者信心得到鼓舞,对股票价格有正面影响。反之,则有负面影响。

5)每股收益增长趋势:(自第十年以来每股收益的复合增长率):每股收益增长的越快,股票价格就越高,反之越低。因此,每股收益相对于第十年的水平是否变化,将会影响股票价格。投资者十分关注每股收益的稳定增长。

6)每股红利的增长趋势:(自第十年以来每股红利的复合增长率):每股红利增长的越快,股票价格就越高,反之越低。因此,每股红利相对于第十年的水平是否变化,将会影响股票价格。

7)红利支付比率:(当前每股红利/当前每股收益)是否超过了100%:派发红利如果超过了每股收益将对股票价格有负面影响,因为这种做法使现金流减少,威胁公司可持续发展。

8)公司债券评级:较高的债券评级对股票价格有正面影响,因为它显示了公司的财务状况优良。

9)战略风险指数:低战略风险指数对股票价格有正面影响,因为这意味着较低的商业风险。

在以上九种因素中，每股收益相对于期初每股收益的增长、每年的投资回报率、每股收益和投资回报率三年的平均增长率,对股票价格影响最大。红利支付比率，对股票价格事实上没有影响，除非公司没有赚得红利而红利支付比率却大于100%。其他四个因素对股票价格有间接影响作用。

8.3 实验项目

8.3.1 用友实验

实验目的:

通过用友"创业者"企业经营模拟系统,掌握长短期贷款、更新应收款、应收账款贴现的规则和基本操作,认识资金运营管理对企业运营的重要性。

1.了解长期贷款和短期贷款的贷款规则和基本操作;

2.了解和熟悉应收款的更新操作;

3.学习应收款贴现的操作。

实验步骤:

1.登录用友"创业者"企业经营模拟系统;

2.为自己的模拟企业申请30M、5年期的长期贷款和20M的短期贷款;

3.对公司已购买的厂房进行贴现操作,查看贴现后能得到多少M的资金;

4.将自己的模拟公司试运营一年,作出三大会计报表,并进行分析。

实验总结:

8.3.2 金蝶实验

实验目的:

通过金蝶“创业之星”商业模拟平台,掌握如何进行银行借款、账款贴现和如何查看公司的财务信息和报表,认识资金运营管理对企业运营的作用和重要性。

1.了解银行借款的基本操作和相关规则;

2.了解应收账款的贴现操作,并认识贴现对企业运营的重要性;

3.学习查看企业的财务信息和财务报表,以及时对企业的经营管理做出建议。

实验步骤:

1.登录金蝶“创业之星”商业模拟平台;

2.进入创业银行,为自己的模拟企业申请一笔 150000 的贷款;

3.查看每季度经营的基本费用、应收账款、应付账款、预付账款、银行借款等信息,以便正确的制定财务计划。

实验总结:

8.3.3 商道实验

实验目的:

通过“商道”企业经营模拟系统,掌握申请短期贷款、发行债券、发行股票的基本规则和操作,了解各种财务指标的意义和作用,学习查看并分析企业的收益表、现金流量表和资产负债表。

1.了解短期贷款的申请、发行债券、发行股票的规则、意义和操作;

2.了解债券评级、资产负债率和利息保障倍数等财务指标的含义和作用;

3.学习查看分析收益表、现金流量表和资产负债表。

实验步骤:

1.登录“商道”企业经营模拟系统;

2.打开第 9 屏(财务部决策屏),为模拟企业申请 10000(千元)的短期贷款,发行 10000 千元的债券,发行 1000 千股股票,并观察这些融资操作对公司各财务指标的影响;

3.打开第 9 屏(财务部决策屏),为模拟企业赎回 2 号债券,回购 2000 千股股票,并观察此操作对公司各财务指标的影响;

4.查看公司第 10 年的收益表、现金流量表和资产负债表,并进行分析讨论。

实验总结:

第九章 人力资源管理

9.1 实验原理

9.1.1 人力资源管理系统框架

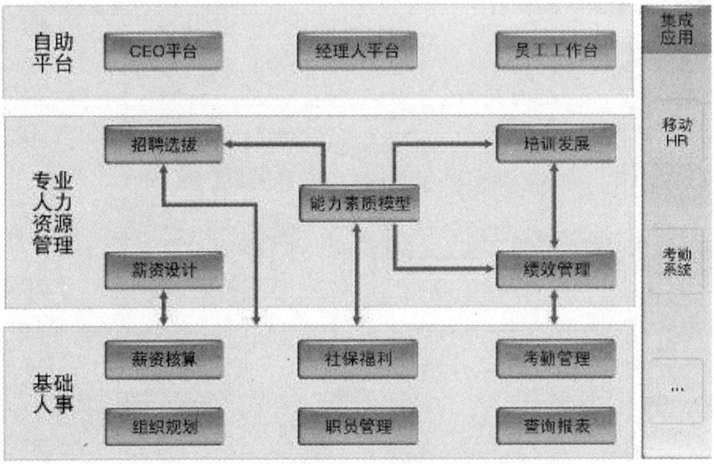

图 9-1 人力资源管理系统框架图

9.1.2 人力资源管理的具体功能

1.组织管理

组织管理是整个系统的基础模块,通过定义公司、部门、岗位等一系列基础信息,将企业中的机构信息管理纳入到系统中。同时,也可以管理集团发展过程中不同阶段的组织变动信息。

主要内容有:组织维度管理、部门管理、虚拟组织管理、职务管理、岗位管理、组织机构图及其他查询分析。

2.能力素质管理

能力素质模型包含知识、技能和素质三个大的类别。知识包含产品知识,公司背景知识,所在行业的知识,管理的基本知识等等。沟通、谈判、销售、演示和管理等都用一定的步骤和方法，将这些步骤和方法总结出来，就是技能。素质是几乎不能改变的，它包括正直诚心、工作热情、有责任心等等。由于每项素质、技能和知识都会有相关的行为描述，可以通过这些行为描述来体现对于某项品格、能力和知识的掌握程度，它还可以更广泛地应用于工作的各个方面。

3.员工管理

在企业中的整个生命周期过程中，员工管理为人力资源管理人员提供集中的信息维护、信息变更、人员统计等功能操作。通过 GSP 自定义平台可以灵活定制出符合企业实际需要的员工档案结构体系。

员工的主要功能有：员工入司管理、员工信息管理、员工变动管理、员工离职管理等。

4.合同管理

对进入企业的员工，签订劳动合同，系统提供劳动合同准备、劳动合同签订通知以及劳动合同签订等功能。此外，系统还提供签订各种协议的功能，如岗位协议、保密协议、培训协议等。系统提供预警设置功能，对即将到期的合同可提前预警。对合同到期的员工可以发出终止合同通知，开具终止合同证明，还可以查看已终止合同的人员。

5.薪酬管理

薪资管理帮助用户完成薪酬规划，为不同级别、职位、地域和从事工作性质不同的员工建立薪酬的体系规划。制定机构、部门或员工小组的预算，实现员工的调薪管理，并与绩效评估集成，实现基于绩效的和基于能力的激励机制。工资计算用于管理薪资项及其计算规则，处理每个月的薪资发放，计算所得税和保险等薪资结果。

主要功能有：制定薪资标准、设置薪资类别、设置薪资期间、工资项目定义、发放设置、工资项目设置、补发项目设置、银行代发设置、所得税率设置、其他系统接口、工资录入与计算、工资补发录入与计算、工资银行代发、个人所得税申报、月末处理、年度结转等。

6.招聘管理

招聘管理涵盖了整个管理招聘周期的三个阶段，包括招聘需求管理、招聘计划管理、招聘发布、招聘活动、简历甄选、员工入司。记录了每一个应聘者的详细信息，招聘过程发生的活动和费用。支持外部招聘，内部招聘，网上招聘和招聘配置评估。

主要功能包括有：招聘需求、招聘计划、招聘活动、招聘发布、简历录入、应聘处理、员工入司、招聘评估等。

7.培训管理

员工发展是基于能力为基础的闭环的管理体系。帮助企业观察适应业务发展的能力储备状况和员工能力状况，在能力架构的基础上建立指导员工发展方向的职业发展计划,以及针对关键职位面向集团企业,寻找和确定有潜力员工的接班人计划,建立关键职位的后备人才库。确定培训需求并拟定培训综合计划,编制相应培训预算,执行具体的培训方案、评估、培训成本核算。

主要功能有:员工职业生涯发展、培训资源管理、培训需求调查、培训活动计划、培训实施等。

8.绩效管理

绩效管理是专门为管理者,员工和人力资源专业人员提供的绩效服务方案。帮助企业全面理顺绩效管理的所有业务流程,助力用户实现战略目标.针对企业和工作性质的不同,绩效管理提供了最完整的绩效考核方法和手段,包括多角度评估,目标设定,能力测评,平衡计分卡等等。针对考核的目标不同,电子绩效管理提供以项目为标准和以时间(年度,季度,月份)为标准的全面方案。

绩效的主要功能有:考核方案制定、考核实施、考核沟通、结果运用、考核分析等。

9.人力资源规划

为了实现集团企业的整体经营目标,根据集团发展需要的内部和外部环境,运用科学有效的方法,进行人力资源预测、投资和控制;在此基础上制定组织编制、人员配置、教育培训、薪资分配、能力素质、职业发展、人力资源投资等方面的人力资源管理方案的全局性计划,使企业在持续发展中获得竞争力,为企业整体发展战略提供人力资源方面的保证与服务。

主要功能有:人力资源战略、人力资源预测、人力成本预算等。

10.高级薪酬管理

高级薪酬管理模块是在薪资发放管理的基础上进行计划性的薪资管理，以确保集团企业薪资水平的市场竞争性和员工激励。通过薪资市场定价管理,将企业的薪资水平同目标市场的薪资水平进行对比分析。通过薪资增长计划管理,结合员工绩效评估和能力评估的结果制订激励性的薪资增长幅度。

11.福利管理

福利管理系统可为企业和社保机构提供员工的各项福利基金的提取、发放和核算、管理功能。通过提供方便、灵活的核算和管理手段,可以减轻业务人员的工作强度,提高工作效率,还可帮助企业和社保机构实现福利基金信息管理现代化。

主要功能有:基础设置、日常业务、报送数据等。

12.时间管理

时间管理帮助用户根据实际情况对员工的各种工作情况进行记录和统计,例如 员工出缺勤、假期、出差、加班、排班等管理;为薪资计算、绩效考评提供准确依据;灵活定义上下班时间,设置倒班与加班类型;对个人、部门、企业的出勤数据进行统计。

主要功能有:考勤记录、加班管理、出差管理、请假管理、连接考勤机、差旅管理、计划管理、出差申请。

13.员工自助

员工自助主要是提供一个工作平台使员工可以方便地了解自己相关的信息,并积极地参与到企业人力资源建设中来。

主要功能有:自助查询、员工论坛、自助办公平台、问卷调查、公告栏等。

9.1.3 人力资源管理系统的特征

1.建立统一的、集中的人力资源信息管理平台

实现人力资源信息的集中运行(集中运行在总部)和分布管理(各下属单位管理自己的人力资源),将人力资源管理和信息有机地集成在一起。

2.进行全面的员工信息管理

系统不仅记录基本的人事档案资料,还能够记录员工的各类能力指标,做到及时、准确、可量化地反映员工的知识水平和能力水平的提高,为选拔和提升提供参考。

3.实现人力资源管理信息化,提高人力资源管理工作效率

人力资源管理信息系统能够与企业 ERP 进行信息集成,数据交换,达到企业信息共享。企业能够充分利用现代信息技术, 借鉴和应用先进的人力资源管理理念,规范基础数据管理,搭建规范、统一、高效的人力资源管理的业务处理平台,逐步建立科学的人力资源信息化管理体系,实现信息和业务集成化,提高人力资源管理效率。

9.2 实验指导

9.2.1 用友“创业者”企业模拟经营系统

用友“创业者”企业模拟经营系统中将模拟企业的管理层分为五个职位:总经理(CEO)、财务总监、采购总监、营销总监和生产总监。如图 9–2 所示:

从岗位分工、职位定义、沟通协作、工作流程到绩效考评,模拟经营中每个团队经过初期组建、短暂磨合、逐渐形成团队默契,完全进入协作状态。在这个过程中,各自为战导致的效率低下、无效沟通引起的争论不休、职责不清导致的秩序混乱等情况使学员们深刻理解了局部最优不等于总体最优,学会了换位思考。在组织的全体成员有共同愿景、朝着共同的绩效目标、遵守相应的工作规范、彼此信任和支持的氛围下,企业才更容易取得成功。

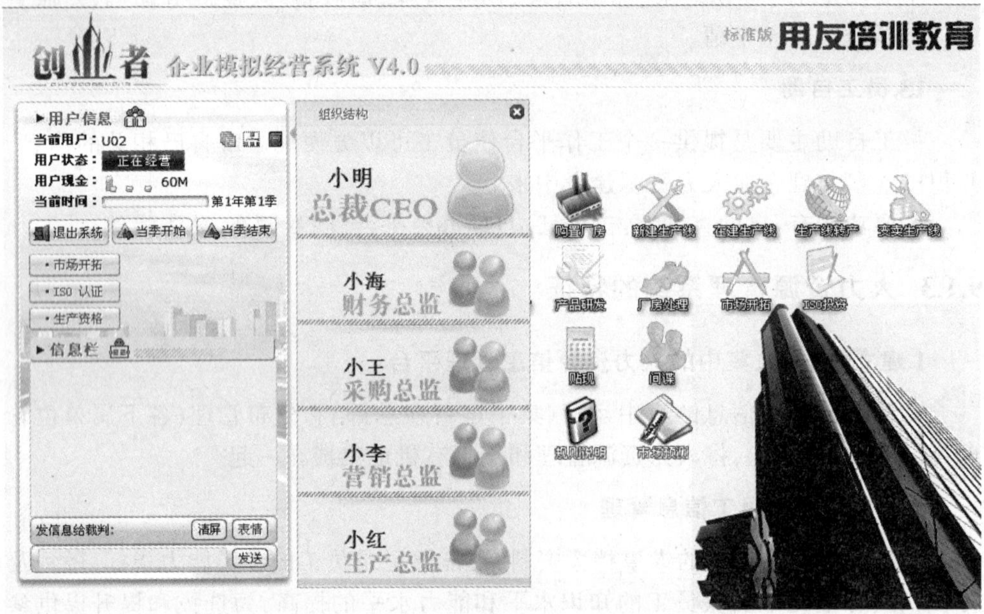

图 9–2 用友"创业者"企业模拟经营系统的管理层

9.2.2 金蝶"创业之星"商业模拟平台

1.人员招聘

需要招聘的公司员工包括销售人员和生产工人两类,在人才市场上完成人员招聘。到主场景中点击"交易市场",进入后,点击"人才市场–招聘销售人员"(如图 9–3)。选择需要招聘的销售人员的类型,并指定派往工作的市场区域,点击"招聘",将该销售人员招聘到相关区域市场。

图 9–3　招聘销售人员操作窗口

在“交易市场”场景中，点击“人才市场–招聘生产工人”(如图 9–4)，选择工人类型及安排到哪一条生产设备，点击“招聘”，将该生产工人招聘到公司并安排到相应设备上。

图 9–4　招聘生产工人操作窗口

2.签订合同

进入公司内部场景，点击“人力资源部”，在弹出窗口中选择“决策内容-签订合同”(如图 9-5 所示)，与公司管理层人员和招聘的人员签订劳动合同。

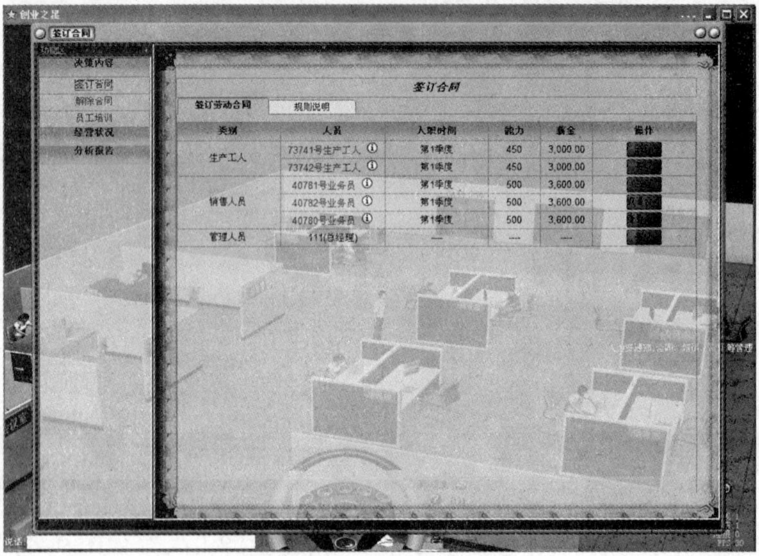

图 9-5　签订合同操作窗口

公司所有员工在正式入职后都要签订劳动合同，办理养老保险。包括管理团队成员、招聘的销售人员、生产人员。在需要签订合同的人员名字右边点击“签订”，会出现合同提示(如图 9-6)。

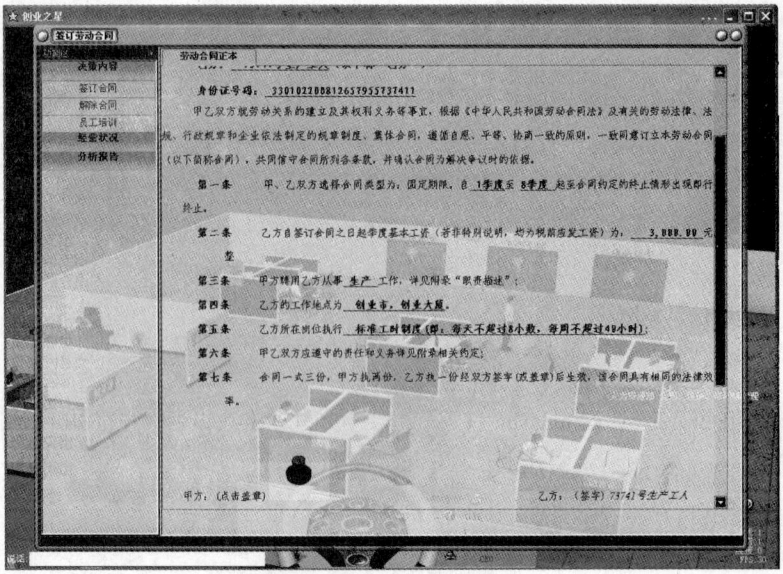

图 9-6　劳动合同签订窗口

在甲方盖章处点击印章盖章。当出现公司合同专用章时,该合同即正式生效。

3.解除合同

如果需要对不适用的员工解除劳动合同,首先需要由相关部门(生产工人为制造部,销售工人为销售部)提供解聘申请,再在人力资源完成劳动合同解聘事项。

制造部对生产工人提出解聘申请,点击“制造部”,在弹出串口中选择“决策内容—生产工人”(如图 9-7),选择“计划辞退”。

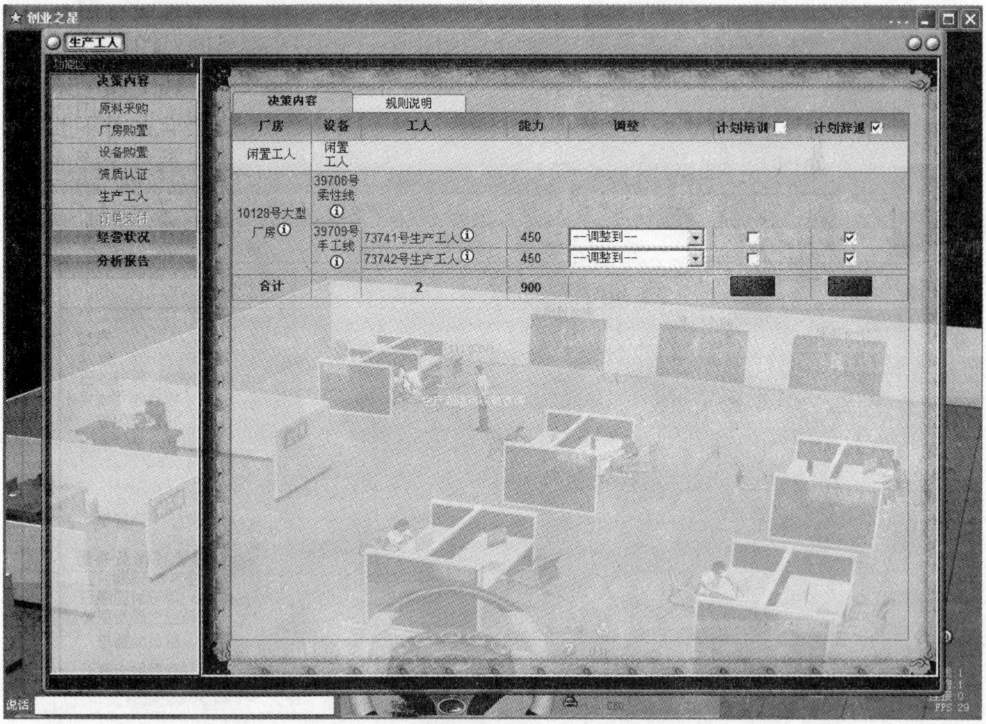

图 9-7 生产工人的提交解聘申请操作窗口

销售部对销售人员提出解聘申请,点击“销售部”,在弹出串口中选择“决策内容—销售工人”(如图 9-8),选择“计划辞退”。

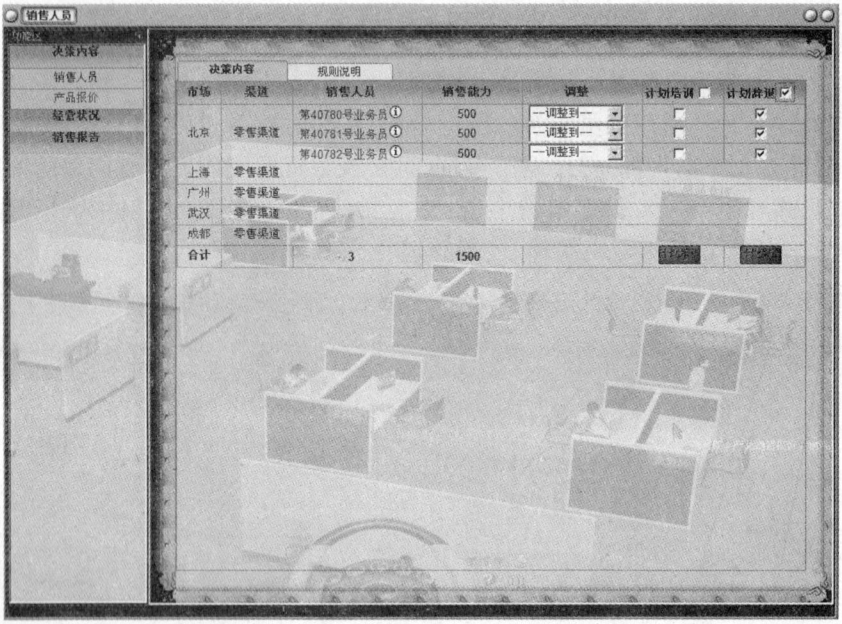

图 9-8　销售人员的提交解聘申请操作窗口

进入公司内部场景，点击"人力资源部"，在弹出窗口中选择"决策内容–解除合同"（如图 9–9），列表显示相关部门已提交辞退的人员清单，人力资源予以确认是否正式解除劳动合同并辞退。

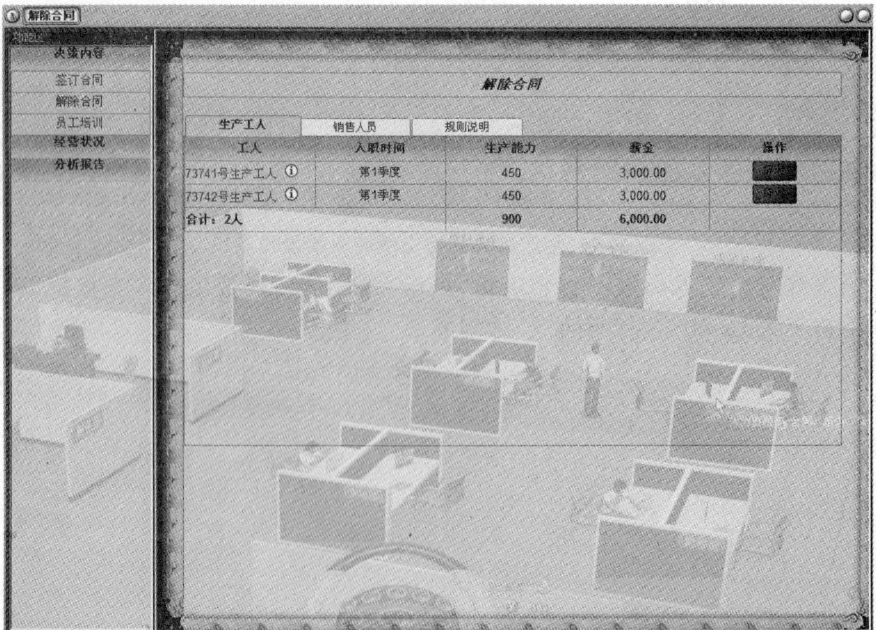

图 9–9　正式解除合同操作窗口

4.人员培训

培训可以帮助员工培训技能，提升生产工人的生产效率，提升销售人员的销售能力。要对员工培训，首先需要由部门提出培训计划，再到人力资源部完成培训工作。

a.如要对销售人员培训，先到销售部，点击“决策内容–销售人员”，对相关的销售人员安排培训计划(如图 9–7)；

b.如要对生产工人培训，先到制造部，点击“决策内容–生产工人”，对相关的生产工人安排培训计划(如图 9–8)。

在公司内部场景中点击“人力资源部”，在弹出窗口中选择“决策内容–员工培训”(如图 9–10)，点击人员名字右边的“培训”，对该员工开展技能培训。对当季安排的培训计划，点击“撤销”可以取消已制订的培训计划。

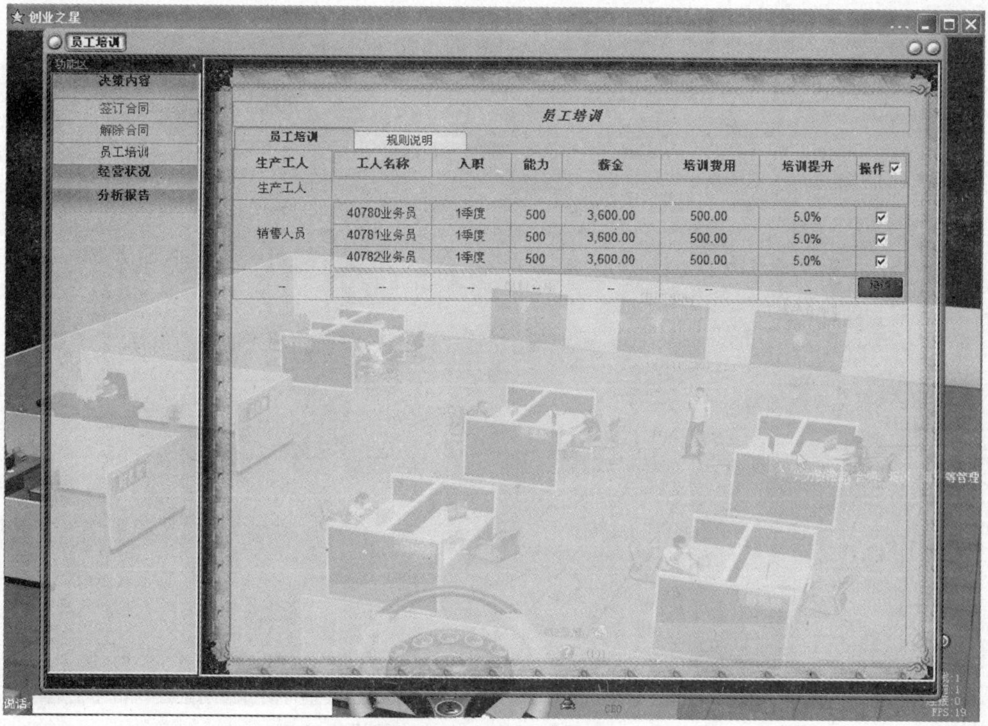

图 9–10　人员培训操作窗口

9.2.3　“商道”企业经营模拟系统

1.雇用和解雇工人的决策

一个工厂需要的工人人数是由这个工厂需要生产的产量和工人的劳动生产率

这两个方面的因素决定的。当公司的生产量决策和劳动报酬决策完成后,计算机自动在图 9-11 中给出所需工人数的上下限,上限是假设没有加班生产所要的劳动力,而下限是假设加班生产来达到 120%的产能时所需的劳动力。

雇用比上限数少的工人意味着您需要一部分加班工作来完成您预计的产量,加班工作可以减少工厂的部分管理费用,目前工厂管理费用在长三角是 6000 元/人,在环渤海是 2000 元/人,如果您在珠三角和中西部新建工厂的话,管理费用分别为 5000 元/人和 2000 元/人。您可以很容易的提高模拟输入来观察降低雇用人数和增加加班时间是否会带来效益。由于不同的劳动力成本和管理费用,不同地区会有不同的结果。通常,增加雇用人数会起到提高劳动生产率的作用,这是因为不断上升的就业率会提高工人对工作稳定性的信心,最多可提高 2%的劳动生产率。相反,裁员会打击员工士气从而降低劳动生产率,最大的负效应为 10%(工厂停工)。在图 9-11 中提供了上一年的实际生产率和下一年的估计值,您可以观察到雇用人数变化对它的影响。

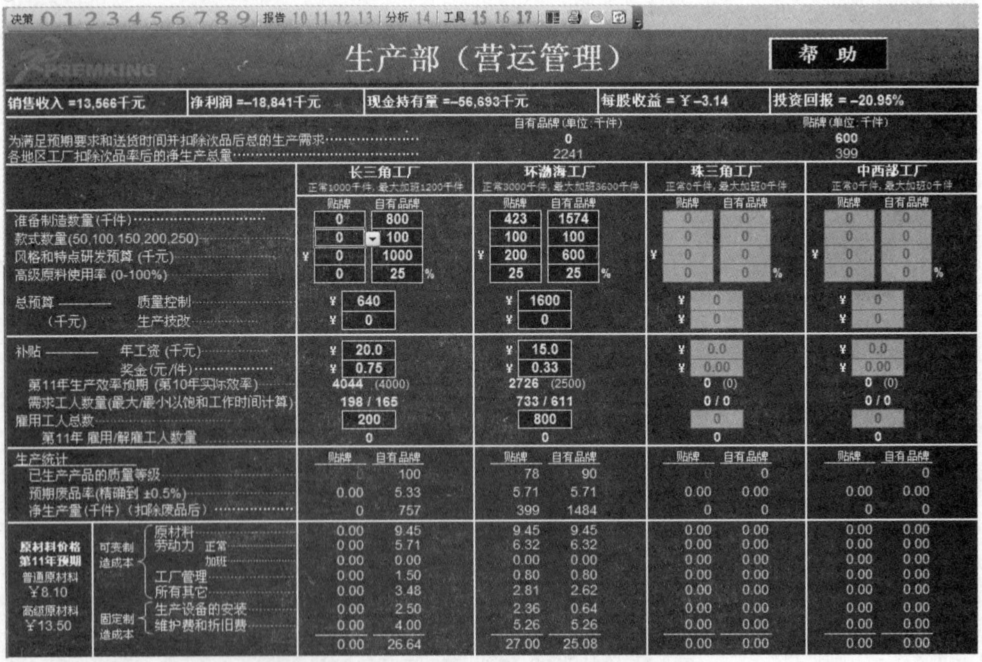

图 9-11　雇用和解雇工人的决策操作窗口

2.劳动报酬的决策

您和您的团队每年需要作两个有关报酬的决策:

(1)是否要改变工人基本工资以及如何改变;

(2)是否要改变工人的奖励工资以及如何改变。

图 9-11 给出的是发生在第十年以前管理层的决策, 公司的人力资源部门通

过研究,在表 9-1 中解释了工资对生产效率的影响。您的决策可以通过图 9-11 中劳动生产率的变化和每件“E-go”劳动力成本的变化来体现。通过不同的假设输入,管理层采用他们认为最合理的劳动力报酬。年工资的输入是以千元为单位。

表 9-1 工资对生产效率的影响情况表

影响因素	实际影响	评论
年工资大幅增加	增幅越大,生产效率提高越大,年工资提高 5%~10%,劳动生产率提高 6%,如年工资在一年内提高超过 12%,其生产率提高效庆将趋于平缓。	每次当您调整工资水平的时候,预期的时候,预期的劳动生产率提高将在劳动和生产力决策屏显示。
年工资零增长及年工资减少	削减公司或保持工资不变,将对劳动生产率有负面。但可以通过以下方式抵消: ·诱人的绩效奖金 ·总额比竞争对手公司高 ·其他非现金促进生产率的办法 (参见其他影响因素)	年工资不可低于当地最低工资。最低工资水平如下: ·长三角:20000 ·珠三角:15000 ·不渤海:15000 ·中西部:10000 (以软件管理员公布为准)
无缺陷产品生产的绩效奖金	合格产品的计件绩效奖金越高,对劳动生产率的促进越高。然而,一旦绩效奖金超过总额的 25%,生产效率的边际效益将逐渐减小,当绩效奖金达到总额的 5%,生产效率的边际效益将趋为零。	·合格产品的计件绩效奖金,会促进员工对生产质量的关注。较高的计件绩效奖金有助于减少废品率。 ·每次当您调整计件绩效奖金水平的时候,预期的劳动生产率提高将在劳动和生产力决策屏显示。
薪水总额(年工资+相对于竞争对手的绩效奖金)	薪水总额高于竞争对手,对本公司的劳动生产率有正面促进作用。	薪水总额高于竞争对手的公司能够吸引高素质的员工,从而实现高劳动生产率。

9.3 实验项目

9.3.1 用友实验

实验目的:

通过用友“创业者”企业经营模拟系统,掌握模拟企业的管理团队的人员分工定位,认识各职位的人员在团队中的重要性。

实验步骤:

对模拟公司的管理团队人员进行分工,并协调各自的工作职责,了解团队成员分工明确和团队协调对模拟企业的重要性。

实验总结:

9.3.2 金蝶实验

实验目的:

通过金蝶"创业之星"商业模拟平台,掌握模拟企业人员招聘、签订合同、人员培训等相关决策的规则和基本操作。

1.学习模拟企业生产工人和销售人员的招聘、合同的签订等决策内容;

2.了解模拟企业的人员培训规则和操作,认识人员培训对企业发展的重要性。

实验步骤:

1.登录金蝶"创业之星"商业模拟平台;

2.根据模拟企业的生产和销售计划,为模拟企业招聘生产工人和销售人员并签订合同;

3.对招聘的人员进行培训,并计算其培训后的生产能力和销售能力。

实验总结:

9.3.3 商道实验

实验目的:

通过"商道"企业经营模拟系统,掌握模拟企业工人的雇佣和解雇以及薪酬对模拟企业运营的重要作用。

1.了解工人的雇佣和解雇对模拟企业生产的影响；

2.了解工人薪酬对模拟企业生产效率和生产成本的影响。

实验步骤：

1.登录“商道”企业经营模拟系统；

2.打开第1屏(生产部决策屏),对长三角工厂和环渤海工厂雇佣的工人数进行调整,观察其生产效率和生产成本的变化；

3.打开第1屏(生产部决策屏),对长三角工厂和环渤海工厂雇佣的工人的工资和奖金进行调整,观察其生产效率和生产成本的变化；

4.试调整长三角工厂和环渤海工厂的工人数和薪酬,使工厂生产的产品的生产成本尽量达到最低。

实验总结：

第十章　企业绩效管理

10.1　实验原理

绩效管理系统可以实现和业务系统、全面预算等系统有效结合或提供标准接口,使企业的决策层适时、动态地了解企业的经营业绩,便于对各个环节的经营情况监督和对各经营层进行个人薪酬考核。

可以对单个企业、多个企业同时进行绩效评价与管理,进行横、纵向对比分析、差异分析,通过同行业多个企业的比较,可以找出差异,发现不足,以及时调整集团战略规划。主要指标包括财务指标、经营者基本素质、产品市场增长能力、基础管理水平、发展创新能力、经营发展战略、在岗员工素质、技术装备与改造水平、综合社会贡献、流程执行效率等。企业绩效管理的具体功能:

1.基础管理

行业字典定义,基础指标定义,修正指标定义,评价指标定义,标准值录入(行业、标杆、预算、国家相关部门规定标准值等),权数类型定义,基础指标公式定义,评价指标公式定义,业绩执行、评价组织定义,时间定义,考核对象定义,业绩考核流程定义,权限定义,职责定义,容差管理,业绩等级划分,考核公式解释,数据接口。

2.指标体系设计

根据公司的战略管理需求,可以进行灵活的设计。如基础指标,修正指标,评价指标,各个指标的权数,各个指标的 KPI 设计;可以按照财务指标设计(如获利、营运、偿债、发展四方面的能力及 KPI 指标,综合财务指标),也可以按照平衡计分卡进行设计,即客户和市场面,内部流程面,学习及创新面,财务面;还可以对各个指标进行细化管理,如分解到事业部、公司、部门等;指标调整版本保留,标准指标的设计等。

3.业绩执行管理

指标标准发布和接收,数据审批、封存及下发,基础指标、修正指标、评价指标的即时计算、评价,业务执行流程制定及管理等。

4.业绩分析、差异调整

根据各个指标的实际执行结果,进行业绩的在线、追溯分析;可调整差异分析;综合、分项分析;执行评介信息的收发管理等。

5.业绩报告

业绩预算(目标)报告;业绩实际执行报告;预算和实际执行报告;实际执行和标准指标报告;差异分项或汇总报告;差异调整报告;调整后业绩报告;审计确认报告;异常事项报告;业绩报告的发布;可以生成表格、图形或文字等多种格式的报告等。

6.统计查询

可以根据需要进行任意条件的组合统计、查询。如多单位、跨期、分层次、横纵向等;如基础指标表查询,基本指标表查询,修正指标表查询,评议指标表查询,评价得分总表查询,评价计分表查询,多单位指标查询,多次评价对比查询,多评价多单位查询,两次评价差异,差异报告、调整报告,审计报告,评价报告;还提供多种数据展示的方法,如表格、图形方式等。

10.2 实验指导

10.2.1 用友"创业者"企业模拟经营系统

用友"创业者"企业模拟经营系统中的最终企业模拟经营绩效是根据系统最终自动生成的得分来衡量的,如图 10-1 所示:

比赛结果以参加比赛各队的最后权益、生产能力、资源状态等进行综合评分,分数高者为优胜。

总分计算公式为:

总分=最终权益×(1+A/100)-罚分

综合得分 A 为表 10-1 的各项得分分数之和。

表 10-1　各项得分表

名称	得分
手工生产线	5 分/条
半自动生产线	7 分/条
全自动/柔性生产线	10 分/条
区域市场开发	10 分
国内市场开发	10 分
亚洲市场开发	10 分
国际市场开发	10 分
ISO9000	10 分
ISO14000	10 分
P1 产品研发	10 分
P2 产品研发	10 分
P3 产品研发	10 分
P4 产品研发	10 分

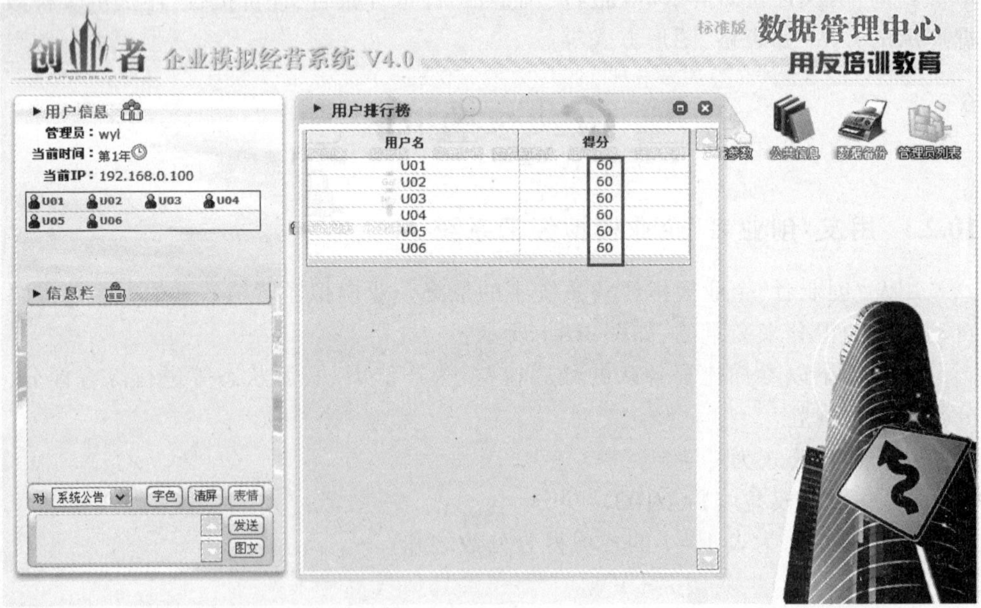

图 10-1　用户排行榜窗口

10.2.2　金蝶“创业之星”商业模拟平台

1.管理驾驶舱——财务管理

在公司场景中点击“总经理”，在弹出窗口中选择“管理驾驶舱-财务管理”（如图 10-2 所示），可以查看到公司关键财务绩效指标的数据及行业平均值。

图 10-2 财务管理窗口

2.查看经营绩效

(1)综合表现

在公司场景中点击“总经理”,在弹出窗口中选择“经营绩效-综合表现”(如图10-3 所示) ,可以查看到公司总体经营绩效评价分数与排名情况。综合表现是最终各公司的排名分数。

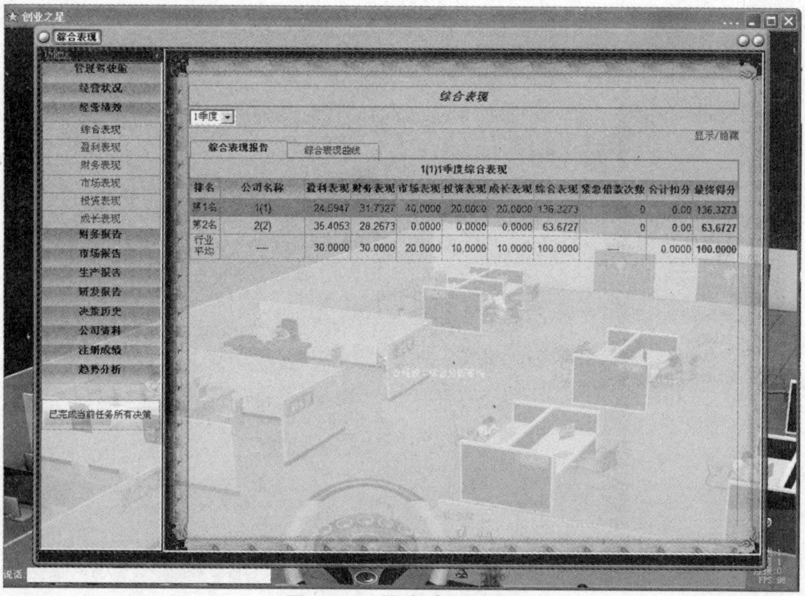

图 10-3 综合表现窗口

(2)盈利表现

在公司场景中点击“总经理”,在弹出窗口中选择“经营绩效-盈利表现”(如图10-4 所示),可以查看综合评价分数其中的盈利表现分数情况。

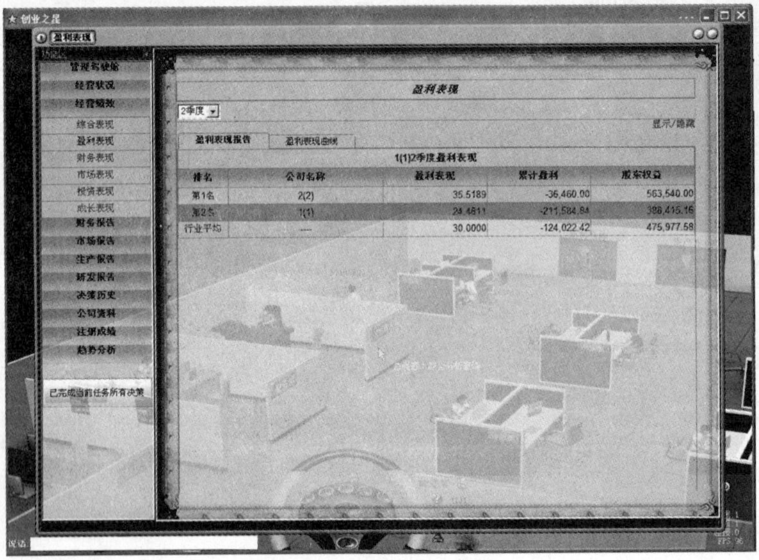

图 10-4 盈利表现窗口

(3)财务表现

在公司场景中点击“总经理”,在弹出窗口中选择“经营绩效-财务表现”(如图10-5 所示),可以查看综合评价分数其中的财务表现分数情况。

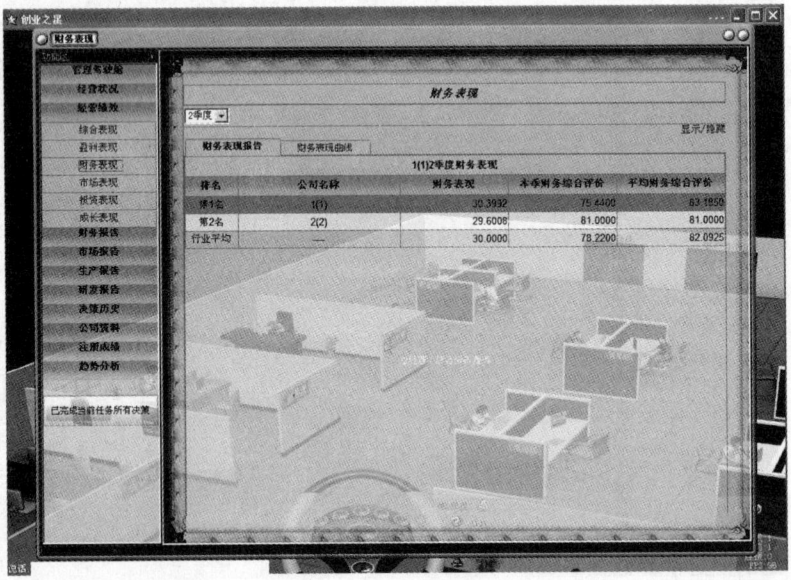

图 10-5 财务表现窗口

(4)市场表现

在公司场景中点击“总经理”,在弹出窗口中选择“经营绩效-市场表现”(如图10-6 所示),可以查看综合评价分数其中的市场表现分数情况。

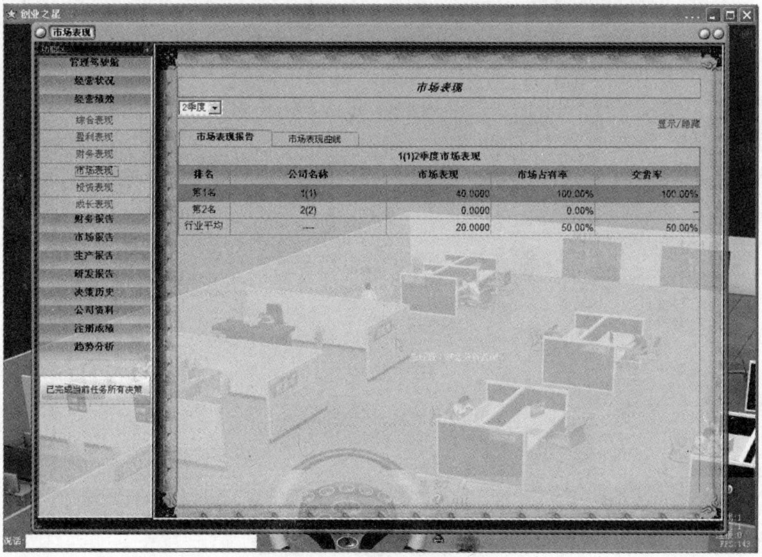

图 10-6　市场表现窗口

(5)投资表现

在公司场景中点击“总经理”,在弹出窗口中选择“经营绩效-投资表现”(如图10-7 所示),可以查看综合评价分数其中的投资表现分数情况。

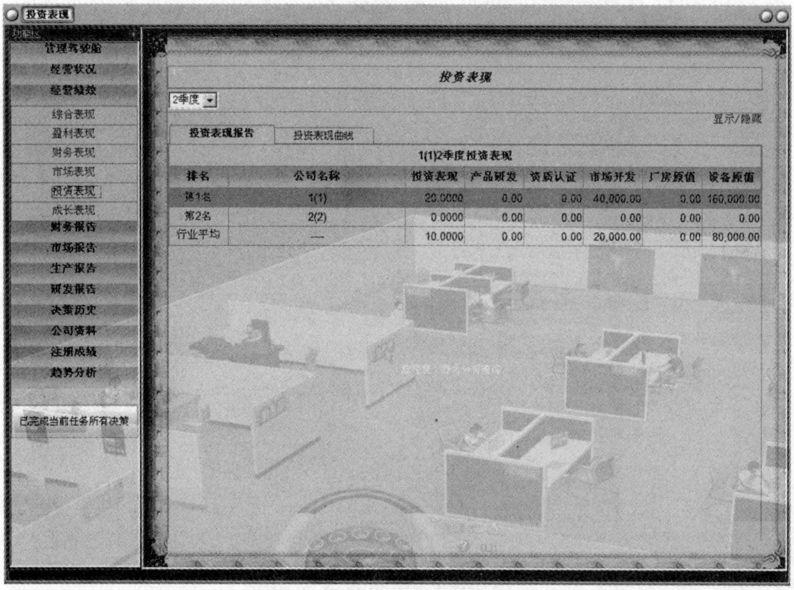

图 10-7　投资表现窗口

(6)成长表现

在公司场景中点击“总经理”,在弹出窗口中选择“经营绩效-成长表现”(如图 10-8 所示),可以查看综合评价分数其中的成长表现分数情况。

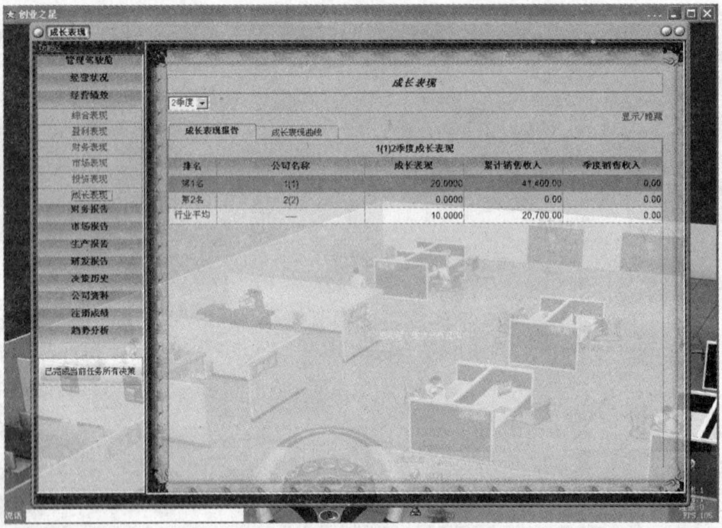

图 10-8 成长表现窗口

3.查看财务报告

(1)财务报表

在公司场景中点击“总经理”,在弹出窗口中选择“财务报告-财务报表”(如图 10-9 所示),可以查看任一季度的三张财务报表。

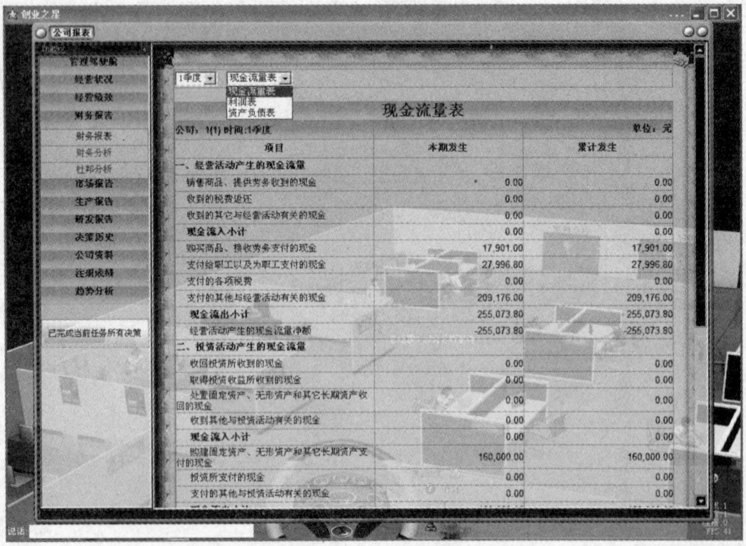

图 10-9 财务报表窗口

(2)财务分析

在公司场景中点击“总经理”,在弹出窗口中选择“财务报告-财务分析”(如图 10-10、10-11 所示),可以查看到任一季度的财务分析指标数值,以及综合财务评价分数。

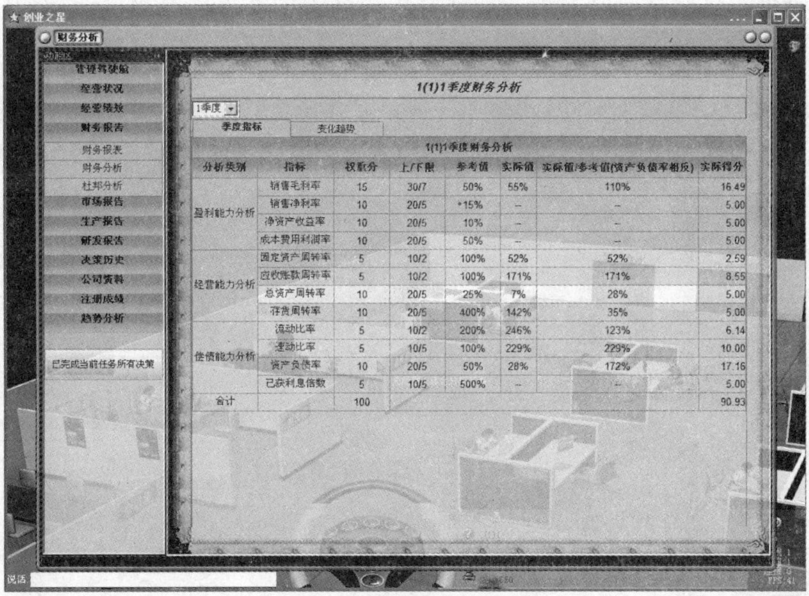

图 10-10　财务分析窗口(1)

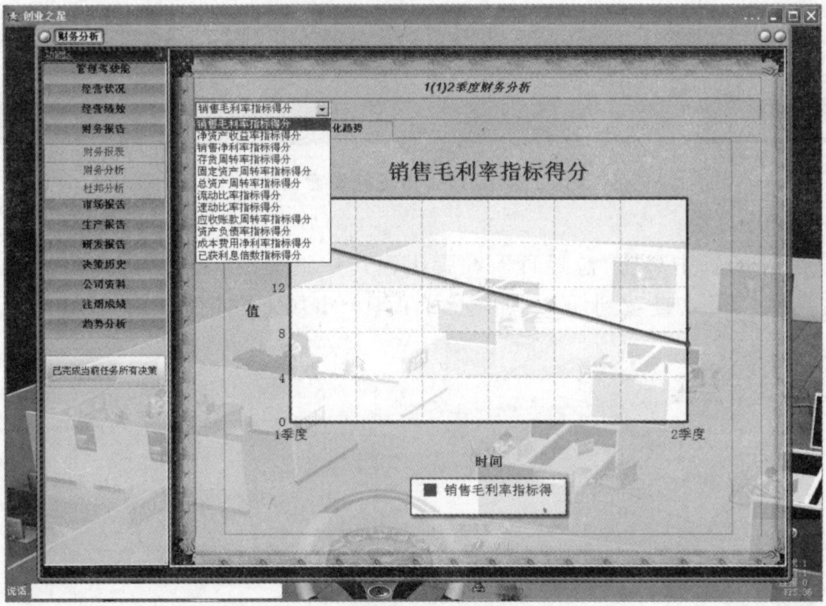

图 10-11　财务分析窗口(2)

4.查看市场报告

(1)市场开发

在公司场景中点击“总经理”,在弹出窗口中选择“市场报告-市场开发”(如图10-12所示),可以查看到目前公司在各个市场上的人员配置情况,以及在该市场的收入与占有率状况。

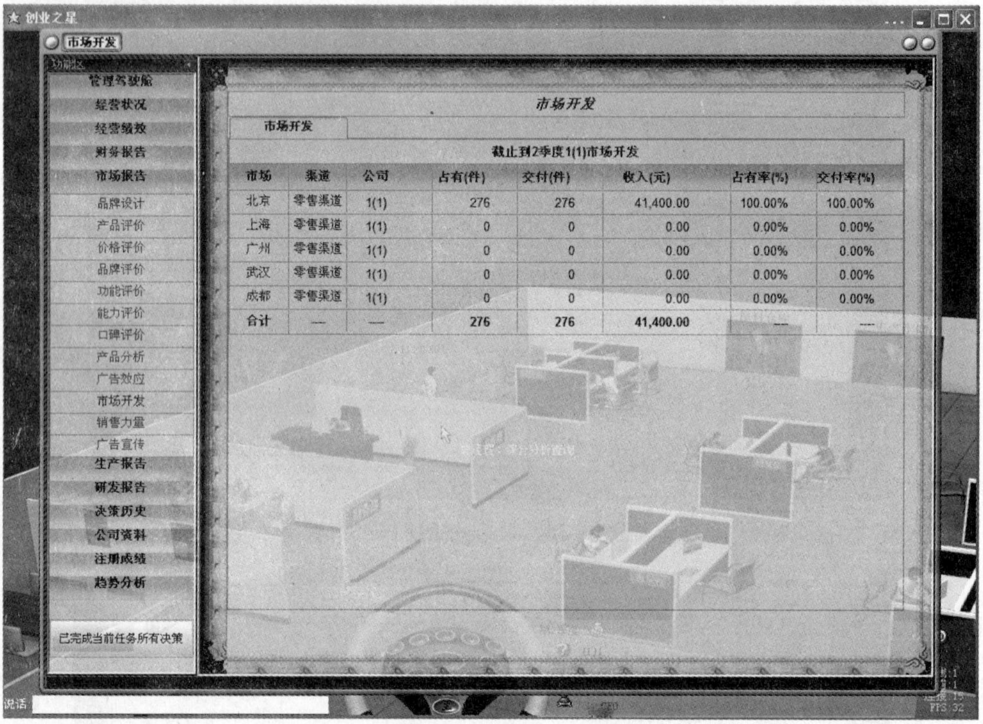

图10-12 市场开发窗口

(2)销售力量

在公司场景中点击“总经理”,在弹出窗口中选择“市场报告-销售力量”(如图10-13所示),可以查看到任一季度公司在各个市场上的销售人员数量与销售能力情况。

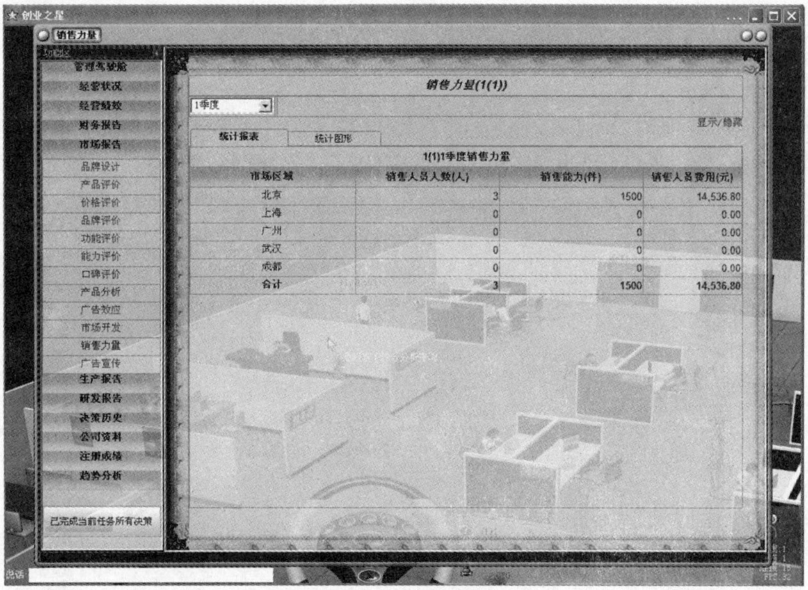

图 10-13　销售力量窗口

(3)广告宣传

在公司场景中点击“总经理”,在弹出窗口中选择“市场报告-广告宣传”(如图10-14 所示),可以查看到任一季度公司针对每一品牌产品所投放的广告宣传情况。

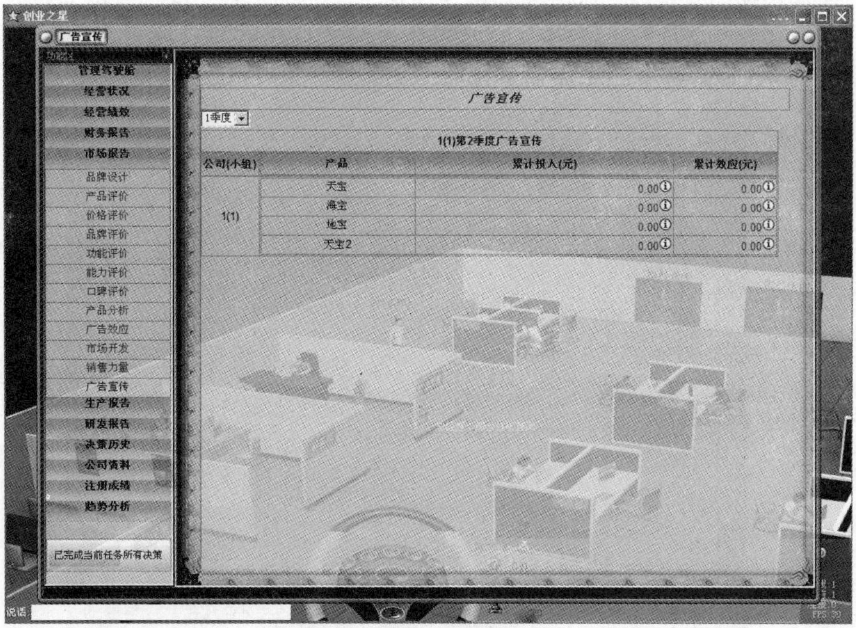

图 10-14　广告宣传窗口

5.查看生产报告

(1)生产配置

在公司场景中点击"总经理",在弹出窗口中选择"生产报告-生产配置"(如图 10-15 所示),可以查看到当前公司所拥有的厂房与设备情况。

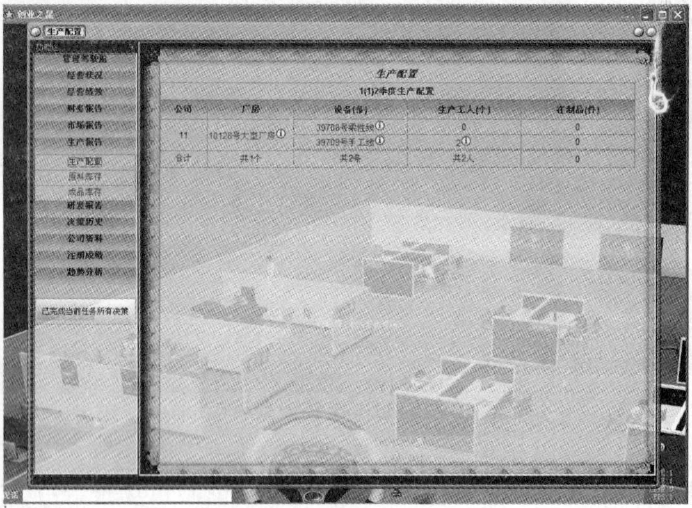

图 10-15 生产配置窗口

(2)原料库存

在公司场景中点击"总经理",在弹出窗口中选择"生产报告-原料库存"(如图 10-16 所示),可以查看到任一季度公司在目前所拥有的所有原料库存品种及数量等信息。

图 10-16 原料库存窗口

(3)成品库存

在公司场景中点击“总经理”,在弹出窗口中选择“生产报告-成品库存”(如图10-17所示),可以查看到任一季度公司在目前所拥有的所有成品库存品种及数量等信息。

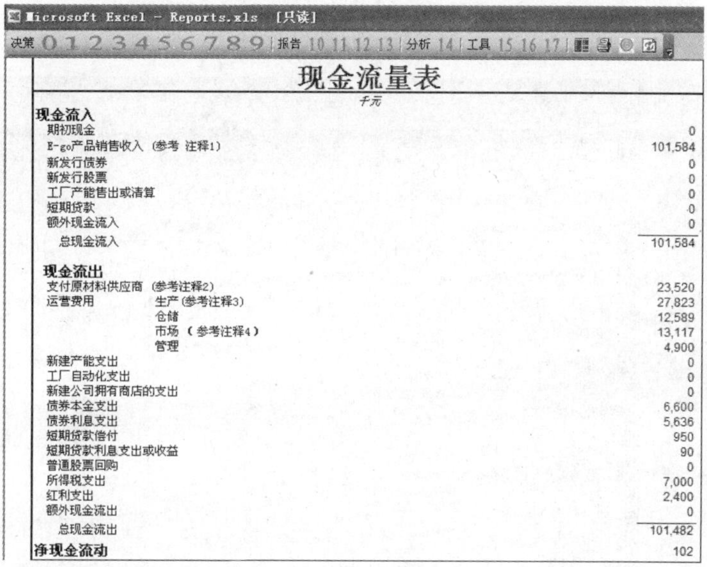

现金流量表

千元

现金流入		
期初现金		0
E-go产品销售收入 (参考 注释1)		101,584
新发行债券		0
新发行股票		0
工厂产能售出或清算		0
短期贷款		0
额外现金流入		0
总现金流入		101,584
现金流出		
支付原材料供应商 (参考注释2)		23,520
运营费用	生产(参考注释3)	27,823
	仓储	12,589
	市场 (参考注释4)	13,117
	管理	4,900
新建产能支出		0
工厂自动化支出		0
新建公司拥有商店的支出		0
债券本金支出		6,600
债券利息支出		5,636
短期贷款偿付		950
短期贷款利息支出或收益		90
普通股票回购		0
所得税支出		7,000
红利支出		2,400
额外现金流出		0
总现金流出		101,482
净现金流动		102

图 10-17　成品库存窗口

6.查看研发报告——产品研发

在公司场景中点击“总经理”,在弹出窗口中选择“研发报告-产品研发”(图10-18所示),可以查看到公司目前所设计开发的所有产品品牌的配置情况及研发状态。

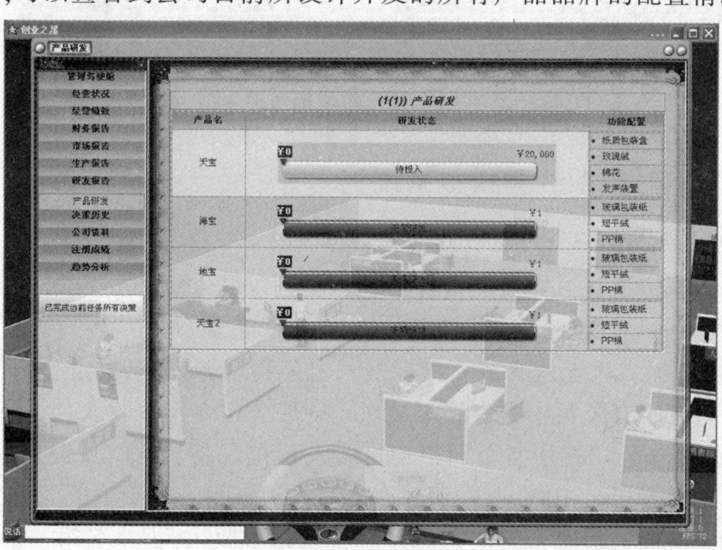

图 10-18 产品研发窗口

7.查看决策历史

在公司场景中点击“总经理”,在弹出窗口中选择“决策历史–历史决策”(如图10–19 所示),可以查看到公司在各个季度所做的所有决策任务汇总及详细的数据变化情况。

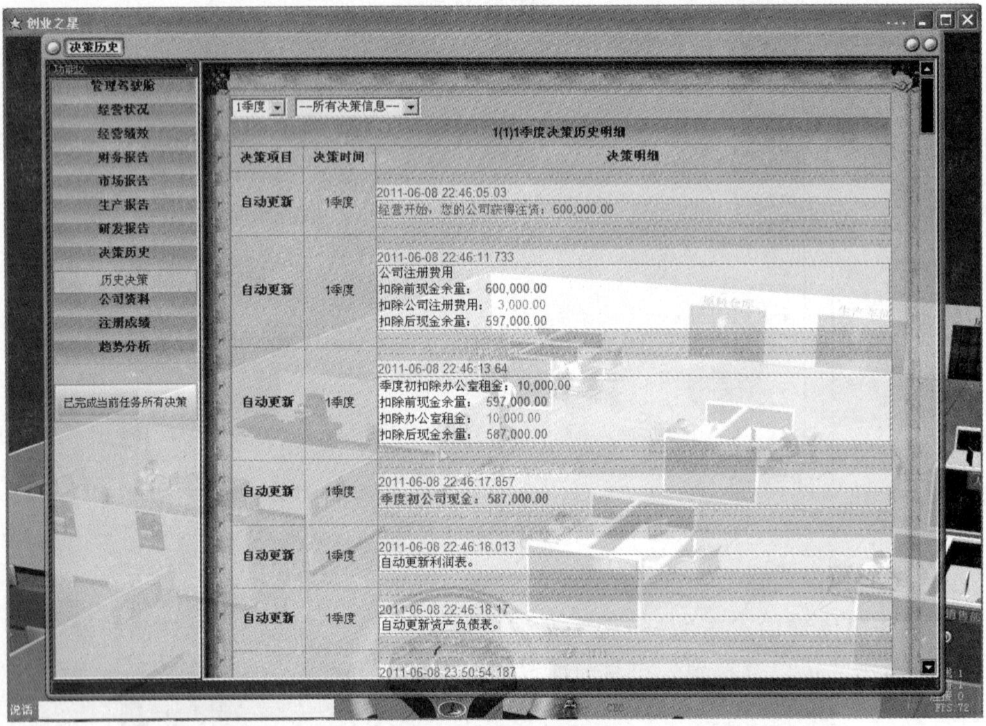

图10–19　历史决策窗口

10.2.3　“商道”企业经营模拟系统

1.公司表现得分

公司得分榜是“E–go”行业报告的主要部分。得分榜显示了公司相对得分的摘要:销售收入、每股收益、投资回报率、债券评级、市值(股价×发行总股数)、战略评分(如图 10–20)。以上六个测算指标是判定公司总体表现,决定公司得分的依据。如果您公司在所有公司中销售收入最高,则您公司在销售收入这个指标上就是满分 100。如果您公司在所有公司中销售收入不是最高,比如,您公司销售收入 800 万,第一名的公司是 1000 万,那么您公司在销售收入这个单项的得分就是 80 分(800÷1000=80%),即您公司的得分是您公司销售收入,占排名第一的公司销售收入的百分比。其他几项指标以此类推。然而,如果每股收益或投资回报率为负的话,得分则为0。如果行业内所有公司这两个指标都为负值的话,那么所有公司得分就都为0。(金融界把一个公司所有已发行股票的总价值定义为“市值”,它代表投资人投入公司的总资本的总价值。因此,有最高市值的公司在此项评分时就有最高得分100。)

债券评级得分略有不同。AAA为100分,AA为90分,A为80分,BBB为60,BB为40,B为20,C为零分。

决策 0 1 2 3 4 5 6 7 8 9 | 报告 10 11 12 13 | 分析 14 | 工具 15 16 17

第12年 得分列表

	销售收入(最高24分)		每股收益(最高15分)			投资回报率(最高25分)		债券评级(最高8分)		股票市值(最高10分)			战略评分(最高18分)	
	收入	得分	净利润	每股收益	得分	投资回报率	得分	评级	得分	股票价格	资本总额	得分	评分	得分
A	¥ 189,133	16	¥ 15,312	¥ 3.83	15	16.85 %	25	C	0	¥ 61.28	¥ 245,120	10	70	9
B	204,765	17	-9,194	-1.53	0	5.25	8	C	0	15.15	90,900	4	138	18
C	153,136	13	-24,364	-3.48	0	-2.80	0	C	0	7.41	51,870	2	117	15
D	270,791	23	-3,663	-0.50	0	6.18	9	C	0	5.90	43,660	2	137	18
E	101,150	9	-11,431	-2.86	0	2.82	4	C	0	1.67	6,680	0	68	9
F	281,514	24	-18,620	-6.21	0	0.72	1	C	0	1.67	5,010	0	118	15
G	207,089	18	-9,302	-1.33	0	5.21	8	C	0	9.96	69,720	3	93	12
H	238,313	20	7,883	0.88	3	9.50	14	C	0	7.92	71,280	3	117	15
I	137,506	12	-8,024	-1.34	0	2.52	4	C	0	2.13	12,780	1	79	10
J	141,154	12	-8,415	-0.99	0	2.23	3	C	0	6.67	56,695	2	65	8
K	189,555	16	8,867	1.18	5	10.48	16	B	3	12.39	92,925	4	48	6
L	203,824	17	2,352	0.29	1	9.66	14	AA	8	22.55	180,400	7	113	15
M	144,295	12	-7,390	-0.99	0	2.94	4	C	0	6.72	50,400	2	35	5
N	113,300	10	-2,052	-0.24	0	5.34	8	C	0	3.61	31,248	1	22	3
O	207,554	18	-10,248	-1.68	0	4.74	7	C	0	9.96	60,756	2	81	11
P	149,757	13	-12,637	-1.81	0	2.98	4	C	0	18.13	126,910	5	12	2
	¥ 183,302	16	¥ -5,683	¥ -1.05	2	5.00 %	8	C	1	¥ 12.07	¥ 74,772	3	82	11

图 10–20 债券评级得分列表

2.战略评分

战略评分并不是评定一个公司的战略多么好,而是评价一个公司是多么的知名,多么的与众不同。这个战略评分用来奖励那些与众不同的公司,比如:

(1)市场份额突出;

(2)形成一种或多种可持续的竞争优势;

(3)一种或多种产品有良好声誉,成为行业领导者。

一个公司的战略评分越高,它的战略或产品就越杰出。(如图 10–21 所示)

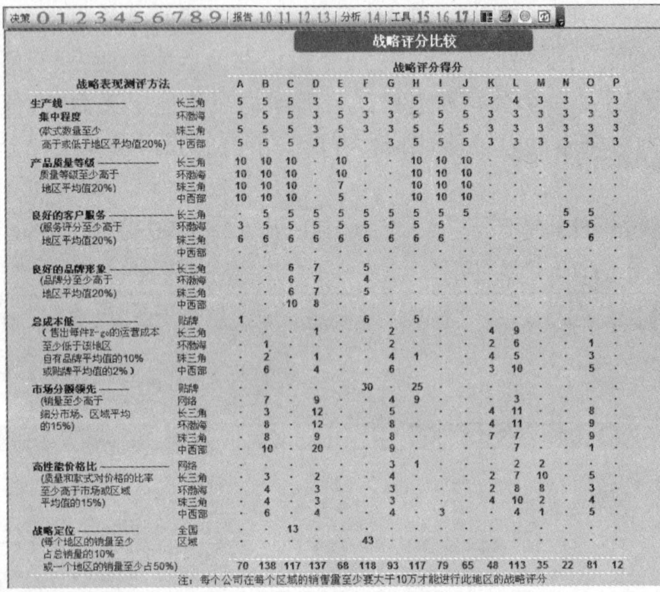

战略评分比较

战略表现测评方法		A	B	C	D	E	F	G	H	I	J	K	L	M	N	O	P
生产线	长三角	5	5	5	3	5	3	3	5	5	5	3	4	3	3	3	3
集中程度	环渤海	5	5	5	3	5	3	3	5	5	5	3	3	3	3	3	3
(款式数量至少	珠三角	5	5	5	3	5	3	3	5	5	5	3	3	3	3	3	3
高于或低于地区平均值20%)	中西部	5	5	5	3	5	·	3	5	5	5	3	3	3	3	3	3
产品质量等级	长三角	10	10	10	·	10	·	·	10	10	10	·	·	·	·	·	·
质量等级至少高于	环渤海	10	10	10	·	10	·	·	10	10	10	·	·	·	·	·	·
地区平均值20%)	珠三角	10	10	10	·	7	·	·	10	10	10	·	·	·	·	·	·
	中西部	10	10	10	·	5	·	·	10	10	10	·	·	·	·	·	·
良好的客户服务	长三角	·	5	5	5	5	5	5	5	5	5	·	·	·	5	5	·
(服务评分至少高于	环渤海	3	5	5	5	5	5	5	5	5	·	·	·	·	5	5	·
地区平均值20%)	珠三角	6	6	6	6	6	6	6	6	6	·	·	·	·	·	6	·
	中西部	·	·	·	·	·	·	·	·	·	·	·	·	·	·	·	·
良好的品牌形象	长三角	·	·	6	7	·	5	·	·	·	·	·	·	·	·	·	·
(品牌分至少高于	环渤海	·	·	6	7	·	4	·	·	·	·	·	·	·	·	·	·
地区平均值20%)	珠三角	·	·	6	7	·	5	·	·	·	·	·	·	·	·	·	·
	中西部	·	·	10	8	·	·	·	·	·	·	·	·	·	·	·	·
总成本低	贴牌	1	·	·	·	·	6	·	5	·	·	·	·	·	·	·	·
(售出每件E-go的运营成本	长三角	·	·	·	1	·	·	2	·	·	·	4	9	·	·	·	·
至少低于该地区	环渤海	·	1	·	·	·	·	2	·	·	·	2	6	·	·	1	·
自有品牌平均值的10%	珠三角	·	2	·	1	·	·	4	1	·	·	4	5	·	·	3	·
或贴牌平均值的2%)	中西部	·	6	·	4	·	·	6	·	·	·	3	10	·	·	5	·
市场分额领先	贴牌	·	·	·	·	·	30	·	25	·	·	·	·	·	·	·	·
(销量至少高于	网络	·	7	·	9	·	·	4	9	·	·	·	3	·	·	·	·
细分市场、区域平均	长三角	·	3	·	12	·	·	5	·	·	·	4	11	·	·	8	·
的15%)	环渤海	·	8	·	12	·	·	8	·	·	·	4	11	·	·	9	·
	珠三角	·	8	·	9	·	·	8	·	·	·	7	7	·	·	9	·
	中西部	·	10	·	20	·	·	9	·	·	·	·	7	·	·	1	·
高性能价格比	网络	·	·	·	·	·	·	3	1	·	·	·	2	2	·	·	·
(质量和款式对价格的比率	长三角	·	3	·	2	·	·	4	·	·	·	2	7	10	·	5	·
至少高于市场或区域	环渤海	·	4	·	3	·	·	3	·	·	·	2	8	8	·	3	·
平均值的15%)	珠三角	·	4	·	3	·	·	3	·	·	·	4	10	2	·	4	·
	中西部	·	6	·	4	·	·	4	·	3	·	·	4	1	·	5	·
战略定位	全国	·	·	13	·	·	·	·	·	·	·	·	·	·	·	·	·
(每个地区的销量至少	区域	·	·	·	·	·	43	·	·	·	·	·	·	·	·	·	·
占总销量的10%																	
或一个地区的销量至少占50%)		70	138	117	137	68	118	93	117	79	65	48	113	35	22	81	12

注：每个公司在每个区域的销售量至少要大于10万才能进行此地区的战略评分

图 10-21 战略评分比较

3.公司总体表现得分

您公司的总分是以上六项指标的加权平均值，每项的权重在课程开始前会公开宣布。您可以比较您公司总分与其他公司的比值，由此可以看出您公司经营的好坏，最高分是 100 分，这意味着您在上述六项指标里做的都是最好的，90 分以上是优秀，80 分以上是良好。40 分以下表示公司面临战略危机(如图 10-22)。

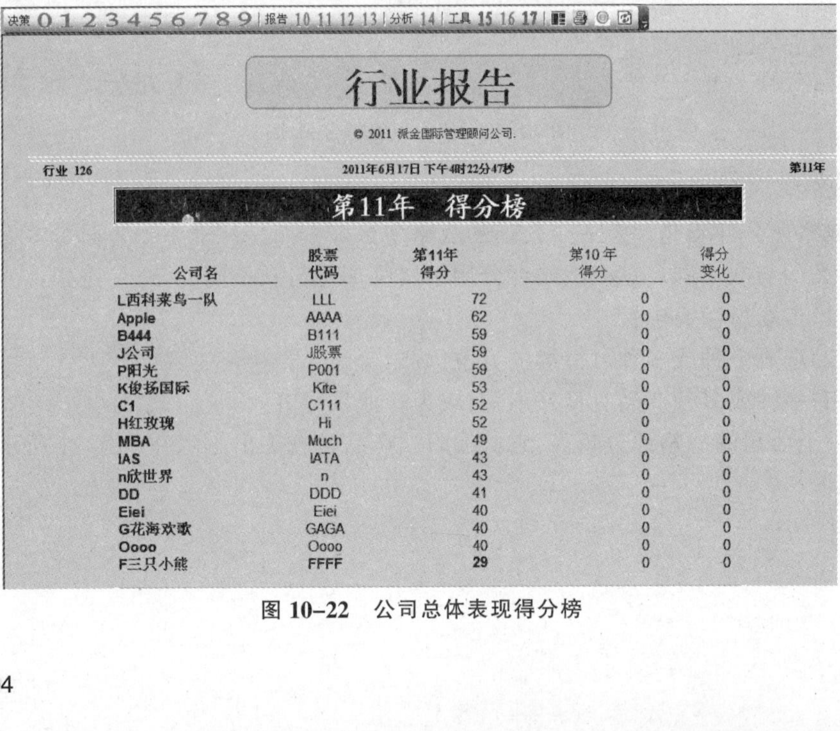

行业报告

© 2011 派金国际管理顾问公司.

行业 126　　2011年6月17日 下午4时22分47秒　　第11年

第11年　得分榜

公司名	股票代码	第11年得分	第10年得分	得分变化
L西科莱鸟一队	LLL	72	0	0
Apple	AAAA	62	0	0
B444	B111	59	0	0
J公司	J股票	59	0	0
P阳光	P001	59	0	0
K俊扬国际	Kite	53	0	0
C1	C111	52	0	0
H红玫瑰	Hi	52	0	0
MBA	Much	49	0	0
IAS	IATA	43	0	0
n欣世界	n	43	0	0
DD	DDD	41	0	0
Eiei	Eiei	40	0	0
G花海欢歌	GAGA	40	0	0
Oooo	Oooo	40	0	0
F三只小熊	FFFF	29	0	0

图 10-22 公司总体表现得分榜

4.累计得分

自第十一年以来的累计得分。计算依据为：累计总销售额、累计税后收益、累计投资回报率、当年市值、最新债券评级、最近三年的平均战略评分。累计得分最高可能为 100 分。

在得分基准上，有两个核心原则：

(1)商业上的表现都被量化；

(2)每个公司的得分都是相对于其他公司的表现而得出的。

记分的时候依据相对值比绝对值更加合理公平。也就是说，不是根据第一名、第二名来给出分数，而是依据每个公司相对于第一名公司得分的比值来给出得分。也许最后一名得了 70 分，但这个得 70 分的最后一名要比那些得 40 分的最后一名表现要好得多(如图 10–23)。

累计成绩 积分榜

公司名	股票代码	到12年止累计	到11年止累计	积分变化
Apple	AAAA	81	62	+19
L西科菜鸟一队	LLL	74	72	+2
H红玫瑰	Hi	60	52	+8
K俊扬国际	Kite	58	53	+5
B444	B111	52	59	–7
DD	DDD	50	41	+9
J公司	J股票	40	59	–19
F三只小熊	FFFF	39	29	+10
G花海欢歌	GAGA	39	40	–1
C1	C111	37	52	–15
Oooo	Oooo	37	40	–3
IAS	IATA	34	43	–9
P阳光	P001	34	59	–25
MBA	Much	33	49	–16
n欣世界	n	33	43	–10
Eiei	Eiei	31	40	–9

图 10–23　累计得分榜

10.3 实验项目

10.3.1 用友实验

实验目的：

通过用友“创业者”企业经营模拟系统中对公司综合表现得分的分析，了解影响企业运营绩效的各方面因素，掌握企业运营绩效管理的关键。

实验步骤：

查看模拟企业综合得分的各影响因素，并分析各因素的重要性。

实验总结：

10.3.2 金蝶实验

实验目的:

通过金蝶“创业之星”商业模拟平台,掌握模拟企业经营绩效的影响因素,盈利表现、财务表现、市场表现、投资表现和成长表现等,并学习分析竞争对手的各项影响因素。

实验步骤:

查看影响模拟企业综合绩效的各影响因素,并分析各指标在实际企业运营中的表现。

实验总结:

10.3.3 商道实验

实验目的:

通过“商道”企业经营模拟系统,掌握影响模拟企业综合表现的各方面因素,并学习分析各影响因素对企业的作用

实验步骤:

1.了解影响公司综合表现得分的各因素;

2.查看并分析第十年模拟企业的各项表现得分和综合得分,分析其优劣势。

实验总结:

应用篇

第十一章 ERP的实施运行

ERP项目是一个企业管理系统工程,它不是一般意义上的企业管理信息系统工程或者是企业信息化建设工程。因为这不仅是整个管理系统基于ERP、SCM、BPR、系统工程和信息技术等现代科学技术的思想和方法,还是从本质上深刻地揭示了现代企业管理与传统企业管理的先进与落后,以及企业应用ERP与开展企业管理创新、推进企业管理现代化和提高企业竞争力之间的必然关系。

成功应用ERP的基本要素主要有:必须增强企业自身主体意识;重视知识资源的开发与利用;充分调动人的积极性和创造性;深刻认识我国企业应用ERP的根本目的;正确认识ERP项目是一个企业管理系统工程;企业一定要尽快、科学的做出应用SCM、ERP和BPR的决策; 企业应用ERP一定要立足于创新和BPR;引入企业管理咨询;认真做好ERP项目前期准备工作;加强企业需求分析;制定明确、量化的ERP应用目标;确保基础数据的准确性和时效性;加强ERP项目风险分析;建立ERP项目变革管理体系;实行ERP项目监理制和评价制;完善和提高服务商的能力与水平。

大量的研究与实践充分表明,ERP在我国应用的成败并不取决于技术、资金、网络、应用软件和软件实施,而主要取决于企业自身主体意识。企业是应用ERP的主体,企业应用ERP首先要提高思想认识,转变思想观念,增强自身主体意识。只有增强了主体意识,才能提高主体能力,才能发挥主体作用,才能确保ERP项目的成功。

未来的ERP的扩展功能主要有:

1.支持集多种生产类型、多种经营方式和多种产业为一体的,跨区域的SCM模式;

2.支持以协同商务、协同竞争和双赢原则为商业运作模式的SCM体系;

3.支持市场分析、销售分析和客户关系管理;

4.支持包括先进计划与排产技术在内的多种计划和优化排产方法;

5.支持电子商务;

6.支持物流和配送体系管理;

7.支持集团的资本运作管理;

8.支持更大范围的信息集成和系统开放。

目前对我国ERP软件中财务会计系统的需求是最多的,企业要求财务会计系统能全面反映企业业务流程中的价值产生和价值流转的所有环节。但是,我们不能基于会计核算的目的去开发采购、生产、库存、销售等业务模块,把 ERP 系统变成一个单纯的会计核算系统。成熟的 ERP 产品应该站在企业的角度,把企业看成是一个完整的资源配置系统,利用软件整合企业的管理理念、业务流程、基础数据以及人力物力等资源,并进行全面监控和管理。因此国内 ERP 产品应该把基于会计核算设计产品的思路转变为基于企业价值链管理设计产品。

11.1 ERP 实施的原则

1.领导原则

在设计中要坚持"一把手"的原则,取得各级领导的支持,为系统设计在资金、人力和组织管理方面提供良好的环境。

2.实用原则

开发人员需要与各科室业务人员及用户专业人员相结合,充分听取用户意见,细致了解业务,研究管理模式,共同研究开发,使双方对新系统的理解不断加深并逐步趋于一致,使建立的新系统更富有实用性。

3.时效原则

要把"时间就是效益"的观念贯穿于实施的全过程,管理信息系统开发是一个循序渐进的过程,是在现行系统维护和新、旧系统切换过程中逐步实现的,时间较长。因此需要分期实施,以最少投入得到最大产出,尽快使企业见效益。

4.优化原则

实施过程中配合是关键,如果在整个实施过程从前期调研到数据准备直至系统安装试运行等全过程,企业从上到下一致配合,实施的质量及进度可以大大提高。

11.2 ERP 实施的前提条件

1.软件选型

深入理解 ERP 基本概念,清晰阐明自己的具体需求和明确的整体选择目标,管理业务人员积极参与,对不同管理业务需求的重要性进行先后排序,按照要实现的首要经营管理目标同各 ERP 软件所实现的功能进行匹配。

2.需求分析

ERP 系统的选择是一项十分复杂的工作。实际上,就所有系统而言,一些表面的用户信息需求是容易得到满足的。而更深一步的企业独特性的需求才是需要予以最多考虑的。必须由经验丰富的实施业务人员同企业一再就业务进行充分的研讨和确认，把一些似是而非的问题澄清清楚。

3.实施队伍

实施队伍和实施人员对于ERP系统的成功实施至关重要。由具有丰富ERP系统项目实施和企业流程管理经验的实施人员和企业内部的管理人员、业务人员以及技术人员一起组成项目实施小组，使企业能够通过一个项目的实施，经历“知悉—接受—拥有”的过程，最终实现企业自身持续改善的目的。

4.实施时间

进行项目管理、控制项目进度、确保整个实施过程能够按照预计的时间表进行，对项目的成败至关重要。在许多ERP系统的实施中，软件供应商或系统集成商往往按照服务天数提供服务并收取费用，如果在实施过程中出现种种预料之外或不可控制的情况，由于双方既定的服务天数已到，服务者或者停止服务或者增加费用，给用户带来损失或额外支出。这种按照服务天数提供服务并收取费用的方式容易造成实施成果与费用脱钩的现象。

5.实施成本

在实施过程中，如何合理分配实施费用，结合项目进度和时间安排，将实施成本控制在计划之内，是每一家实施ERP系统的企业需要认真对待的问题。必须按照项目时间进度计划、项目预算开展实施，造成时间的延误和实施成本上升的必须及时检讨，并得出纠正措施，以利于整体预算的控制。

6.高层管理承诺

实施ERP系统不是一个简单的更新软件系统的事情，高层管理持续不断的承诺必须见诸ERP系统实施的每一个阶段。高层管理必须经常监控系统实施的进度，为实施小组指明方向。

7.系统安全

进行整体网络、数据安全规范：病毒的预防、非法入侵的监督、数据更改的追踪、数据的安全备份与存档、主机房的安全管理规章、系统管理员的监督、定期更改密码等措施。

8.企业组织架构、政策的调整

必须有预见性进行企业组织结构、政策的整体规划，使ERP实施同企业战略调整相辅相成、相得益彰。

11.3 ERP 的实施流程

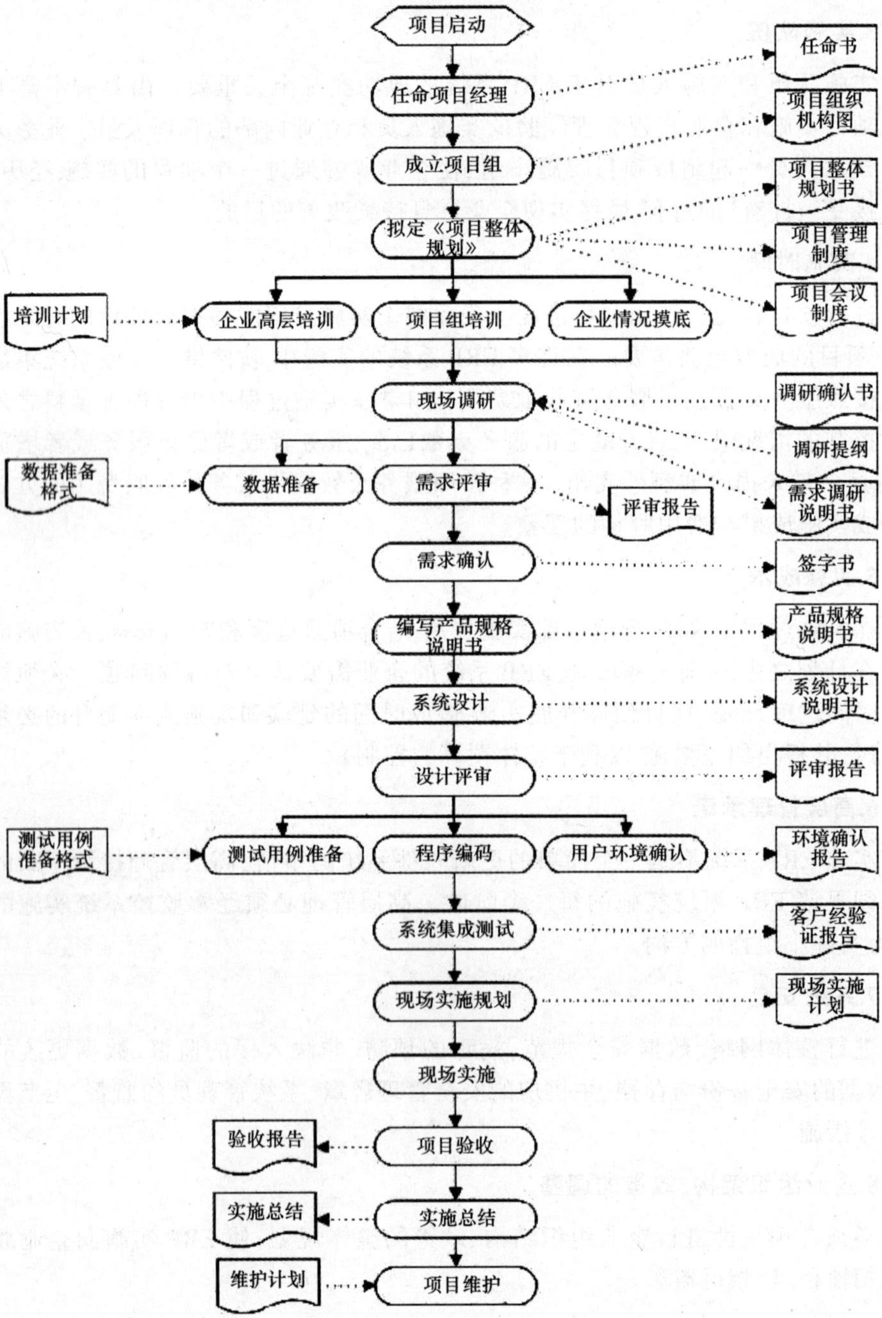

图 11-1 ERP 的实施流程图

11.4 ERP实施需要解决的关键问题

1.管理观念的转变

(1)ERP系统的实施不仅是一个IT项目,还是一个管理项目。但大多数企业高层管理人员并没有意识到这一点,他们只是将ERP系统在企业的应用作为一项技术工作处理,认为ERP系统的实施是纯技术问题,是技术人员的任务,而与管理人员无关,结果在选择系统和实施系统时步入误区。在选译系统时仅由技术主管负责,缺少高层管理人员和业务主管的参与,在实施系统时仅由技术部门负责,缺少管理人员和业务人员的积极参与,项目负责人由技术部门的领导担任,高层管理人员,尤其是企业一把手未能亲自主持和参与系统实施。

(2)ERP系统带来的不但是一套软件,更重要的是带来了整套新的管理思想。企业在准备上ERP系统之前,应充分认识到ERP系统的实施会不可避免地冲击企业原有的管理思想和管理模式,作风和习惯,程序和方法,以及责权关系和体制结构等。只有深刻理解,消化吸收了新的管理思想并结合企业实际情况加以运用,实现企业管理的全面变革,才能充分发挥ERP系统带来的效益。

不少企业想上ERP系统,但大多数企业高层管理人员并没有意识到实施ERP系统必须同时实现企业管理的改革。在实施ERP系统时,只是要求系统模拟企业目前的运行状况,仅是原管理方式的计算机化,这是导致ERP系统应用不成功的一个重要原因。因此,企业在实施ERP系统时,必须同时推进管理观念的转变,从某种意义上来说,这是企业成功实施ERP系统最关键的因素。

2.企业必须明确自己的需求和实施重点

(1)从整体和战略的高度出发,分析企业同主要竞争对手之间的差异,找出影响企业竞争力的主要因素,弄清这些影响因素能否通过ERP得到解决,企业想通过ERP系统在市场上建立什么样的竞争优势。

(2)既要考虑企业今后长远发展,又要分析找出近期企业最迫切需要解决的问题。而对企业可以通过ERP系统解决的问题,也应分清轻重缓急,分阶段实施,制定出总体目标和阶段目标。

(3)分析企业现有工作流程在哪些方面未能实现快速响应市场的需求,同实现企业的总体目标有哪些不符,需要进行哪些方面的调整和改革。

(4)在考虑ERP软件的具体功能时,要分析企业的生产环境和生产类型,企业的组织形式对软件的要求,企业特点对软件功能的特殊要求。

我国企业实施ERP系统成功率不高的另一个重要原因就是在前期没有明确自己的需求和实施重点。许多企业对ERP系统存在误解,没有建立正确的期望值,以为 ERP 系统是“万灵药”,可以解决企业存在的一切问题,从而在决定建立 ERP 系统前,没有对本企业进行需求分析,不清楚企业管理方面存在的问题及这些问题的严重程度,不清楚企业如何通过 ERP 系统来解决这些问题及企业在管理方面想要达到的目标。

3.ERP 系统的实施必须要有管理咨询专家的参与

ERP 系统的实施不仅是一个 IT 工程,还是一个管理改造工程。既需要精通软件产品开发的技术专家,也需要精通管理理论、方法和管理实务的管理咨询专家。软件开发商注重的是技术解决方案,而管理咨询专家注重的是管理解决方案,只有两者有机结合,才能推动 ERP 系统在企业的成功应用。

ERP 系统的实施必须要有管理咨询专家为企业提供咨询、指导和帮助。具体地说,企业在准备实施 ERP 系统之前, 需要请管理咨询专家帮助企业进行调研和需求分析,对企业发展和管理中的薄弱环节及存在的核心问题进行诊断,分析企业最需要什么样的管理和什么样的管理软件,并对企业员工进行管理意识的培训。企业在 ERP 系统实施过程中, 需要请管理咨询专家帮助企业进行业务流程重新设计、组织机构调整及采用一套规范的实施原则和方法对项目实施过程进行严格的组织和管理。

4.软件的选择应以管理人员为主

正确选择系统类型是系统能够发挥足够效用的决定性因素。企业在选择软件时,应当以管理层为主,从企业战略需求出发,将企业自身的实际需求与软件系统进行很好的匹配,从而选择适合自己的 ERP 系统。但由于许多企业在观念上只是把 ERP 系统当做一个 IT 项目,结果在软件选择过程中,都是以技术人员为主而非以管理人员为主,往往过于注重软件的先进性,忽视了企业管理方面的问题及软件与企业的实际需要是否相适合,而且在选择软件时,缺乏明确的整体选择目标和实施期望,没有对不同管理业务需求的重要性进行先后排序,没有较多地从各使用部门出发考虑软件的选择问题,在如何利用 ERP 系统来解决企业关键业务问题上所花精力较少,从而造成了最终选择软件的不完整配套,给系统的实施带来困难。

5.实施队伍的组织必须到位

ERP 系统的实施是一项涉及管理和技术的庞大的系统工程, 工作量非常大。为确保项目顺利实施。首先要在组织上加以落实,即要成立项目领导小组(简称领导小组) 和项目实施小组 (简称项目小组)。 领导小组主要负责制订计划的优先级,系统总体方案,确定企业管理改革方案,资源的合理配置,重大问题决策及政策的制定, 组织协调各部门之间的关系并解决系统实施中出现的项目小组不能解决的问题等。企业一把手应亲自担任领导小组组长,即所谓的“一把手工程”。只有“一把手”亲自主持、参与和指导系统实施,动员全体员工共同参加,才能克服实施中的困难,取得成功。必须指出的是,“一把手工程”并不是“第一把手”挂名,只依靠技术人员来推动系统实施,而是要求企业最高决策者实实在在投入到系统实施过程中。

项目小组具体负责系统的实施,该小组主要由企业内部的管理人员,各主要业务部门的业务骨干、技术人员以及企业外部的专业咨询顾问组成,项目小组组长应由企业高层领导担任,要有足够的权威和协调能力,从而便于协调各部门在EPR。项目实施中的工作,项目组长不能虚设,他必须全力以赴地投入到ERP系统的实施工作中去,真正负起责任抓项目实施,他的几名关键助手必须脱离原有的工作,百分之百地投入ERP项目实施。

值得注意的是,由于不少企业将ERP系统的实施视为一项技术性工作,因而在实施队伍的组织上存在误区,认为这是技术部门的事,应完全由技术部门负责。项目小组成员主要是技术人员,缺乏相关的管理人员和业务人员,尤其是高级管理人员的参与远远不够,结果造成项目的实施困难重重,难以推动。

6.实施ERP系统需要同时进行企业业务流程重组

ERP系统的信息实现了最小冗余和最大共享,传统的需要几步或几个部门完成的工作,在EPR中利用统一的数据库和集成的信息系统可能一次就可以完成。因此,要想使ERP系统在企业成功应用,就必须对企业业务流程进行重新设计和优化,去除冗余和无效的工作环节,从而确保企业有一个科学、规范的业务流程和管理基础,并在此基础上对企业组织机构进行相应的调整,实现扁平化管理,提高管理效率和对客户的快速反应能力。

许多企业在实施ERP系统时,对必须实行业务流程重组缺乏清醒的认识,只是要求ERP系统的功能适应原有手工业务处理流程与工作方式,而不去对原有的管理模式、管理方法、业务流程和组织机构等方面进行改造和调整,结果造成ERP功能难以全面发挥,也使企业想通过实施ERP系统来提高管理水平和整体素质的目的难以达到。

同时,业务流程重组必然会涉及部门职能的重新划分、岗位职责的调整、权力利益的重新分配等方面的问题,而且新的管理方式对人员素质提出了更高的要求,引起部分人的岗位危机,进而对项目实施产生抵触情绪。如果企业不能妥善处理这些问题,将会给企业带来不稳定因素,这正是ERP系统实施的难处。

11.5 ERP的风险防范

通常人们在考虑失败的因素时,一般着重于对实施过程中众多因素的分析,而往往忽视项目启动前和实施完成后ERP系统潜在的风险。对于ERP项目而言,风险存在于项目的全过程,包括项目规划、项目预准备、实施过程和系统运行。归纳起

来,ERP 项目的风险主要有以下几方面:

(1)缺乏规划或规划不合理;

(2)系统安全设计不完善,存在系统被非法入侵的隐患;

(3)灾难防范措施不当或不完整,容易造成系统崩溃。

防范措施可以从以下几个方面考虑:

(1)战略规划

企业是否存在一个五年的 IT 系统规划?随着社会的信息化,IT 系统对于企业不仅是工具,更是技术手段。ERP 作为 IT 系统的重要组成部分,服务于企业的长期规划,是长期规划的手段和保证。ERP 的目标源于 IT 系统规划,是评价 ERP 系统成败的基本标准,应依据 IT 系统规划,明确 ERP 系统的实施范围和实施内容。

(2)系统安全管理

系统安全包括:操作系统授权、网络设备权限、应用系统功能权限、数据访问权限、病毒的预防、非法入侵的监督、数据更改的追踪、数据的安全备份与存档、主机房的安全管理规章、系统管理员的监督等等。目前,企业中熟练掌握计算机技术的人员较少,计算机接入 Internet 的也不多。因此,在实施 ERP 系统时,普遍存在着不重视系统安全的现象,诸如:用户不注意口令保密、超级用户授权多人等,缺乏安全意识的直接后果是系统在安全设计上存在着漏洞和缺陷。近年来,不断有报章披露银行或企业计算机系统被非法入侵的消息,这给企业敲响了警钟。

(3)意外事故或灾难防范

水灾、火灾、地震等不可抗拒的自然灾害会给 ERP 系统带来毁灭性的打击,企业正式启用 ERP 系统后,这种破坏将直接造成业务交易的中断,给企业带来不可估量的损失。未雨绸缪的策略和应对措施是降低这一风险的良方,如建立远程备份和恢复机制,在计算机系统不能正常工作的情况下,恢复手工处理业务的步骤和措施。

第十二章 ERP的应用案例

12.1 2010年中国企业ERP系统导入现状调研报告①

12.1.1 报告前言

世界著名管理大师杜拉克于1988年指出:未来的组织正在很快地变成一种现实,即一种以信息作为主轴和中心结构支柱的机构。二十多年的发展已经验证:现代企业管理离不开信息化,而信息化的核心就是ERP,企业导入ERP已经成为必然选择。

在党的十七大提出大力推进信息化与工业化融合,促进工业由大变强的发展战略两年后的今天,中国企业ERP系统导入的现状如何?是否能总结出一个适合中国企业的ERP系统成功模型?成为了企业管理者非常关心的问题。

本文作者正好因为选择了《ERP系统成功模型实证研究》作为博士论文研究课题,在完成论文的同时,也找出了上述问题的答案。最近出席了分别由IT Value与IT经理世界组织的2010年CIO高峰论坛,会上众多担任企业高层管理的朋友希望我能整理出一份报告给大家分享,在刚受邀作为广州市科技和信息化局于2010年8月举办的CIO培训班的特邀讲师时,众多国资委下属企业的CIO学员也提出类似希望。当本调研报告整理发布时,终于可以兑现我对社会各界朋友的承诺,希望兑现的时间没有太迟。欢迎朋友们批评指正。

12.1.2 调研设计

简单来说,ERP系统就是以客户为导向,通过物流、资金流和信息流的协调运作,持续优化配置整个供应链上的企业内外资源,从而实现诸如提升服务水平、降低企业成本与提高市场应变能力等目标的软件系统。

本课题在研究了众多相关参考文献后,总结了ERP系统成功的七个构面:项目完成、系统质量、信息质量、系统使用、用户满意、个人影响与组织影响。其中,项目完成构面包括ERP功能实现的程度、信息需求的满足程度、业务流程重组的效果和培训的充分程度等四项指标。系统质量构面包括功能与特性的有用性、系统可靠性、系统执行效率和系统的灵活性等四项指标。信息质量构面包括数据的有用

①资料来源:中国电子政务网 http://www.e-gov.org.cn

性、信息的准确性、信息的相关性、信息提供的及时性和信息的可理解性等五个指标。系统使用构面包括运作支持、决策支持、报表与信息的使用、使用次数和自愿程度等五个指标。用户满意构面包括信息满意、界面满意、运作支持满意和决策支持满意等四个指标。个人影响构面包括个人生产力的提高、个人决策效率的提高、个人发现问题能力的提高和个人工作绩效的提高等四个指标。组织影响构面包括产品质量的提升、运营成本的下降、整体生产力的提升、客户服务的改进和组织变革的支持等五个指标。

本课题还在对相关参考文献研究的基础上，提出了如图 12-1 所示的 ERP 系统成功模型内部各构面间的关系假设。

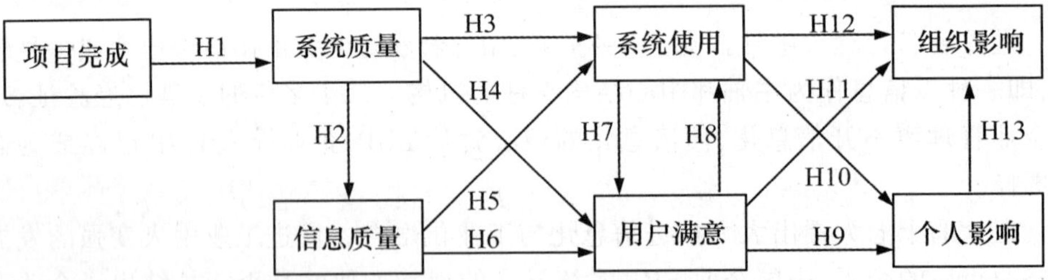

图 12-1 ERP 成功模型内部各构面间的关系假设

12.1.3 样本分析

本研究的研究总体是所有正在使用 ERP 系统的中国企业。在样本数据的收集方面,社会各界众多朋友给予了大力支持。主要有:“IT 经理世界”的 CIO Forum 和“商业价值”的 IT Value 社区中的 CIO 朋友;本文作者在近五年持续参加各类 ERP 会议中认识的已经导入 ERP 系统的企业的项目经理或 IT 部门的负责人; SAP、Oracle、IBM、HP、金蝶、用友和微软的高层领导;几个著名的跨国贸易公司的中方代表。统计下来,一共向 1300 多家目标企业发出问卷,共回收问卷 406 份。

为提高分析的准确性,对于回收的问卷,仅提取那些 ERP 系统上线一年以上、回答问卷者具备一年以上 ERP 经验且在该企业服务在一年以上的样本数据。经过筛选后的有效问卷有 322 份。对于本研究采用的有效样本企业,他们在地域分布、行业分布、受访者背景分析和样本企业整体概况等方面统计如下:

1.地域分布

从地域分布上看,这些企业来自 19 个省或直辖市,部分来自国外,分布较广。其中排名前五位的是:广东省(139 家)、山东(27 家)、上海(23 家)、江苏(22 家)和北京(22 家),见表 1 所示。这些省份的经济发展水平较高、企业信息化程度和导入 ERP 系统的基础比较好。本研究考虑到来自广东的样本数比重较大,还特别对广东之外的样本数据进行分析,所得结果与包括了广东的样本数据时是一样的。

表 12-1 地域分布统计表

省份	有效样本数	百分比	省份	有效样本数	百分比
广东	139	43.17%	河北	6	1.86%
山东	27	8.39%	云南	5	1.55%
上海	23	7.14%	黑龙江	4	1.24%
江苏	22	6.83%	江西	4	1.24%
北京	22	6.83%	天津	4	1.24%
福建	17	5.28%	香港	3	0.93%
国外	13	4.04%	陕西	2	0.62%
浙江	12	3.73%	湖北	1	0.31%
四川	10	3.11%	安徽	1	0.31%
重庆	6	1.86%	辽宁	1	0.31%

2.行业分布

从企业的行业分布来看，涉及 33 个行业，见表 2，它几乎涵盖了国民经济第二、第三产业，企业性质很广。而各行业 ERP 系统导入的企业数量来看，以销售与制造业为主，说明 ERP 系统在这些行业应用较广。其中排名前五位的是：快速消费品(10.56%)、其他行业(9.01%)、批发/零售(7.45%)、汽车及零配件(6.83%)和机械/设备/重工(6.83%)。

表 12-2 有效样本企业行业分布统计表

行业	数量	百分比	行业	数量	百分比
快速消费品	34	10.56%	教育/培训/科研/院校	5	1.55%
其他行业	29	9.01%	会计/审计	4	1.24%
批发/零售	24	7.45%	办公用品及设备	4	1.24%
汽车及零配件	22	6.83%	餐饮/娱乐/旅游/酒店服务	4	1.24%
机械/设备/重工	22	6.83%	计算机硬件	4	1.24%
家电	19	5.90%	农业/渔业/林业	4	1.24%
能源/化工	18	5.59%	证券/投资银行/风险基金	3	0.93%
贸易/进出口	17	5.28%	银行	3	0.93%
服装/纺织/皮革	16	4.97%	仪器仪表/工业自动化	3	0.93%
出版/印刷/包装	14	4.35%	医疗/护理/保健/卫生	3	0.93%
电子技术/半导体/集成电路	11	3.42%	互联网/电子商务	3	0.93%
制药/生物工程	11	3.42%	航天/航空	3	0.93%
通信/电信/网络设备	9	2.80%	通信/电信运营/增值服务	2	0.62%
交通/运输/物流	8	2.48%	计算机服务(系统/数据/维修)	2	0.62%
房地产开发	6	1.86%	保险	2	0.62%
计算机软件	6	1.86%	中介/咨询/猎头/认证	1	0.31%
家具/工艺品/玩具	6	1.86%	总计:	322	

3.受访者服务年数及职位级别分布

从受访者服务年数分布来看,过半数服务时间超过 5 年,对所服务的企业应该非常熟悉,回收的问卷与实际会非常吻合。从受访者职位级别分布来看,50%为中层管理,11.49%为高层管理,说明填写问卷的人员对 ERP 在企业的应用情况了解会比较全面。

表 12-3 受访者服务年数及职位级别分布统计

服务年数	数量	百分比	职位级别	数量	百分比
>5	179	55.59%	中层管理	161	50.00%
5	41	12.73%	基层管理	86	26.71%
3	35	10.87%	其他	38	11.80%
2	35	10.87%	高层管理	37	11.49%
4	32	9.94%	总计:	322	

4.样本企业整体概况

本研究采用李克特七点量表法,各个构面测量指标的点值 1 到 7 分别表示极不满意、不满意、有点不满意、中等、有点满意、满意和极满意,样本企业各个构面测量指标的整体调查结果如下:

表 12-4 测量指标的描述性统计

构面	构面测量指标	极小值	极大值	均值	标准差	方差
项目完成	ERP 功能实现的程度	1	7	4.80	1.212	1.468
	信息需求的满足程度	2	7	4.73	1.181	1.394
	业务流程重组的效果	2	7	5.22	1.169	1.367
	培训的充分程度	2	7	4.98	1.184	1.401
系统质量	功能与特性的有用性	2	7	5.29	1.090	1.189
	系统可靠性	2	7	5.27	0.920	0.846
	系统执行效率	2	7	4.80	1.177	1.385
	系统的灵活性	2	7	5.05	1.184	1.402
信息质量	数据的有用性	3	7	5.73	0.957	0.916
	信息的准确性	3	7	5.32	1.067	1.139
	信息的相关性	2	7	5.35	1.055	1.113
	信息提供的及时性	2	7	5.35	1.025	1.051
	信息的可理解性	2	7	5.29	0.955	0.911

续表 12–4

构面	构面测量指标	极小值	极大值	均值	标准差	方差
系统使用	运作支持	1	7	5.15	1.264	1.598
	决策支持	1	7	4.66	1.203	1.447
	报表/信息的使用	1	7	5.16	1.083	1.172
	使用次数	2	7	5.44	1.073	1.150
	自愿程度	2	7	5.33	1.079	1.163
用户满意	信息满意	2	7	4.99	1.134	1.287
	界面满意	1	7	4.71	1.170	1.370
	运作支持满意	2	7	5.00	1.112	1.237
	决策支持满	1	7	4.66	1.228	1.509
个人影响	个人生产力的提高	2	7	5.30	1.191	1.417
	个人决策效率的提高	1	7	5.12	1.231	1.515
	个人发现问题能力的提高	2	7	5.11	1.169	1.366
	个人工作绩效的提高	2	7	5.09	1.164	1.356
组织影响	产品质量的提升	2	7	4.74	1.231	1.514
	运营成本的下降	2	7	5.04	1.227	1.506
	整体生产力的提升	2	7	5.12	1.193	1.424
	客户服务的改进	1	7	4.87	1.208	1.460
	组织变革的支持	1	7	5.19	1.195	1.427

表 12–4 数据显示，各个构面的测量指标的极小值绝大多数都是 1 和 2，只有数据的有用性和信息的准确性为 3，极大值均为 7。表明样本企业在各个指标的表现方面具有一定的差异性。从整体水平来看，各项测量指标的均值最小值为 4.66，最大值为 5.73，均值偏大，接近于有点满意和满意之间，说明目前各企业 ERP 系统导入效果可以接受。标准差相对于均值，最小值为 0.920，最大值为 1.264，标准差偏小，说明在整体上来看，各企业导入 ERP 系统情况的差异不大。

12.1.4 调研结论

对于上述筛选出来的 322 个有效样本数据，依次完成了如下检验分析工作：采用探索性因子分析对模型中的因子结构进行信度和效度分析，采用确认性因子分析方法验证因子结构的合理性(建构信度、区分效度与收敛效度等),采用结构模型分析方法检验 ERP 系统成功模型与样本数据的整体拟合情况,采用路径分析法检验 ERP 系统成功模型七个构面间的相互关系。

经过实证检验分析发现,对于图 1 的假设,只有系统使用对个人影响的正相关关系没有获得支持,特别将表示该关系的实线修改为虚线得到如图 12–2 所示的获得的 ERP 系统成功模型。

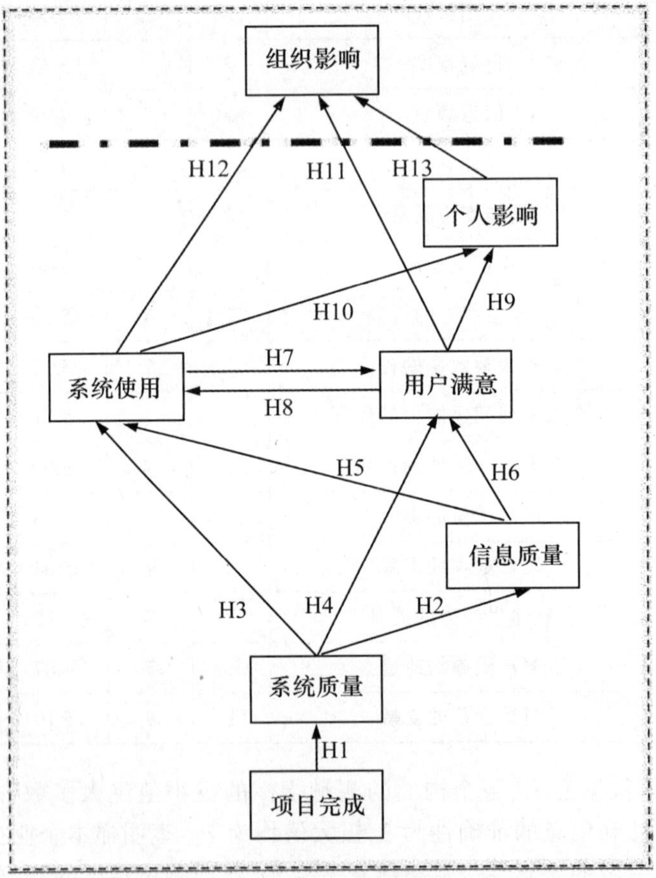

图 12–2 ERP 系统成功模型

在完成本课题研究任务的过程中,除了获得图 12–2 的 ERP 系统成功模型,还得到如下有参考价值的研究结论:

1.项目完成与系统质量是 ERP 系统成功的基础

本研究发现,项目完成与系统质量显著相关(其所对应路径的标准化回归系数为 0.877,P<0.001)。ERP 系统成功开始于项目完成,系统成功安装才能保证系统的质量,二者共同构成了基础结构成功。从本研究的实证结果看出,目前中国境内企

业在ERP系统的项目完成构面的流程一致性整合程度相对较高,其次是提供充分的培训,而在实现功能和信息的满足程度方面相对较低。

实证的结果说明,好的系统质量来源于项目完成。实现ERP项目完成可以从功能实现程度、信息需求满足程度、流程整合程度和培训充足程度等方面入手。在与许多CIO同行及ERP资深顾问讨论此类问题时,不时会提到之前经常报道的“上ERP是找死,不上ERP是等死”这句话。这说明实现项目完成的困难很大却又不得不要面对。从本文作者多年的实践经验以及与许多CIO交流时认识到,要做到这些需要ERP系统项目的管理者必须具备战略眼光和业务导向。

2.兼顾系统使用对个人影响的作用将有利于ERP系统成功

本研究发现,系统使用与个人影响间的相关性没有获得支持,系统使用对于个人影响的影响主要是经由用户满意这个中介变量产生的间接效应而实现的(其直接效应的标准化回归系数为0.024,P=0.762>0.05,但间接效应达到统计显著性水平)。

与不少CIO讨论时发现,不少企业是管理高层看到别的企业导入(实施)ERP带来效益后强力推行的,在这种大环境下,系统使用对个人影响显然是不存在相关性的。本研究结果给中国企业的ERP系统管理者一个提示,如果能促使系统使用对个人影响的关系达致正相关,即让ERP系统的有效使用与使用者的个人绩效挂钩,同时借助提升用户满意度,将促使ERP系统产生的个人影响更加巨大,进而实现更大的组织效益(组织影响)。

3.兼顾用户满意与个人影响将更好地推动ERP系统成功

本研究发现,用户满意与组织影响显著相关(其标准化回归系数为0.193,P<0.05)。而且,用户满意经由个人影响路径对组织影响产生的间接效应的t值为5.916(>1.96),达到统计显著性水平,效应强度为0.487,大于其直接效应0.193。这说明用户满意对组织影响的影响主要是通过个人影响这个中介变量来达成的,但用户满意对于组织影响的直接效应也不可忽视。用户满意对组织影响的影响是直接效应与经由个人影响产生的间接效应综合作用的结果。

实证研究结果提示ERP系统管理者,在获得用户满意的基础上,还需要通过众多个人的努力才能实现组织效益(组织影响)。

4.深入广泛的系统使用将推动ERP系统的成功

本研究发现,系统使用与组织影响显著相关(其标准化回归系数为0.155,P<0.01)。从研究结果还发现,系统使用对组织影响既有直接效应也有间接效应,但间接效应远小于直接效应,可以忽略不计。

本实证研究结果提示,广泛的系统使用必然会带来组织影响(组织效益)。在本研究的调查过程中就发现,许多企业的ERP系统应用非常广泛,企业完全依赖

ERP 系统而运作，同样的,ERP 系统也为这些企业极大地提高了运营效率和决策效率。反过来,对于那些应用范围很小的企业,则 ERP 系统对企业带来的效益就不明显。

5.ERP 系统成功来自整个过程每一阶段的成功

本课题研究结果说明 ERP 系统成功来自整个过程每一阶段的成功:项目完成才能带来系统质量的成功,进而有了信息质量;有了系统质量和信息质量的保证,才有 ERP 系统的广泛使用和用户满意度;系统使用与用户满意互为因果;系统使用将带来组织影响(组织效益),但在中国的企业文化背景下,对个人影响是不显著的;用户满意也会带来组织影响,但却是通过个人影响的间接效应起主要作用;个人影响将带来组织效益(组织影响)。

从图 12–2 的 ERP 系统成功模型看出:ERP 系统成功就像一棵大树,在品尝到收获果实的喜悦的同时，也必须认识到从树根营养补充到树干与枝叶养护的重要性并作出相应努力。

12.1.5 管理建议

基于已经得到实证研究结果支持的 ERP 系统成功模型以及在本研究过程中的发现,对 ERP 系统的管理实践提出如下五项建议:

1.坚持 ERP 系统导入与企业发展战略结合

本研究以中国境内生产经营且正在使用 ERP 系统的企业为研究对象,实证研究结果验证了 ERP 系统成功模型包括项目完成、系统质量、信息质量、系统使用、用户满意、个人影响和组织影响等七个构面。这说明 ERP 系统成功需要经历一个比较艰辛的过程,需要长期的努力才能实现。关于 ERP 系统成功上线就万事大吉的想法以及生搬硬套一个适合其他企业的 ERP 系统而不做内部流程重组等想法都是需要纠正的。参考本研究验证过的 ERP 系统成功模型,与企业长远发展战略相结合,提出企业导入(实施) ERP 系统的计划,并配备相应的资源,才能让 ERP 系统为企业的发展带来竞争的优势和超预期的收益。

2.确保 ERP 系统项目阶段的成功

本研究的实证结果验证了项目完成构面与系统质量构面间的因果关系。其中,ERP 系统的项目完成是 ERP 系统成功的基础和前提条件,项目完成与系统质量存在显著的正相关关系。项目完成构面包括 ERP 功能实现的程度、信息需求的满足程度、业务流程重组的效果和培训的充分程度等四项指标。项目完成的关键要素:业务规划与系统规划。企业高层管理者务必要认识到项目完成需要从企业自身的需要出发,从企业的战略发展入手,同时借鉴 ERP 系统的最佳实践,分析整理出适合企业发展的 ERP 功能需求和 ERP 信息需求，并对业务流程进行适当的重组优化(如果有必要,也考虑对 ERP 系统做适当的定制)。考虑到 ERP 系统相关知识的复杂,需要对 ERP 系统相关的员工进行充分的培训。这样,才能为 ERP 系统的项目完成做好比较充分的准备。

项目完成的过程对于 ERP 系统的成功有个较好的类比就是当年的红军长征:长征是宣传队、长征是播种机、长征是宣言书。ERP 系统项目的完成过程也是将 ERP 思想、方法、应用及持续优化等深入人心,通过全员支持的过程。

3.确保系统质量

本研究的实证结果验证系统质量构面与信息质量构面存在显著的正相关关系。系统质量构面包括功能与特性的有用性、系统可靠性、系统执行效率、操作的复杂性和系统的灵活性等五个指标。信息质量构面包括数据的有用性、信息的准确性、信息的相关性、信息提供的及时性和信息的可理解性等五个指标。为提高 ERP 系统的信息质量,企业高层管理者需要从系统质量入手,检查 ERP 系统还有哪些功能与特性没有使用,系统是否稳定可靠,用户报告系统操作复杂等等问题,综合考虑并逐一改进。

在本研究中发现,目前中国企业采用的 ERP 系统,主要是国外成熟的软件,如 SAP,Oracle 等,这类软件是基于国外的大量最佳实践而设计的,导入到中国企业,需要企业自身作出很多流程和操作细节的调整同时还可能需要完成 ERP 系统软件的某些定制修改,这就导致大量企业认为国外的 ERP 系统非常复杂;采用国产软件的企业也不少,但国产软件发展时间较短,许多软件还处于不成熟不稳定阶段,这也同样使得采用国产 ERP 软件的企业也认为 ERP 系统非常复杂;自行开发 ERP 系统的企业相对比较少,这类企业的 ERP 系统就更复杂了。本文作者负责的一个 ERP 系统项目,就充分考虑到了这个问题,采用 SAP 软件作为 ERP 系统的服务后台,在用户使用的前端则采用了自行定制开发的界面,经过几年的观察以及与众多 CIO 朋友的 ERP 系统对比,发现这种方式既将国外集成了众多最佳实践的成熟 ERP 软件导入了企业,又很好地满足了中国本土化的需要,从而获得了企业用户对 ERP 系统较高的满意度,甚至有不少用户每天使用 ERP 却不知道 ERP 的存在(因为他们使用的是完全定制化的界面)。

4.狠抓信息质量

本研究的实证结果揭示,系统质量对系统使用和用户满意既存在直接效应关系也存在经由信息质量的间接效应关系,信息质量构面对系统使用和用户满意只有直接效应关系,而系统使用与用户满意之间存在相互促进的正相关关系。这就为企业的 ERP 系统管理者给出了很好的启示:如果要推动 ERP 系统在企业范围的广泛应用及较高的用户满意,必须同时抓好系统质量和信息质量。

信息质量主要与 ERP 系统的日常运作与使用规范有关,必须建立好适合企业的规范流程和操作指引,加强相关用户的培训也显得非常重要。

5.努力推动 ERP 系统的广泛深入应用

本研究的实证结果揭示,中国的企业管理者可能偏重于 ERP 系统为企业带来的整体效益(组织影响),而对 ERP 系统对个人产生的影响则有所忽视。研究结果显示,系统使用对个人影响的关系并不显著,系统使用将直接带来组织影响(组织收益);而用户满意对组织影响除了仍主要通过个人影响的中介作用而实现,也将直接带来组织影响(组织收益)。

这就为中国企业管理者很好的提示:一方面,可以因势利导,通过推动 ERP 系统在企业范围更广泛的应用与提升 ERP 系统的用户满意来促进 ERP 系统产生更大的组织影响(组织收益);另一方面,可以想办法将 ERP 系统使用与员工个人的工作绩效挂钩,让 ERP 系统使用除了为同事提供方便外也为员工自己带来方便和绩效的提升。这样,ERP 系统将为企业带来更大的收益。

12.2 ERP 实施成功案例之“漫步者”①

1.公司简介

爱德发高科技集团于 1996 年成立于北京,1998 年移师海外,如今已发展成为一个跨国集团公司。爱德发集团现拥有 3 间公司(北美加拿大爱德发企业、北京爱德发高科技中心、南美阿根廷爱德发电子有限公司)和两个生产基地(分别位于北京、深圳,东莞的生产基地也正在建设中)。集团现有员工近 3000 人,厂房 10 万平方米,已形成工业设计、产品研发、模具制作、注塑成型、喷油丝印、木箱制造、电子装配、扬声器开发生产为一体的大规模生产基地,年产音箱 650 万台套。集团自有品牌“漫步者”(国际商标“EDIFIER”)已成为优质多媒体音箱及家用音响的代名词,在业内有着极高的知名度和良好的口碑。

深圳市漫步者科技有限公司成立于 2000 年 11 月,现已形成集产品研发、模具制作、注塑成型、喷油丝印、木箱制造、电子装配、扬声器开发生产为一体的大规模生产基地,年产音箱 600 万套,员工达 2500 人。

深圳市智德多软件有限公司核心成员是一群具有多年管理经验的业务专家和执著于 ERP 软件开发和服务的技术专家。他们长期服务于制造型企业,亲身体验了企业由国内走向全球的发展过程。

2.应用背景

深圳漫步者的信息化工作在建厂之日就已开始进行,使用国内某软件公司提

①资料来源:中国电子政务网 http://www.e-gov.org.cn

供的ERP软件中的进销存部分模块。随公司规模的快速增长、工艺流程的日趋复杂,原有的平台已远远不能满足管理的需要。在集团董事会的支持下,智德多软件于2002年开始开发适合离散型制造行业的ERP软件并在整个集团实施。

多媒体音箱行业产品更新快,技术发展日新月异。产品生命周期越来越短,产品更新速度加快。这就要求企业以更快的速度将科研成果转化为生产力,以更快的速度组织生产,实现销售,在产品生命周期里创造更多的利润。漫步者音箱成品型号有上千种, 涉及物料20000多个, 研发部对物料及产品结构的管理压力日益沉重。研发和生产等方面都要求ERP系统能够解决产品结构变更管理,快速地将变更信息传递到生产、采购等环节。企道ERP的ECN管理模块能详细记录产品结构变更信息, 提供产品结构变更历史记录。通过企道系统特有的代用及配套代用功能,能智能的匹配、消化呆滞物料。

规模化生产与客户需求多样化的矛盾。规模化生产,提高产能和生产批量降低成本是企业的生存基础。在电子行业里如果没有规模化的生产,产品不能以低成本推上市场,即使拥有再好的技术优势也不可能获得市场份额。而另一方面客户需求多样化带来的影响是订单数量小、批次多、品种多。这一矛盾要求企业具备快速反应能力和柔性生产能力,面对变化复杂的市场提高适应水平。要解决这一矛盾,需要综合考虑多方位的信息,如销售预测、产能调整、工艺路线调整、物料需求计划、供应链整合等等,企道ERP系统成为处理多方面数据的有力平台,提高企业生存能力的可靠保障。企道ERP针对客户需求多样化与企业研发环节快速反应的现实要求,提出产品配置解决方案。在研发环节即确定公司产品的可配置功能,将柔性生产触角前移到最前端,最大程度的保留缓冲。客户可以通过产品定制来实现产品的差异化需求,如颜色、电器规格、配件等区别,而不需要研发部只是因为产品的些微差异即要建立新的产品物料编码和产品结构。一方面大量减少物料编码和产品结构的冗余;另一方面迎合了现实中客户小批量多样化的需求。客户定制信息在系统中贯穿物料需求、领料、入库及出货环节,通过系统数据的紧密钩稽和过滤保证采购、生产和出货环节不会因为物料编码的相同而出现张冠李戴的现象。

漫步者音箱生产涉及模具制作、注塑成型、喷油丝印、木箱制造、电子装配、扬声器开发生产等环节,工厂有模具、木工、注塑、喷印、扬声器、总装等车间。不同车间因为生产工艺及成本核算方法的不同对生产采用不同的管理模式。企道ERP对工艺独特的模具车间设计了按车间工艺进行生产的流程; 对注塑和木工采用车间领料期末分摊给加工单的作业流程; 对喷印车间的生产工时则使用按生产数量进行分摊的模式。通过系统参数的灵活设置,组成不同的流程来满足实际生产作业模式的要求。因为订单需求大,部分产能出现瓶颈以及特定工艺(如电镀)等公司不具备,托外加工生产要求频繁,对托外加工单及发放给供应商的物料管理困难,经常顾此失彼。企道ERP提供将加工功能与采购功能完美结合在一起的托工模块,提供半成品托工、工序托工及供应商委外仓库管理等功能,将托外加工从内部加工单托工需求出发到托外采购单管理和托外领料管理、采购收料、供应商物料管理、应付托工费用及托外加工成本计算等功能流程化，流畅地解决了长期困扰采购、生管、财务等部门的老大难问题。

漫步者音箱提供产品的终身保修,关注质量和客户的反馈。质量从来都是企业的生命,竞争的激烈更要求企业关注自己产品的质量。通过 TQM 管理从供应链的源头到生产过程到销售流通过程都要进行质量的全面监控，这就要求有相应的体系保障和 ERP 系统支持。企道 ERP 在采购收料环节提供 IQC 检验模块,详细记录每次收料的品质状况;在加工环节提供 PQC 检验模块,对每张加工单的制程品质进行跟踪;在加工入库环节提供 OQC 模块,保障入库制成品的品质;最后在销售出货环节,提供 QA 模块,对质量做最后的把关。此外,用企道 ERP 系统提供物料的批次管理，按先进先出和个别指定原则详细控制和记录物料的批次入库和领用信息,为产品质量追溯提供有力的工具。

集团业务的不断拓展和新销售渠道的建立要求对多家工厂、销售公司、代理商渠道进行整合,保证数据传输的无缝和快速反馈。企道 ERP 针对不同数据库间的数据传递提出用户可自定义的 EDI 模块。通过 EDI 功能,关系企业间方便的传送和转换数据得以实现。例如涉及北京总部代销深圳漫步者产品的作业模式，通过 EDI 的定义,深圳漫步者的出货单可以方便地转换成北京总部的采购单、收料单和出货单,加快集团内部数据交换,减少人力资源浪费并避免人为手工输入错误的发生。

音箱市场处于完全竞争状态,成本控制成为企业生存的关键。企业需要及时准确提供成本信息给营销部门、生产单位、采购人员、研发项目管理人员,在整个产品生命周期内将成本概念植入企业的灵魂中。企道 ERP 在产品结构定义中即可按行业特点由用户自由定义将产品划分成功能块，例如音箱行业中对产品的划分是低音炮、卫星箱、分体功放、外包装、电源适配器等几大功能块,新品研发或客户定制时经常在这些功能块间进行组合。能快速准确地提供这些组合的成本状况就成为企道 ERP 系统整合其他模块应用,展现集成优势的一个特色。

3.实施难度

深圳漫步者工厂有模具制作、注塑成型、喷油丝印、木箱制造、电子装配、扬声器开发生产等不同制造工艺，体现在车间管理和加工单管理以及成本统计计算上有不同的处理方式。一方面要求系统能够支持多种流程,另一方面对实际流程的整合比较困难。针对模具、注塑、木工的工单及物料管理 ERP 系统提供了按车间统一领料再进行分摊的独特业务流程;对喷油丝印加工中的工时分摊 ERP 系统也调整相应的方案。原有的 MIS 系统应用水平低,对 ERP 理念理解不深,企业基本处于手工管控阶段。ERP 流程的规范化比原有的作业模式弹性减少,更强调上下游的配合。在讨论和确定新流程及新流程的贯彻中遇上一定的阻力。

物料种类繁多,共有20000多种物料,且每年以30%的速度增长。原有的物料编码方案已不能满足发展的要求。启用新编码与ERP系统实施同时进行,加大了系统切换的难度。

原有的各车间分散做计划的组织结构不适合ERP系统统一物料需求的要求,需对组织结构进行调整。以计划为核心的生产系统对生管及物控提出了更高的要求。

4.实施过程

2003年7月深圳漫步者开始实施ERP系统。

第一,由公司总经理和高层管理人员5人组成ERP项目指导委员会,制定项目实施纲要。

第二,在项目指导委员会的领导下,企业各部门的主管经理和智德多项目经理组成项目实施小组。由漫步者研发副总担任客户方项目经理;智德多项目经理担任实施方项目经理,按正规严格的ERP项目实施方法管理整个项目。

第三,成立关键用户小组和一般用户小组,智德多实施顾问通过ERP基础理论培训和ERP系统流程培训及结合实际系统演练,实现知识转移。

在公司高层的强力动员下,漫步者公司ERP项目实施开始驶上快车道。项目实施小组的成员为各部门的业务骨干,熟悉本部门的业务流程;项目经理负责整个实施过程的协调配合,并保障系统的正常运行。

第一阶段,对项目实施小组进行ERP理念和业务流程培训,为后续讨论提供基础。实施范围的确定及进度安排。客户方项目经理和实施方项目经理召集项目实施小组讨论确定物流(采购、销售、库存、加工单管理、车间管理、物料需求计划、主生产计划)、财务、成本、人力资源各模块的先后顺序和进度。

第二阶段,业务流程讨论及定义岗位流程,制定操作规范。在此阶段,对原有不合理流程进行调整,在企业实施一定范围的BPR,理清各岗位工作职责,实现定岗定编,为后续ERP实施确定基础。小组成员在理解ERP流程的基础上规范本部门工作,提高部门间的协作意识是ERP项目能否成功实施的关键。例如领料流程,针对不同的生产特点启用不同的领料流程。成立综合计划部,将原来分散于各车间的生产计划权力收集到该部门。在强调计划性和协调的ERP流程中,保证计划信息传递和反馈的及时有效。成品仓库从销售部剥离出,归入统一的物流管理部门。

第三阶段,安装系统,对关键用户小组培训。使用公司自身的数据展开培训,便于学习人员迅速而牢固地掌握系统操作,理解系统流程。培训中要强调实际操作和整个流程的连贯运作,要让用户真正理解其在流程中扮演的角色。建立考核和激励机制是本阶段成功的关键。通过这一阶段的模拟数据,考察新系统新流程数据的完整性和准确度,检查流程合理性,建立用户信心。项目组深刻总结前期培训不到位的教训,把培训工作作为项目控制的一项重中之重的内容来抓。本次项目组组织了全方位的培训工作,包括:理念、标准功能、最终用户操作及问题分析培训。针对最终操作,项目组分岗位编写了21份操作手册。为保证培训效果,要求操作者必须考试合格上岗,有50人获得了ERP系统操作资格。面对计算机操作水平参差不齐的操作用户,项目组没气馁,部分用户以前甚至没有操作过计算机,但项目组人员还是耐心地从开机教起,直至学会操作。针对部分人员对系统应用不熟练,工作态度不积极、不主动,工作不认真、不负责任,项目组召集了多次错误案例分析会,有针对性地强化操作培训,加强了相互间业务的了解和沟通,增强了操作人员的责任心。上线后,项目组组织多次培训,采购、销售、制造三条线都系统地进行了案例分析培训,结合实例,系统培训,效果很好。由于各部门人员变动频繁,采用原岗位培训新人的方法,在未教会徒弟以前,师傅对系统业务负责,考试合格才给新用户开账号以确保系统正常运行。

第四阶段,基础数据准备。在前期项目诊断过程中大家一致认为ERP项目实施是"三分技术,七分管理,十二分数据"。对此,加强了数据的收集与整理工作,注重数据收集的质量。在正式环境设置完成后,项目组专门组织召开了系统上线步骤及数据准备的专题会,会议对系统上线步骤、数据收集方法、数据核对方式、数据录入方式等进行了详细说明,确保系统上线万无一失。原有的物料编码规则扩展性已不能够满足公司发展的要求,ERP项目指导委员会决定使用新的编码规则。除研发部提供物料基础资料和产品结构以外,采购、销售、仓库、生管、物控、财务分别要求提供物料需求参数、供应商及报价、客户及报价、库存、会计科目设置及期初余额等基础数据。此外还要求采购、销售、生管提供未结采购单、销售订单及加工单资料。基础数据准备阶段是项目实施中工作最繁杂的阶段,要求实施顾问和数据提供人员紧密配合,防止数据遗漏或重复工作的现象。在系统期初数据准备过程中,项目组对业务、财务(期初现有量、在途数据、编码、物料清单、工艺路线、供应商、客户、固定资产等)近3万条数据进行了全面复核、校对,并准确导入系统,确保系统期初数据的准确性,为系统上线运行奠定了坚实的基础。

第五阶段,数据导入,新旧系统并行。依据岗位流程要求处于流程中的各工作岗位按时完成要求的工作,保证所有的数据均在系统中运作。实施顾问检查核对新旧系统数据差异,调查原因并解决问题。该阶段是用户工作压力最大的阶段,需要兼顾两套系统的数据录入,需要融入新流程接受新系统。

第六阶段,系统切换,全面上线。经过一个月的系统并行,在月末结账后对新旧系统数据检查比较,对新系统考核通过后停止旧系统的运行。

5.经验总结

第一,实施过程要始终坚持一把手工程,取得公司高层的支持是ERP项目能够顺利进行的保证。在项目确定初期,为保证ERP管理思想得到有效贯彻落实,公司主要领导多次召开部门主管会议进行工作动员。在项目实施过程中,遇到难题,公司主要领导召开会议协调解决。

第二,建立项目实施小组,协调流程中各部门运作。在实施过程中,要动员企业各部门主管和业务骨干加入到项目中来,进行全员动员,全面落实负责项目的组织和实施。

第三,遵循从易到难、从简单到复杂的实施各个模块。一个模块中相对复杂的功能也可以在其他流程运作顺利后才启用。企道 ERP 完全支持分模块实施和根据参数设置调整系统流程和功能。

第四,培训工作要细之又细,保证所有的用户掌握并理解他在系统中每个动作的影响和意义。培训包括 ERP 理念培训、业务流程培训以及实际操作培训,实施顾问要将知识完整的转移给用户。

第五,坚持 ERP 实施项目管理的各个阶段,验收完成上一阶段后才进入下一阶段。

6.实施效果

第一, 各部门的日常运作规范化。

ERP 是一套系统管理工程,它通过数据的共享来衔接公司的各个部门,从而提高公司的整体运作。从采购、库存到应付及付款,从销售、库存到应收及收款,从物料清单、库存、车间生产到成本,从销售预测、生产计划平衡、车间生产到物料需求,流程管理取代原来孤立的职能管理。通过严谨的业务流程消除了无效环节、减少没有增值的活动、堵住了管理漏洞,实现了业务流程标准化和规范化。比如,原材料入库,必须严格按照订单要求进行质量检验,只有符合订单要求质量的材料才能入库,从而能够确保原材料质量关。

例如,在实施 ERP 系统前,综合计划部用手工计算物料需求,将物料需求发给采购部,由采购部再手工下采购单给供应商。实施新系统后,ERP 系统中的物料需求计划模块自动计算物料需求,物控根据下达日批准需求形成采购申请,采购员在系统中转采购单, 经过采购经理在系统中审核后由传真服务器或邮件服务器自动转发给供应商。PMC 和采购的工作量都大大降低,工作质量显著提高。

第二,实现企业数据共享。

例如,如果生管调整生产安排系统会自动发送 E-mail 通知采购;采购调整收料计划也会有相应的信息传递到 IQC;IQC 根据系统中的收料计划进行品检安排。

财务部门在计算产品成本时, 只需要在系统中运行相应的程序即可计算上月的成本。使原先在月中才能提供的财务报表在月初 3 个工作日就可。

销售部门对客户询价实现快速反应,能够根据成本数据、产品结构及产品模块特性组合快速报价。

同样销售部门也可以在系统中发布订单评审表, 系统自动通知相关的部门参加评审。原本串行的流程在系统中可以并行进行。

虽然系统数据共享,但可以通过用户权限设置做到数据的保密,如采购员采购的物料不同,系统可以设置采购员负责的供应商,使采购员只能看到自己负责的供应商、报价、采购单等信息,其他供应商采购信息看不到。相应的业务员和跟单员在系统中查看销售订单及报价的权限也可以设置到他们负责的相关客户上。项目组制订了《ERP 系统用户权限管理规定》,通过对用户权限规范管理,确保系统及系统数据的安全。

第三,ERP 项目实施后的效果不止体现在工作效率的提高, 更多的是体现在员工的意识理念上跟上了现代企业的管理模式, 能够用以往不同的眼光来看待工作和解决问题,为企业的升级发展奠定坚实的基础。影响公司制造系统基础数据准确性的主要因素是全员成本管理意识,这是粗放管理造成的。今后要进一步培养精细化管理的意识,同时要改善计量手段。随着企业规模的扩大,人工采集数据无法准确,在产量大的情况下人工统计数据经常出错。ERP 的最大优势就是建立一套集成而且透明的企业管理体系,如果原始数据都是错误的,ERP 就失去了基础,我们就不可能掌控企业的真实状况, 资源优化、快速反应和柔性生产都成了天方夜谭。

第四,初步整合流通渠道。通过对成品条形码的管理解决区域窜货问题,并对售后服务提供有力保障,对产品质量跟踪也起到积极作用。

7.持续改善

在深圳漫步者成功实施 ERP 项目后, 集团董事会决定在全集团推进 ERP 项目。随后北京爱德发集团总部实施 ERP 项目,并实现和深圳工厂间基础数据和业务数据的 EDI 交换,减少集团内部数据重复录入,提高数据的准确性。此外,集团财务合并报表在系统中也顺利生成。

对代理商的系统整合也在进行中,目的是建立完整的供应链系统,把握市场的脉动,提高快速反应能力。

集团分销、财务、制造三大模块的上线,只是 ERP 应用的初始阶段,是万里长征的第一步,ERP 的基础平台已搭建,如何利用平台提升管理是下一步工作重点。业务部门最了解自己的业务,要结合系统提出进一步改进或优化建议,只有业务部门结合实际业务操作来开发系统功能,才能真正用活,实现管理创造效益。

本次 ERP 上线在集团领导的大力支持下,通过各部门的共同努力,取得这样的成绩来之不易。同时我们也深深体会到,ERP 对企业管理的要求非常严格,更加体现精细化管理,如果管理跟不上 ERP 的要求,就会使系统运行出错。反之,如果我们适应了这种要求,那么企业基础管理将会有一个更大的提升。

12.3 ERP实施失败案例之“许继”①

1998年初，河南许继集团采用Symix公司(现更名Frontstep公司)的产品来实施ERP。从1998年初签单，到同年7月份，许继实施ERP的进展都很顺利。包括数据整理、业务流程重组，以及物料清单的建立都很顺利。厂商的售后服务工作也还算到位，基本完成了产品的知识转移。另外，在培养许继自己的二次开发队伍方面也做了一定的工作。如果这样发展下去，或许许继会成为国内成功实施ERP企业的典范。

然而，计划赶不上变化。到了1998年8月份，许继内部为了适应市场变化，开始发生重大的机构调整。但是许继高层在调整的过程中，更多的是关注企业的生存，企业经营的合理化和利润最大化，显然没有认真考虑结构调整对ERP项目的影响。企业经营结构变了，而当时所用的ERP软件流程却已经定死了，Symix厂商也似乎无能为力，想不出很好的解决方案。于是许继不得不与Symix公司友好协商，项目暂停，虽然已经运行了5个月，但是继续运行显然已经失去了意义。Symix的ERP现在只是在许继一些分公司的某一些功能上还在运行。

1.公司简介

在机械行业100强排名中，许继集团排名第29位。许继是以电力系统自动化、保护及控制设备的研发、生产及销售为主的国有控股大型企业，国家520户重点企业和河南省重点组建的12户企业集团之一。许继集团在坚持把主业做强、做大的同时，不失时机地跻身于民用机电、电子商务、环保工程、资产管理等行业，并取得了喜人的业绩。多年来，许继集团坚持"一业为主，多元发展"的经营战略，支撑着企业的快速发展，2001年许继集团实现销售收入28.8亿元(含税)、利润2.5亿元，比2000年分别增长34%和9.75%，各项经济技术指标再创历史最好水平，继续保持行业的龙头地位。

2.ERP选型

许继上ERP希望能解决三个方面的问题：第一方面是希望通过ERP规范业务流程；第二方面是希望信息的收集整理更通畅；第三方面是通过这种形式，使产品成本的计算更准确。

ERP选型时，许继公司接触过包括SAP、Symix、浪潮通软、利玛等国内外ERP厂商。开始许继想用SAP的产品，但是SAP的出价是200万美元：软件费100万美元，实施服务费100万美元。而当时许继上ERP的预算只有500万元人民币。国外ERP软件用不起，许继并没有把目光转向国内软件企业。因为在考察了浪潮和利

①资料来源：新浪网 http://tech.sina.con.cn

玛等几家国内厂商之后，许继觉得国内软件厂商的设计思路和自己企业开发设计软件已实现的功能相差不大。挑来挑去，许继最终选择了 Symix，一家面向中型企业的美国管理软件厂商。许继当时的产值是 15 亿元，与美国的中小型企业相当，而 Symix 在中小型企业做得不错，价位也比较适中。而且按照一般的做法，签单的时候，一般企业的付款方式是分三笔：5:3:2 模式。而 Symix 开出的条件非常优惠：分 7 步付款的方式。双方就这样成交了。

3.ERP 实施

实施 ERP 项目之前，许继没有成立企业内部事业部，而是以各个分厂的形式存在。而各个分厂在激烈的市场竞争中，出现了这样的怪现象：许继自己制造的零部件，比如每个螺钉在公司内部的采购价格是 5 分钱，在市场上 3 分钱就可以拿到。这样必须进行大调整。

大调整的结果是将这些零部件分厂按照模拟法人的模式来进行运作。许继的想法是给这些零部件厂商两到三年的时间，如果还生存不下去，再考虑其他办法。如工人下岗、企业转产、倒闭等。

实施 ERP 在先，公司结构大调整在后。但是许继高层在调整的过程中，更多的是关注企业的生存，企业经营的合理化和利润最大化，显然没有认真考虑结构调整对 ERP 项目的影响。

企业经营结构变了，而当时所用的 ERP 软件流程却已经定死了，Symix 厂商也似乎无能为力，想不出很好的解决方案。于是许继不得不与 Symix 公司友好协商，项目暂停，虽然已经运行了 5 个月，但是继续运行显然已经失去了意义。Symix 的 ERP 只是在许继一些分公司的某一些功能上还在运行。

4.案例分析

许继实施 ERP 不成功的根源，有三个主要因素。

第一个因素，许继进行非常大的经营结构调整，关键业务流程重组，在上 ERP 之前应该有明确的计划和认识，或者提前进行，或者同时进行。但关键业务流程重组是应该提前进行，同时进行的只能是部分非关键业务流程的改造。那么如果选择功能更强大的管理软件会不会好一些？也许当时选用 SAP 是个正确的选择。如果软件的适应性比较强，也就不会出现这么大的影响。但是当时选择 SAP，这个时候 SAP 还要 100 万美元，许继又当如何？

第二个因素是厂商。美国人在设计软件的时候，是不会想到中国企业会在短短几个月的时间里出现这么大的变化。任何一个产品都有它的适应性，它也有所不擅长的领域，企业发生这么大的变动，肯定超出了软件所能适应的范围。但厂商的责任应该更重的，因为厂商或者顾问咨询公司有责任来帮助企业进行分析业务流程，指出一些不合理性，Symix 在来中国之前并非不知道咨询顾问的作用。

第三个因素是“一把手”的作用不能贯彻始终和有效发挥。企业上ERP是“一把手工程”,是考验企业最高领导人意志和魄力的过程。许继的决策层在1998年将花500万元上ERP,决心不可谓不大。可是老总毕竟精力有限,你不可能指望他把所有的时间都用在这一方面。在实施过程中,许继高层的做法是把这个权力移交给信息中心,并要求各部门积极配合,谁不配合谁下岗。然而,即使手中拿着老总的“尚方宝剑”到处挥舞,但信息中心依然发现,在执行过程中其他部门仍然没有按照信息中心的整体布局执行。那么为什么不能“杀一儆百”,或者采取其他的强制措施?因为软件流程已经设定了,而这时企业为了适应市场做了一个结构调整,于是出了问题也就分不清责任在哪一方,到底是软件不行,还是人的配合不够,造成流程不顺畅?无法界定责任,惩罚谁?但是联想是在拆分前实施SAP系统的,分为联想和神州数码两个公司,ERP系统也进行了分拆,现在运行得很好。关键的因素还是企业负责人的决心和一把手这个“尚方宝剑”的有效性。

当时许继应该怎么办,一种说法是考虑和更大的ERP供应商沟通咨询,进行诊断,找出一个合适的做法。还有就是与国内有ERP理论的、有技术支撑的软件供应商合作,结合许继信息中心的队伍合作开发。到目前为止,许继依然靠自己开发的程序来支撑运行自己的信息系统。而500万买来的管理软件只是在一个子公司运行,虽然现在不用,但每一年许继依然要支付高昂的软件升级维护费用。虽然许继这几年保持高速发展,但与500万元的冤枉钱无关。

创业篇

第十三章　创业计划书撰写

13.1　大学生创业计划大赛赛事分析

13.1.1　大学生参加创业大赛的主要启示

1.培养学生的分析和研究能力

培养学生发现问题、思考问题、分析问题、解决问题的能力,培养学生参与项目的科研活动的能力,培养学生综合学习和运用知识的能力。

2.培养学生的沟通交流和组织管理能力

培养学生团队意识、合作精神、配合方式,培养学生各司其责、交流沟通、共同工作。

3.培养学生的综合素质——素质教育的最好课程

创业大赛的知识涉及:数、理、化、生、天、地、海、工、农、医、文、史、哲、政、经、管、法等学科,交叉学科或各类专业的综合学习和训练。

IQ 和 EQ 的综合训练:调查、分析、判断、决策、讨论、说服、沟通、写作、表达。

4.培养学生新的授教观

从"在已知的世界里拷贝已知的知识",向"在未知的世界里寻求和探索未知的知识"转变。

5.培养学生的创业能力

把理论联系实际,用知识创造财富,大学生不只是就业者,更是创业者,创业比就业更有成就。

13.1.1　大学生创业计划大赛(University's Business Plan Competition)

1.海外主要的大学生创业计划大赛

(1)美国:MIT:5 万美元创业大赛(1990 年)
德州:Austin(1983 年)
美国有超过 35 所大学设立创业计划大赛(BPC)

(2)英国:剑桥大学创业学习中心(Cambridge ELC)

英国其他大学的创业活动

(3)亚洲:亚洲大学生创业大赛

2.中国大学生创业计划大赛

中国大学生创业计划大赛目前有挑战杯创业计划大赛、用友杯创业设计和沙盘模拟经营大赛、金蝶杯全国创业大赛等全国赛事,截止 2012 年 4 月份,已经分别举办了七届。在进行创业计划书比赛环节前,一般先进行用友创业者电子沙盘模拟经营、金蝶贝腾创业之星电子沙盘模拟经营或者商道电子沙盘模拟经营环节,要有电子沙盘模拟经营的成绩门槛,才能进入创业计划书比拼环节。挑战杯创业计划大赛由共青团中央、教育部、中国科学技术协会、全国学生联合会等主办,影响力最大,许多金银奖项目创业成果,取得较好的社会效益和经济效益。挑战杯中国大学生创业计划大赛赛事情况如下:

> 1999 大赛:北京——清华大学

> 2000 大赛:上海——上海交通大学

> 2002 大赛:杭州——浙江大学

> 2004 大赛:厦门——厦门大学

> 2006 大赛:济南——山东大学

> 2008 大赛:成都——四川大学

> 2010 大赛:长春——吉林大学

> 2012 大赛:上海——同济大学

3.参赛的注意事项

* 秘密答辩时间控制:团队陈述 15 分钟,评委提问 15 分钟。

* 书面报告:格式规范、论述严谨、说服力强、文字通畅。

* 团队合作:分工、协调、组织、领导。

* 陈述报告:思路清晰、简明扼要、语言流利。

* 回答问题:针对性、及时性、准确性、逻辑性、流畅性。

* 记分制度:分数 X 权重。

* 分数结构:书面评审占 40%,秘密答辩占 60%。

* 专家组成:教授、技术专家、企业高层经理、风险投资家、律师、会计师、银行家、创业企业高层经理。

* 奖励产生规则:每个创业计划书按总分排序,产生金奖和银奖;最后分数并列的项目由组长和评奖委员会主任、副主任商议解决。

4.大学生创业计划大赛陈述和答辩的评价准则

(1)Appearance:着装整齐、有礼有节。

(2)Logics:思路清晰、逻辑严密。

(3)Structure:结构合理、陈述有序。

(4)Precise:分析基本准确、结论可信。

(5)Language:语言准确、优雅、严谨,发音标准。

(6)Response:回答准确、敏捷、简练、礼貌。

(7)Cooperation:团队合作意识和配合程度。

(8)Time Control:在既定的时间内将最重要的信息全部传递给听众。

(9)Show:展品真实、演示正确、工作正常、效果明显。

(10)Data/Evidence:数据可靠、论据有效。

13.2 创业计划书格式和内容

按照创业设计是否实施和推广,可分为拟创业项目和已创业项目。拟创业项目创业计划书要求格式规范,内容完整,根据创业项目大小,财务预算要合理,项目的创新性和可行性要强。已创业项目创业计划书除了具备拟创业项目创业计划书的要求外,须突出项目运营前景、市场成熟度、持续盈利能力和项目团队等。

13.2.1 拟创业项目创业计划书格式参考模板

拟创业项目创业计划书内容较多,以下十一个部分内容是必须有的,每一部分中的具体内容可以适当增减,但要保证十一个部分的完整性。

第一部分 执行总结

一、公司概况

二、各方利益分析

三、投资与财务

四、行业与市场

五、企业优势

六、未来展望

第二部分 项目背景

一、产业背景分析

二、网站描述

三、产品服务领域

第三部分 市场机会

一、目标市场的确定

二、SWOT 分析

三、竞争态势分析

四、市场渗透及预计份额

五、产品前景和发展潜力

第四部分 公司战略

一、公司整体战略

二、阶段性目标及实现途径

第五部分 市场营销策略

一、目标群体的分析

二、推广渠道 三、推广方式

第六部分 公司筹建

一、公司选址

二、公司软硬件购置及人员安排

第七部分 投资分析

一、投资规模

二、融资计划

三、资金运用计划

四、项目可行性分析

第八部分 财务分析

一、财务假设

二、公司成本、费用预测表

三、会计报表

四、财务指标分析

五、杜邦分析系统图

第九部分 管理体系

一、公司性质

二、公司整体组织形式

三、公司管理

四、管理发展方向

第十部分 机遇与风险

一、机遇

二、风险

三、解决方案

第十一部分 风险资本的退出

一、公司上市

二、积极推进以并购形式退出

三、企业出售

四、股权转让

五、股份回购

13.2.2 已创业项目创业计划书格式参考模板

已创业项目创业计划书内容如下:

一、企业概况

1.主要经营范围

2.企业类型

二、创业计划作者的个人情况

1.以往的相关的经验(包括时间)

2.教育背景及所学习的相关课程(包括时间)

三、市场评估

1.目标顾客描述

2.市场容量的变化趋势

3.竞争对手的主要优势

4.竞争对手的主要劣势

5.本企业相对于竞争对手的主要优势

6.本企业相对于竞争对手的主要劣势

四、市场营销计划

1.产品

2.价格

3.渠道

4.促销

五、企业组织结构

1.企业登记注册类型

2.企业名称

3.企业的员工(附企业组织结构图和员工工作描述书)

六、固定资产

1.工具和设备

2.交通工具

3.办公家具和设备

4.固定资产和折旧概要

七、流动资金

1.原材料和包装

2.其他经营费用

八、销售收入预测(12 个月)

九、销售和成本计划

十、现金流量计划

13.2.3 创业计划书撰写技巧

1.创业计划中创意的内涵与特点

创意是创业计划的灵魂。创意就是创造性的意念,主体所集合起来的一系列灵感中,当数创意灵感最具创造性,最有价值魅力。其他灵感,或是创意灵感的补充与拓展,或是创意灵感的铺垫与细化。

(1)创意的内涵:

创意是思想、点子、主意、想像等新的思维成果。

创意是创造新事物、新形象的思维方式和行为。

(2)创意具有以下特点:

1)创意是人们主体意象与客体表象的结合。

2)创意产生于创造性的思维。

3)创意来源于对生活的积累。

(3)产生创意的方法

创意之始不宜提出目的,否则易使见解流于表面,难免肤浅。例如,戈登采用的方法是:不让与会者(主持人除外)知道创意的真正意图和目的,而达到海阔天空的联想,以捕捉创意的火花。

例如,创意开发新型洗衣机。会议主持者开始只提出"分离"作为议题,即进行头脑风暴式讨论,这样就由"分离"两词联想出许多事来,例如,盐与水分离、蛋黄蛋白分离、原子与原子核分离、人与人分离、鱼与水分离……主持者在这种似乎漫无边际的"分离"大讨论中因势利导,捕捉创意的思想火花,为新型洗衣机的创意构思服务。最后,主持者把真正的意图和盘托出。

2.创业计划中营销策划原理

策划是针对未来要发生的事情作当前的决策。营销策划原理是指营销策划活动中通过科学总结而形成的具有理性指导意义和行为规律性的知识。营销策划原理应该具有客观性、稳定性、系统性。营销策划依据的是整合原理、人本原理、差异原理、效益原理。

(1)整合原理。要把所策划的对象视为一个系统,用集合性、动态性、层次性、相关性的观点处理策划对象各个要素之间的关系, 用正确的营销理念将各个要素整合统筹起来,以形成完整的策划方案和达到优化的策划效果。整合原理包括主附组合、同类组合、异类组合、信息组合等。

(2)人本原理。以人力资源为本,通过发掘人的积极性和创造性作为企业进步的动力的理论系统。"以人为本"首要强调的是"人"重于"物",人是知识的鲜活载体。一方面,要调动和激发企业人员的积极性和创造性,要有"以人为本"的理念,即企业的行为是企业人的行为,不能撇开人孤立地设计企业活动;另一方面,要体现"以消费者为中心,为消费者服务,令消费者满意"的内容,把企业行为紧密地与销售对象的利益联系在一起,使营销策划方案有利于培育忠诚的顾客群。

(3)差异原理。差异原理指在不同时期对不同主体视不同环境而做出不同选择的理论体系。营销策划的差异性是由策划文案的特色体现的。体现的因素很多,如企业的形象塑造、理念创新、产品特色、营销举措、价值取向、情感倾向、视觉设计、市场运营方式等。

(4)效益原理。效益原理指营销策划活动中,以成本控制为核心,追求企业与策划行为本身双重的经济效益、社会效益为目的的理论体系。

3.创业计划书撰写中的谋略和技巧

做任何事,要天时、地利、人和。创业计划中对应的是审时、度势、谋术,即"时"、"势"、"术"。"时"、"势"、"术"构成谋略的"金三角"。"时"、"势"是"术"的基础和条件,"术"则是"时"、"势"的归宿地。创业计划中的择"术"就是要选择正确的技术方法。

(1)审时

"时"意指时间、时机。所谓审时意指详细审查、仔细研究时间和时机的特性,监测时间、时机的发展变化。所谓借时意指借助于有利的时间和时机,一是顺应时世;二是把握时机;三是选定时日。

(2)度势

"势"是指形势、趋势、时势、声势、局势。所谓度势是指揣度、估计形势。所谓运势是指借助和运用一定的形势、趋势、时势、声势、局势开创新的局面。所谓造势意指制造一种气氛,创造有利的形势。

1)借势——借势造势。

所谓借势,是指企业及时地抓住广受关注的事件,如社会新闻、明星效应、体育事件等,使自己的产品或服务被广为传播,从而迅速提高知名度。

(a)借助明星效应。爱屋及乌,把自己的产品或服务与明星结合起来,可以利用明星的知名度来加重产品的附加值,从而使消费者对该产品产生感情,从而赢得消费者的品牌忠诚度。

(b)利用体育赛事。重大体育赛事广受人们的关注,体育赛事是品牌最好的广告载体,体育背后蕴藏着无限商机,这已被很多企业认识到并投入其间。通过赞助、冠名等手段,可以借助所赞助的体育活动迅速推广自己的品牌。

(c)借助新闻事件。有价值、影响面广的新闻是企业进行事件营销的重要载体,因此,不失时机地将其与自己的品牌联系在一起,可以达到借力发力的传播效果。

所谓造势,是指企业有计划地策划、组织和实施具有新闻价值的事件来吸引媒体、公众和消费者的兴趣与关注的一系列活动。

(d)引导舆论。为了达到宣传的目的,企业可以通过与相关媒体合作,宣传和炒作自己的产品或服务。关于这一点,很多企业都已认识到了它的作用。

(e)策划活动。策划活动是指企业为吸引消费者和媒体的眼球以达到推广自己产品的目的而组织策划的一系列宣传活动。

(f)制造概念。制造概念是指企业为达到品牌传播的目的,创造一种"新理念"、"新潮流",从而使自己的产品受到人们的广泛关注和认同。

2)得势——趁势出击。

3)涨势——再上台阶。

(3)谋术

"术"是指技术、艺术、战术。所谓谋术是指选择和运用合理的技术、战术。(1)切准市场,遵循规律;(2)找准概念,升华主题;(3)创意突围,生动演绎;(4)谋求信赖,寻求支持;(5)沟通传播,取得共鸣。

4.创业计划书撰写中的具体技法

(1)头脑风暴法

头脑风暴法(Brain storming)于 1939 年由美国的创造学家奥斯本提出,又称"BS 法"、"智力激励法"、"脑力激荡法"、"脑轰法"、"畅谈会法"、"集体思考法"、"集体智慧法"等。

实施程序:准备、热身、明确问题、畅谈讨论、评价筛选。

具体方式:一般情况下,召集 5~12 人开小组讨论会。会议由 1 人主持, 1~2 人记录。在小组正式讨论之前,由会议主持人宣布和说明会议应遵守的原则及注意事项。会议开始时,主持人说明会议的目的和要解决的问题,并鼓励大家踊跃发言。记录员的任务是记录大家提出的所有设想、方案,会后再分类整理。会议的时间以半小时左右为宜,最长不能超过 1 小时。会议通知最好提前几天发出,并告知与会者会议的主题。

四条原则:第一,不允许批评别人的设想;第二,提倡自由畅想,鼓励标新立异;第三,设想多多益善;第四,可以借题发挥。

(2)默写式头脑风暴法

联邦德国的创造学者鲁尔巴赫根据德意志民族惯于沉思的性格特点,对奥斯本提出的头脑风暴法加以改进,提出了默写式头脑风暴法,又称"635 法"。具体方式如下:

时间:30 分钟。

工具:有 18 个设想栏的空白纸。

步骤:6人、5分钟内、3个设想——依次传递给右边的人——下一个5分钟内,再根据前面的3个设想提出3个新的设想——循环6次——得出108个设想。

(3)5W2H法

美国陆军首创的设问方法,最初是5W1H,后发展为5W2H。

5W2H法:

* 为什么(why)
* 做什么(what)
* 何人(who)
* 何时(when)
* 何地(where)
* 如何(how)
* 多少(how much)

(4)垂直思考法和水平思考法

垂直思考法从纵向、从历史、从发展过程等方面进行市场营销策划;水平思考法从水平、从竞争对手、从行业等方面进行市场营销策划。

5.创业计划书撰写的一般程序

创业计划书撰写的一般程序具体为:

(1)创业项目分析

(2)市场调查

(3)创业项目体系构架

(4)战略与战术制定

(5)市场营销组合要素分析

(6)投资财务分析

(7)生产和组织管理体系设计运营

(8)风险资本退出和股份回购

6.创业计划书的撰写原则

创业计划书撰写的基本要求:

主题明确、结构合理

内容充实、重点突出

论据充分、论证严谨

方法科学、分析规范

文字通畅、表述准确

排版规范、装帧整齐

(1)主题明确、结构合理

创业计划书名称:体现创业投资的主旨或目标——科技、市场、价值。

创业计划书封页:精心设计、体现项目特色;简洁规范、避免过于花俏。

创业计划书摘要(1~2 页)开门见山地综述:项目的名称、技术特点和优势、所属产业及趋势、市场需求及趋势、投资及其效益、基本结论等。

创业计划书目录和章、节、目的标题:报告的逻辑思路和分析框架。

创业计划书的正文:分“章—节—目—小目”论述、主题明确、依序论述、循序渐进。

创业计划书的附录:科研成果获奖、专利、发明证书、市场调研的方案和问卷等资料。

创业计划书的主要参考文献:按参考文献标准写法标注。

(2)内容充实、重点突出

1)报告摘要

产品或服务的名称及特征、所属产业、趋势及特征;项目的市场需求和趋势、营销的基本策略;公司的组织和管理;项目的筹资和投资计划和效益评价结果;项目的风险投资者的撤出方式和预计效益;项目的基本结论和建议。

2)产品或服务和公司简介

产品或服务简介:技术价值和应用价值。

公司简介:公司组建、注册资本和股权结构、发展战略。

3)市场营销方案:

— 4P 的组合:几种主要的营销策略

— 所选营销策略的利弊分析和调整

4)生产和运作模式:

— 生产组织方案(采购、生产、仓储、运输、销售)

— 生产工艺流程

— 人员和设备的配置

5)企业管理方案:

— 企业的组织结构设置和调整

— 董事会、总经理、部门经理等的职能(权责利)

— 中层经理的职责

— 部门管理(人事、财务、生产、采购、销售等)

— 职工管理

6)融资方案:

— 资金来源和比例:技术入股、风险资本投资入股、管理者出资入股、银行贷款。

— 计算资本成本:各种资本的成本、加权平均资本成本投资(财务)效益

可行性

— 编制：损益表、现金流量表、资产负债表、还贷计划表。

— 测算投资效益指标：静态和动态回收期(PBP)、净现值(NPV)、内涵报酬率(IRR)、保本点(BEP)等。

7)风险及其防范：

— 技术风险和防范：技术创新性和成熟度、技术更新、R&D(研究与开发)的后续能力。

— 市场风险和防范：目标市场的实际需求、价格变动与需求变化、竞争对手的能力、市场竞争态势、产品更新换代或替代品出现。

8)撤出机制：

— 股权转让——部分转让或全部转让股权，预计的股权转让价值：

股权价格=每股净资产×(1+溢价率)

— 公司上市——发行股票(出售股份或继续持股)，预计的股票价值：

股票价格=前三年平均每股收益×发行的平均市盈率

9)结论和决策建议：

— 技术价值：该项技术的产品或服务是否成熟和具有应用前景？

— 市场价值：基于该项技术的产品或服务是否具有较大和稳定的市场需求？

— 投资价值：该项投资是否具有经济效益？风险投资是否具有经济效益？

— 决策建议：是否具有投资价值？投资和管理中应注意的关键问题是什么？

(3)论据充分、论证严谨

市场调研分析部分：资料详实、可信度高；潜在需求现实。

技术工艺部分：技术成熟；后续R&D(研究与开发)有保障。

财务效益部分：销售、价格和成本合理；净现值(NPV)>0；回收期短。

营销策略：可操作性强；有特色和创意。

风险评价：客观；可解决。

撤出方式：可行。

(4)方法科学、分析规范

市场调研和预测方法

财务效益可行性研究方法(NPV、IRR、PBP、弹性分析)

(5)文字通畅、表述准确

通俗易懂、逻辑严谨、言能达意、谨防语病。

(6)排版规范、装帧整齐

封页、标题(大、中、小)和全文格式、正文、段落、引言、表格、公式、数字表示、参考资料。

第 14 章　创业计划书评价和案例分析

14.1　创业计划书评价分析

14.1.1　从评委角度看大学生创业计划竞赛

创业团队提交书面的作品：1.创业计划大纲；2.完整的创业计划书。

1.创业计划大纲

创业计划大纲的评审要求：

1)条例清晰、重点突出、力求简洁。

2)相关数据科学、真实、准确。

3)对于一个非技术背景的人士应清晰易懂。

2.完整的创业计划书

完整的创业计划书作品各部分内容与分值(得分按 100 分值计算)

执行总结	15
产业背景	10
市场调查和分析	10
公司战略	7
营销策略	12
经营管理	5
管理团队	8
融资与资金运营计划	5
财务分析与预测	10
关键的风险和问题	8
文字表述	10

3.如何提高答辩的效果

答辩类型：秘密答辩和公开答辩

分值构成：团队陈述(40 分)、回答提问(50 分)、团队表现(10 分)

针对答辩的建议：

>正式汇报

>着职业装

>熟悉内容

>事先演示

>可带卡片(不要看稿纸)

>注意体态语言

>汇报的工具(多媒体或 PPT 文件、道具、产品模型等)

>表达清晰、流利

>控制好时间和进度

>角色扮演(团队合理分工、配合默契)

14.1.2 从投资人角度看创业计划竞赛

1.参加创业大赛的目的

1)学习商业思维

2)真正创业

2.风险投资的游戏规则

1) 一种直接投资行为,具有高风险、高收益的特点。

2) 专家型、职业化投资。

3) 阶段性投资,实现资本增值后退出。

4) 不同于政府无偿拨款,后者选择的企业成功率底,企业缺乏动力机制,政府不会全过程的跟踪扶持。

3.风险资本如何提供帮助

1) 投资公司一般不派人员参与所投公司的管理,但是在制定发展战略和招募人员方面提供帮助。

2) 提供多方位的外部关系网络(与潜在消费者、供应商和融资机构之间的行业联系)。

3) 帮助公司建立好的公司治理机制。

4) 带来适当的知识和经验,以帮助公司寻找新的增长点。

5) 帮助公司做好资本运作。

4.创业者应关注风险资本属于商业化运作,要求企业追求股东回报最大化。因此,创业者应关注下面一些问题:

1) 不仅关心技术的先进,更应关注技术的市场应用前景。

2) 不仅关注潜在的市场规模,同时关注市场的成熟度,以防"烧钱"速度过快。

3) 改变依赖政府、学校的观念,直面市场。

4) 逐步建立健全的会计制度、决策机制、人事制度。

5) 理清股东结构。

6) 知识产权归属和保护(对内、对外)。

7) 明确个人事业的发展。

8) 管理队伍必须具备适应公司需要的技能，创业者要勇于引进外来管理人，并做好自身定位。

5.风险资本如何选择项目

风险资本如何选择团队，创业者本人是融资成功的关键。除了拥有好的项目(如先进的技术)外,成功的融资人首先应具有优秀的品质。创业者本人要有：

1) 眼光；

2) 热情、激情；

3) 勇气、耐心、说服力；

4) 毅力、决心、信心；

5) 经济承诺；

6) 建立信任、团队精神、诚实可靠。

风险资本选择项目可从七个方面入手,进行选择：

1) 管理队伍；

2) 市场规模；

3) 市场成熟度；

4) 竞争；

5) 知识产权；

6) 盈利能力；

7) 定价。

全面地考虑风险因素：

1) 团队风险；

2) 商业战略风险；

3) 产品和技术风险；

4) 市场风险；

5) 经营风险；

6) 财务风险。

14.2 创业计划书案例及分析

14.2.1 创业计划书案例

案例详解：

创业计划书名称：青藏奔跑生态肉品有限责任公司创业计划书

创业理念：商者无域　相融共生　青藏奔跑　马超龙雀

创业团队：刘世伟　金绿玉　陈 璇　戴仰祖　苏振年　王 峥

指导老师：许云斐

所属院校：兰州商学院

获奖类型：第七届挑战杯中国大学生创业计划大赛全国铜奖

主办单位：共青团中央、教育部、中国科学技术协会、全国学生联合会

※第一部分　执行总结※

一、公司概况

青藏奔跑生态肉品有限责任公司是一家经营牛羊肉及禽肉的清真专营企业。公司本着“让人们吃得更幸福”的理念，为广大消费者提供源自广袤的玛曲大草原的原生态、无污染的好肉品。

青藏奔跑生态肉品有限责任公司采用“总部+精品门店”的营销形式。总部严格控制收购、屠宰、加工、配送及销售全过程，并引进相关设备，采用 ERP 技术，使所有店面信息适时反馈，从而提升公司的管理水平。精品门店采用标准化、“三统一”服务程序，统一装修，统一销售，统一培训，使所有店面与传统肉品店面在卫生质量管理方面有本质的区别。

青藏奔跑创业理念：商者无欲　相融共生　青藏奔跑　马超龙雀

商者无欲、相融共生：我们以创富报国为己任，从事商业活动是没有疆域和隔阂的，相互融合，互为条件，一起发展壮大。

青藏奔跑、马超龙雀：源自陇原，我们团队富有骏马般的激情，驰骋在广袤的青藏高原这块生态热土之上，怀揣超越龙雀的梦想，一路奔跑，一路向前。

二、各方利益分析

（一）供应商。

玛曲大草原有着得天独厚的自然条件，牧民众多。但多为粗放式养殖，产品销路窄，收入不稳定。我公司采用“公司+养殖大户+农户”的模式，使农户养殖标准化，能够彻底改变之前的局面，为养殖大户和牧民带来较高的收益。

(二)顾客。

越来越多的人开始注重生活质量,我公司本着"让人们吃得更幸福"的理念,为顾客提供优质的源自大草原的,且在整个加工、配送及销售过程中严格按照出口标准执行的生态牛、羊、禽肉。不仅满足顾客对质量的要求,更为其提供健康的食品理念。

(三)OEM 外包企业。

本着相融共生,互惠互利的理念,我们将与外包企业建立长期合作机制,诚信至上,最终达到双赢。

(四)公司人员。

我公司主要为下岗人员及文化程度较低的少数民族同胞提供就业岗位,并为其制定合理的职业生涯规划和岗位培训。不仅解决了他们的基本生活问题,还使他们掌握更多的信息和技能,更有归属感。

三、行业与市场

在兰州,清真食品消费占本地区人均食品消费的三分之一以上,同时清真系列肉制品也是本地区消费者最喜欢的消费品,其需求量远超其它消费食品。牛羊肉则占全部清真消费品的百分之四十以上。

※第二部分 项目背景※

一、产业背景

据不完全统计,甘肃省从 1990 年到现在,每年的牛羊肉产量呈逐年上升趋势,2006 年的产量是 1990 年的 3 倍,产量由 1990 年的牛肉 3.02 万吨增加到 2006 年的 14.33 万吨,羊肉由 3.83 万吨增加到 14.36 万吨。人们的牛羊肉消费也同期增长。兰州市 2006 年牛羊肉消费总量达 7.43 万吨,市场需求量为直线上升趋势。由此可见,随着兰州市政府加大对牛羊肉市场的整顿、卫生的管理和统一调配后,预计在未来几年内,兰州市牛羊肉市场的需求量还将持续升温。

二、产品销售市场

奔跑生态牛羊肉源自于大西北,首先在兰州市建立 28 个精品门店(直营),为兰州市民提供优质肉产品。随着公司的成熟与发展,销售网点将辐射到整个甘肃,统一宣传与营销,连锁式加盟,最后占领西北五省一半以上的牛羊肉市场份额。

※第三部分　市场机会※

一、目标市场定位

奔跑生态牛羊肉主要是向广大市民提供优质的牛羊肉,消费群主要包括:

固定消费群:消费清真食品的少数民族,城市白领阶层;

潜在消费者:闲暇时间较多的中老年人及家庭主妇。

二、SWOT 分析

(一)优势

1.公司化。目前公司采用先进的管理模式和销售方式,拥有完整的零售供应链,从商品包装设计到配送再到销售,都由专业的经营团队紧密结合与严格控制。统一采用标准化服务程序,对销售人员进行统一培训,店面网点统一销售、采购、定价,并引进电子网络终端条码秤设备,保证所有店面价格、销售量等数据信息的适时反馈,利于公司对市场价格的调控及干预,提升服务品质和管理水平。

2.产品质量无可挑剔。采用 OEM 代工方式提供清真肉品系列的十五种精分割肉和超过二十多种冷鲜及冷冻肉产品。生产过程中采用了国内电信最先进的 VPN 远程监控系统,在线实时监督,确保产品达到国家卫生部门的法律标准及规定,并从源头和各个环节上严把质量关,制定了极为严格的卫生标准,签约供应商和代工企业都必须通过被业内认定品质保证的 HALAL 清真认证,HACCP 产品质量认证,ISO9001、9002、2000 管理认证,以及 0℃恒温保鲜认证。且还要求 OEM 代工企业使用国内双检标准及第三方独立检疫,即实现卫检、国检和出口检验检疫的三重检验检疫标准。

3.推广食用排酸后的肉类产品。采用国际惯用的肉制品排酸技术和全程冷链保鲜技术以保证肉品的品质,此技术要求肉品要在排酸库中进行大于 48 小时的排酸处理,以保证肉品的食用安全,并使储存时间更长久。之后在运输、仓储、销售整个过程中应用的冷链保鲜技术,保证肉品从下线到销售给消费者的全过程中始终保持在 4℃~-1℃的环境中,这项技术的应用确保了消费者买到肉品的新鲜度,确立了以出口标准服务于本地的市场。保证肉品的新鲜、卫生、安全。

4.市场网络化,社会影响力强。公司组织培训了由五十多名 40 岁~50 岁下岗失业人员组成的团队,使团队成员在兰设立销售网点 23 个。其中城关区 13 个,七里河区 7 个,安宁区 1 个,西固区 2 个。均以店铺租赁方式遍及兰州市各大农贸市场及社区肉菜市场,面向客户主要为中低端消费群体。

5.原生态肉品。我公司肉品源自地处誉为“亚洲第一天然优质牧场”的玛曲草原核心区,海拔 3800 米,牧场畜禽保持半野生的游牧放养方式,吃高原药草,饮雪山冰水,沐浴在紫外线充分消毒的纯净天堂,造就了无可比拟的健康营养高品质。

(二)劣势

1.在本地区行业中的合作伙伴少。

2.目前在市场销售方面还不够专业。

3.没有稳定的客源及老顾客。

(三)机遇

1.政策机遇。甘肃省委提出的“中心带动”发展战略就是以兰州和白银为中心城市,做大做强,提升产业层次,为全省提供城乡一体共同发展的路子。且有兰白新区和兰北新区的战略机遇,使我们在兰的潜在顾客群体增加了两到三倍。

2.人们对生活质量要求的提高。在两会上,温家宝总理提出了“让人们活得更幸福”的观念,这意味随着社会的发展,人们质量意识逐步提高,对质量的要求与日俱增,人们都想买到安全、卫生、优质的牛羊肉,青藏奔跑生态牛羊肉致力于质量的严格控制,从源头开始,层层把关,保证牛羊肉的质量。

(四)挑战

1.市场竞争对手——甘肃天玛有限责任公司在市场上已经占有一定市场份额,要在成熟的市场杀出重围面临着很大的困难。

2.灵活多变的市场小商贩会取得一部分用户的信任,和他们争夺边缘化的市场。

※第四部分　公司战略※

公司整体战略:

第一阶段:增加顾客的数量

初期公司将采用各种宣传手段及营销推广方式扩大牛羊肉的销售，让广大市民品尝到真正原生态的牛羊肉。

第二阶段:增加顾客的粘合度

在打造顾客体验及增加顾客的同时，我们将致力于提供更优质的服务来增加广大顾客对奔跑生态食品的依赖。

第三阶段:公司实现盈利

在拥有巨大的消费群体及优良的管理渠道的基础上公司将实现全面盈利。

第四阶段:开发新的市场

新服务模式的开发及管理渠道的进一步完善,最大限度满足现有顾客的需求,并积极开发新的市场。

※第五部分　市场营销策略※

一、产品策略

根据菲力浦·科特勒的观点,产品是指能提供给市场以引起人们注意、获得、使用或消费,从而满足某种欲望或需要的东西。产品包含五个层次:核心利益层、一般产品层、期望产品层、附加产品层和潜在产品层。根据青藏奔跑的肉品特点,作以下分析:

核心利益层:顾客真正想要购买的服务或功能;

一般产品层:产品形式;

期望产品层:顾客购买产品时希望和默认的配套条件;

附加产品层:增加的服务和功能;

潜在产品层:未来的产品服务或功能等。

可见,肉品销售在未来的竞争并非基于简单的产品提供,而是基于核心利益层在各个产品层级上的竞争。把肉类产业真正做到以"消费者为中心"的发展阶段,就需要以"消费心理"和"消费过程"为中心,研究可为客户提供的附加产品和潜在产品,未来肉类产业的竞争将集中于附加产品和潜在产品的实现程度。一般来说,产品可以根据其耐用性和有形性,将其分为三大类:非耐用品、耐用品和服务;同时也可根据其最终用途将其分为消费品和工业品,而消费品又可分为方便品、选购品、特殊品和非渴求品。根据青藏奔跑肉品的特征,产品应定位于消费品中的方便品、选购品与非耐用品的交叉处。对于一般低档产品来说,顾客一般把其作为方便品来购买,购买决策考虑的因素较少,几乎不做比较或者做很少的比较;对于高档产品来说,顾客就会对其价格、替代品、产品品牌作较多的比较,要求售货员提供必要的咨询。

青藏奔跑肉品有限责任公司基于对本产品的分析，将所销售肉品主要分为以下两个档次:

1.精包装精分割肉及冷鲜产品。包括牛羊肉精分割肉礼盒系列及礼品袋系列;牛、羊、禽肉冷鲜礼盒系列及礼品袋系列。该类产品主要用于馈赠。

2.简包装肉。由一般包装袋或保鲜膜包裹直接入冷柜的肉品,主要用于日常食用。

二、价格策略

根据市场状况和品牌竞争状况,综合考虑产品生命周期、生产成本、产品特质等因素确定产品的价格，同时针对竞争激烈度和销售区域发达程度的不同赋予销售部门一定范围的价格决策权，是作为青藏奔跑肉品有限责任公司的基本价格战略。假定在一个计划期内各产品的目标成本一定,则以基本价格战略为基础,企业根据设定的定价目标,以及所涉产品的市场需求特性、竞争状况等要素对其定价方法进行决策。公司在竞争中不应只制定一种单一的价格,而要建立一种价格结构,它可以反映诸如地区需求和成本、市场细分密度、购买时机和其他因素等的变化情况。在提供了折扣、折让和促销后,一家公司很少能从各家经销商那儿获得相同的利润。青藏奔跑肉品有限责任公司采取如下价格战略:价格折让和折扣、促销定价。

(1)价格折让和折扣战略。为了刺激顾客的某种购买行为,例如及早付清货款、批量购买、淡季采购等,许多公司都将修改他们的基本价格,这些价格调整被称为折扣和折让,包括现金折扣、数量折扣、季节折扣和折让。

(2)促销定价战略。在销售淡季、重要节日、竞争对手发动促销和新品上市时,可采用促销定价战略,对青藏奔跑肉品有限责任公司来说,可用现金折扣和搭售等竞价促销方式,即利用特殊条件和时间向顾客提供现金折扣,刺激其购买产品,也可在新品上市时,采用畅销品搭售新品或畅销品与低价品捆绑销售的方式搭售。

根据市场环境适当降价和提价是现在公司经营中经常采用的战略,肉制品作为竞争激烈的非耐用消费品,其价格变化也较为频繁,那么在价格变化后引起市场参与各方的反应是公司应该关注的问题。主要问题如下:

(1)顾客对价格变更的反应。体现在两个方面:首先,降价的反应。降价有主动降价和被动降价,被动降价一般是为了适应市场竞争者的价格战略而采取的适应性措施,顾客对此反应不会特别强烈。主动降价一般可能得出下面几种解释:这种产品将被最新产品所替换;这种新产品有某些缺点,销售情况不好;这个企业在财务方面有些麻烦,它是否会继续经营下去;这个价格甚至还会进一步下跌,等待观望是合算的;或者这种产品的质量已经下降。应该讲,这几种期望或者理解都会出现,没有消费者会认为是企业采取先进的技术,降低了成本,让利于消费者的。因此,公司在采取降价战略时应慎重,特别是对新产品和低温系列产品而言。其次,提价的反应。提价通常会阻碍销售,也可能给买方带来某些积极的意义。对于熟制品来说,消费者已经形成了一个基本的共识,即各种熟肉制品的价格在长期呈现出一个下降的趋势,提价会直接带来替代品的销售。因此,公司在采取提价时必须在产品层次上有一定的创新,如包装形式或规格的变化,品质的提高或服务的增加等。

(2)竞争者对价格变更的反应。对于青藏奔跑肉品有限责任公司所处的肉品行业来说,市场竞争较为集中、产品基本同质、买卖者消息特别灵通,竞争者会很快对价格的变动做出反应。对于降价来说,竞争者可能作不同解释:竞争者可能推测出公司正试图悄悄夺取市场;可能推测公司经营情况不佳并企图增加销售量;或者公司希望整个行业减价以刺激总需求。对于熟肉制品行业来看,降价是占领市场的信号,因此,竞争者产品的降价必然会引起他方的激烈反应,而差异性产品的价格变动一般不会立即引起他方反应。

三、营销渠道策略

青藏奔跑肉品有限责任公司采用直营的方式，在兰州市设立销售网点28个。其中城关区10个，七里河区8个，安宁区3个，西固区2个，榆中县2个，永登县1个，皋兰县2个。均以店铺租赁方式在居民户集中的地点设精品门店。

为了有效激励销售渠道成员，公司制定了完善的激励政策。首先，青藏奔跑肉品有限责任公司同总部签订了明确的目标考核责任书，实行公司内部交易价格的管理办法，制定了内部买卖的具体工作程序；其次，总部制定了详细的市场管理和考核办法，建立了销售员与其销售业绩紧密挂钩的销售制度，销售员的收入由工资、回款提成和奖金构成，根据市场状况确定了年销售额任务，使得销售渠道中各部门能够按照市场经济的规律运作。

肉类产品属于非耐用消费品中的方便品及选购品的产品属类及特征，以及中国零售业的变革趋势，决定了青藏奔跑肉品有限责任公司营销渠道的目标为：一方面，能够对消费品零售系统进行密集分销，实现对大型零售窗口的掌控和各级零售网点的有效覆盖，并能为之提供满意服务。另一方面，随着消费供求关系的转化，渠道中经销商之间的竞争也越来越激烈，坐商越来越少，行商越来越多，特别是网络商、城市直销商因其在配送、服务和分销能力等方面的优势，同时也成了上游厂商和下游零售商的首选合作伙伴。青藏奔跑肉品有限责任公司必须把握在流通领域已发生，并且正在不断深化的这一变革性进程，对现有的渠道模式进行合理选择，采用直接垂直式营销模式构建公司的渠道系统。

四、促销策略

1. 销售促进战略。青藏奔跑肉品有限责任公司必须高度重视销售促进在市场竞争中的地位。因为我公司的广告预算有限，且需树立市场信心，销售促进战略定位：针对产品流动的全过程，即业务人员和消费者分别进行销售促进，选择有效的销售促进工具，加强对销售促进方案的制定、测试、实施、控制和评价的管理，以达到提高市场份额、建立品牌信誉的目标。

2.人员促销战略。公司必须清楚地认识到人员促销在中国文化背景下在现阶段的重要意义，并根据肉品市场的特点来确定人员促销战略。

(1)人员促销基本战略。加强业务人员培训，提高其推销技术，针对不同促销目标采用不同方法，积极开发和建立关系营销。对不同的促销目标采用不同的促成方法：对门店销售人员主要介绍所推荐产品的差异化、优势、折扣政策及促销支持，以及其他门店的优良业绩等；对消费者主要由促销员在现场展开，介绍我公司肉品自生产至销售的全过程。总之要求业务人员通过讲解、示范来打动目标客户，以良好的沟通技巧和对意见的正确处置来促成交易。

(2)为目标客户选派优秀的关系经理，并对相关业务进行关系营销培训；制定关系营销管理计划,对重点目标客户的支持、保护及所需的内外部资源做出规定。每年对关系营销体系进行评价改进。

3. 公共关系战略。在广告费用缺乏的情况下,必须有效的利用公共关系开展营销活动。

(1)建立总体营销目标。建立品牌形象、促进产品销售应作为一段时期内青藏奔跑肉品有限责任公司公共关系的总体营销目标。

(2)选择恰当的公共信息。包括:企业建立后的新机制、新形象、产品质量严格控制等。

(3)选择适宜的公共载体。包括:报纸、电视、电台广播,召开新闻发布会,赞助某个弱势群体进行条件创造,参加与健康相关的公益活动等。

※第六部分　公司筹建※

一、公司选址

公司总部——兰州

肉源基地——玛曲

销售基地——兰州

二、公司软硬购置及人员安排

(一) 公司三年设备清单:

1.工具和设备

根据预测的销售量,企业(机构)拟购置以下生产经营设备:

名 称	数 量	单 价	总费用(元)
电子终端秤设备	28/台	3685/台	103180
标准梯形熟食柜	28/台	20130/台	563640
大门陈列柜	28/台	22836/台	639408
直冷柜	28/台	6567/台	183876

供应商名称	地 址	电话或传真
上海寺岗电子科技公司	上海金山区亭林开发区	
兰州菱智淇电子公司	城关区火车站东路 226 号	

2.交通工具

根据交通及营销活动的需要,拟购置以下交通工具:

名　称	数　量	单　价	总费用(元)
五十铃大型配送车	1 辆	320000	320000
小型配送车	1 辆	265000	265000
供应商名称	地　址	电话或传真	
郑州豫龙五十铃汽车公司	河南省郑州市天荣汽车港 C13 区		

3.办公家具和设备

名　称	数　量	单　价	总费用(元)
计算机	6 台	3600	21600
办公桌椅	7 张	350	2450
文件柜	3 个	750	2250
打印复印机	2 台	3700	7400
其它办公设备		3000	3000
供应商名称	地　址	电话或传真	
兰州北佳电子技术开发公司	城关区渭源路 69 号		
兰州兰大电脑城	盘旋路什字东南侧		

(二) 公司初期人员安排：

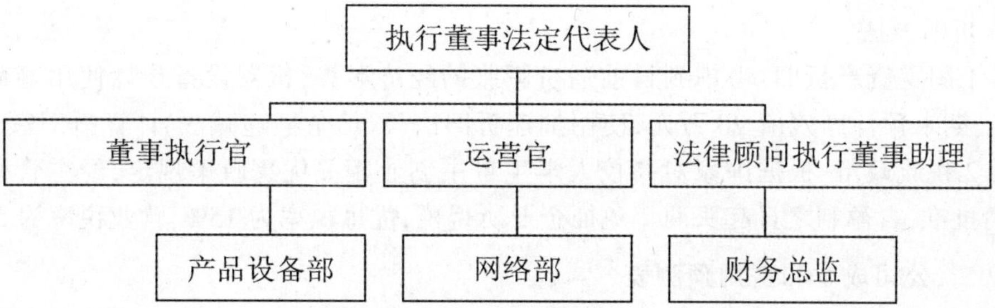

※第七部分　投资分析※

一、投资规模

公司注册资本为 300 万元,固定资产为 165.19312 万元,公司人员 7 人。

二、融资计划

公司成立初期筹集资金 300 万元，其中风险投资 150 万元，银行借款 100 万元,青藏奔跑生态肉品有限责任公司投资 50 万元,在公司运行的第二年、第三年,将增加 50 万元的短期借款,以此改善现金流动状况并达到较合理的资产负债比。

融资结构 单位(万元)

资金来源 资金规模	银行借款	风险投资	公司投资
金额	100	150	50
比例	33.33%	50%	16.67%

三、资金运用计划

本公司以生态肉品经营为主要业务,筹来的资金主要用于购买固定资产(冷鲜设备、运输车辆等),以及公司运行过程中支付人员工资、广告费用、管理费用、业务推广等。

四、项目可行性分析

(一) 净现值(NPV)=219555.7762 元

(二) 投资回收期=原始投资额÷每年营业净现金流量=4.05

一般来说投资回收期越短,项目的经济效果越好,风险越小,若回收期小于预期的投资回收期,则投资方案可行。

※第八部分 财务分析※

一、财务假设

折旧方法:

1.固定资产折旧:考虑到目前通货膨胀的经济形势,机器设备预计使用寿命为5 年,期末预计净残值 20 万元,使用加速折旧法(双倍余额递减法)计算折旧额。

2.税收政策:根据国家对高校大学生自主创业相关优惠政策规定,经主管税务部门批准,自盈利之日起头两年免征企业所得税,优惠税率为 15%,营业税率为 5%。

二、公司成本和费用预测表

公司成本和费用预测表 单位(万元)

	项目	费用
成本	直接人员工资	4.8000
	固定资产折旧	36.70108
	原材料	866.8800
管理费用	办公用品	3.3700
	管理人员工资	0.96
	场地租金	6.3
销售费用	广告费用	0.6
财务费用		7.56

注:1.固定资产折旧:固定资产原值 165.19312 万元,预计净残值 20 万元,采用双倍余额递减法。

2.销售费用:初期广告费用 0.6 万元。

3.财务费用:银行借款 100 万元,年利率 7.56%,期限三年。

三、会计报表

(一)资产负债表

编制单位:青藏奔跑生态肉品有限责任公司　　　年　月　日　　　单位:万元

资产	期初数	期末数	负债和所有者权益	期初数	期末数
流动资产:			负债:		
银行存款	981058	1699807.04	长期负债		
应收款			短期负债	1000000	1000000
成品			应交税金		124492.76
原料		270725.56	一年内到期的长期负债		
流动资产合计	981058	1970532.6	负债合计		1124492.76
固定资产:			所有者权益:		
土地和建筑			股东资本	2000000	2000000
机器与设备	2018942	1651931.2	利润留存		
在建工程			年度净利		497971.04
固定资产合计	2018942	1651931.2	所有者权益合计	2000000	2497971.04
资产总计	3000000	3622463.8	负债和所有者权益合计	3000000	3622463.8

(二)预测利润表

编制单位:青藏奔跑生态肉品有限责任公司　　　年　月　日　　　单位:万元

项目	算符	本年数
销售收入		10250520
直接成本	–	8716800
毛利	=	1533720
综合费用	–	668738.16
折旧前利润	=	864981.84
折旧	–	367010.8
支付利息前利润	=	497971.04
财务支出	+/–	
税前利润	=	497971.04
所得税	–	0
净利润	=	497971.04

(三)现金流量表

编制单位：青藏奔跑生态肉品有限责任公司　　年　　月　　日　　　单位：万元

		1	2	3	4	5	6	7	8	9	10	11	12	合计
现金流入	现金	2750000	110695..84	216545.84	338355.84	455965.84	563915.84	671865.84	779815.84	887765.84	1005375.8	1146505.8	1326275.8	10253084.24
	收入	626640	721140	832860	798420	738360	738360	738360	738360	798420	952980	1193220	1373400	10250520
	可支配现金	3376640	831835.84	1049405.8	1136775.8	1194325.8	1302275.8	1410225.8	1518175.8	1686185.8	1958355.8	2339725.8	2699675.8	20503604.24
现金流出	酮体牛	272160	302400	332640	332640	302400	302400	302400	302400	332640	393120	514080	604800	\
	酮体羊	181440	201600	221760	221760	201600	201600	201600	201600	221760	262080	342720	403200	\
	蛋类品	45360	60480	75600	60480	60480	60480	60480	60480	60480	75600	75600	75600	\
	禽类品	30240	45360	75600	60480	60480	60480	60480	60480	60480	75600	75600	75600	\
	工资	4800	4800	4800	4800	4800	4800	4800	4800	4800	4800	4800	4800	\
	租金	276000	\	\	\	\	\	\	\	\	\	\	\	\
	营销费	500	500	500	500	500	500	500	500	500	500	500	500	\
	事业费	150	150	150	150	150	150	150	150	150	150	150	150	\
	保险费	5330.16	\	\	\	\	\	\	\	\	\	\	\	\
	注册费	3000	\	\	\	\	\	\	\	\	\	\	\	\
	工具设备	1490104	\	\	\	\	\	\	\	\	\	\	\	\
	交通工具	585000	\	\	\	\	\	\	\	\	\	\	\	\
	家具设备	36700	\	\	\	\	\	\	\	\	\	\	\	\
	店铺建造	63000	\	\	\	\	\	\	\	\	\	\	\	\
	税金	0	0	0	0	0	0	0	0	0	0	0	0	0
	总支出	3265944.16	615290	711050	680810	630410	630410	630410	630410	680810	811850	1013450	1164650	11465494.16
月底现金		110695.84	216545.84	338355.84	455965.84	563915.84	671865.84	779815.84	887765.84	1005375.8	1146505.8	1326275.8	1535025.8	9038110.08

四、财务指标分析

企业获利能力分析

财务指标	
资产报酬率	11.56%
销售毛利率	14.96%
销售净利率	3.64%
成本费用净利率	9.37%

注：资产报酬率=净利润÷资产平均总额×100%

销售毛利率=销售毛利÷销售收入净额×100%

销售净利率=净利润÷销售收入净额×100%

成本费用净利率=净利润÷成本费用总额×100%

资产报酬率是用来衡量企业利用资产获取利润的能力，它反应了企业总资产的利用效率；销售毛利率反映了企业的销售成本与销售净额的关系，毛利率越大说明在销售收入净额中，销售成本所占比重越小，企业通过销售获取利润的能力越强；销售净利率说明了企业净利润占销售收入的比例，它可以评价企业通过销售赚取利润的能力；成本费用净利率反映了企业生产经营过程中发生的耗费与获得的收益之间的关系，这一比率越高说明企业为获取收益而付出的代价越小，企业的获利能力越强。根据以上三年财务指标的对比，可以看出公司通过第一年的成本费用大量投入保证了以后年度的获利能力并且获利能力成上升态势。

五、杜邦分析系统图

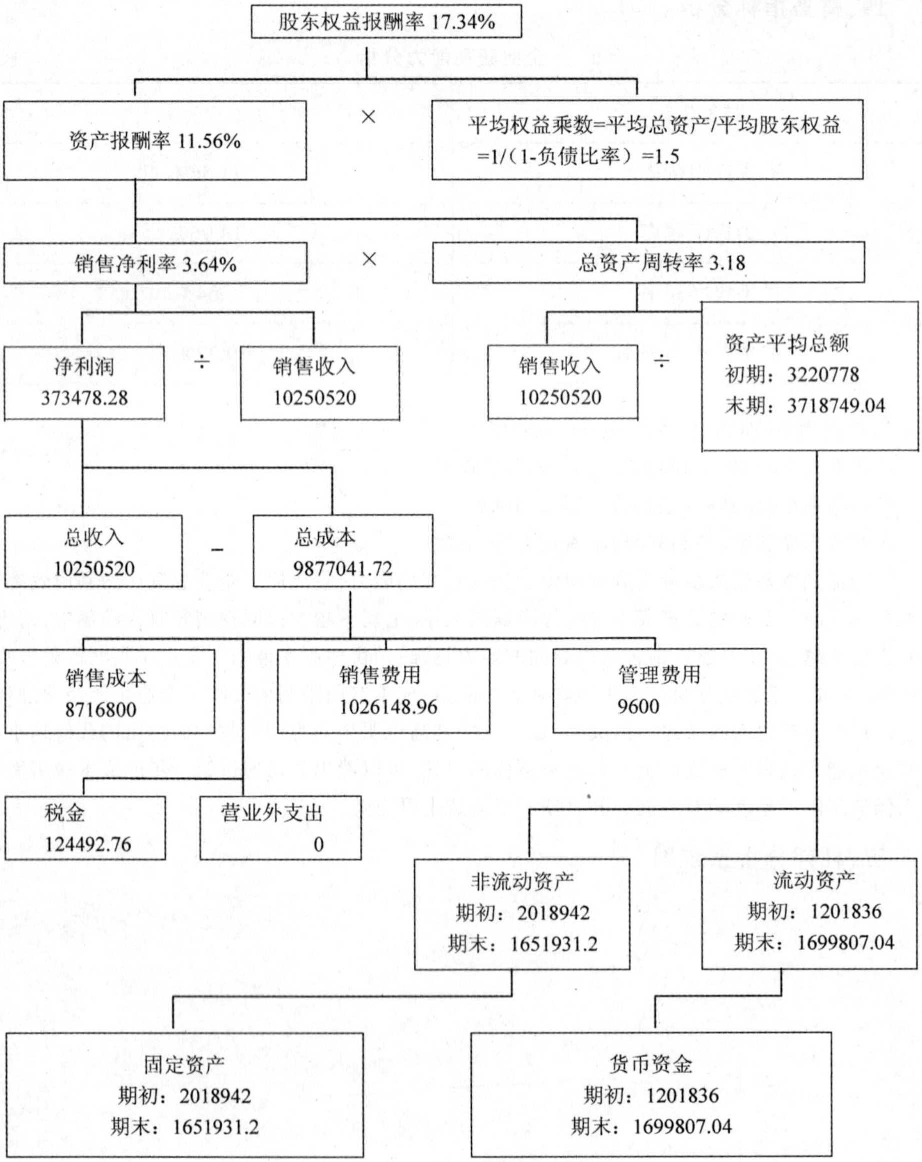

图 14–1 杜邦分析系统图(单位:元)

※第九部分 管理体系※

一、公司性质

有限责任公司

二、公司整体组织形式

(一)公司总部目前组织形式

青藏奔跑生态肉品有限责任公司内部实行直线式组织形式：

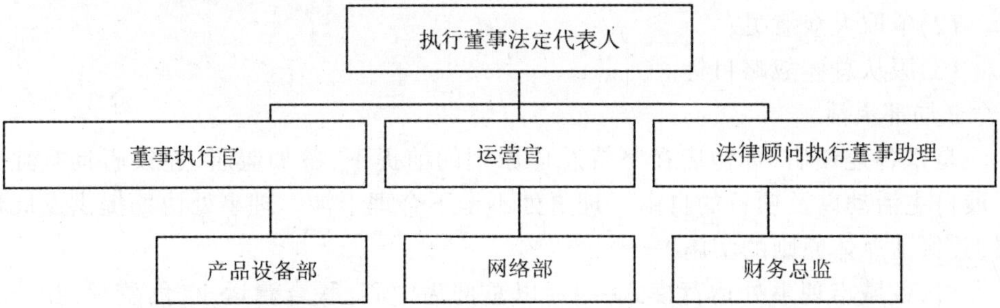

(二)公司渠道管理结构

由于在以后发展中,全国会以兰州的直营精品门店为样板建立很多加盟店、连锁店,除兰州的直营门店外,各分店自主经营、自负盈亏,与总店没有直接的隶属关系,因此专门设立了渠道管理部,在各个区域建立城市理事处,负责指导所在区域分店的推广与运营。

理事处职能详解：

1.各理事处经理代表总部对所辖区域加盟店、连锁店进行管理。

2.进行加盟店、连锁店的拓展。

3.带领各加盟店、连锁店策划区域的推广活动,组织广告、公关策划活动,并拓展区域内业务。

(三)分店营运团队组织模式

分店营运团队主要负责本店的业务拓展,广告公关策划,维护本店正常运转,隶属于地区理事处。

(四)加盟店组织模式

各加盟店自负盈亏,每年向地区理事会缴纳一定加盟费,服从地区理事会的统一管理,享有地区理事会的广告推广业务。

三、公司管理

(一)管理模式

渠道管理,首先就是需要有事实基础作为支撑,然后才会有渠道管理模式的设计、执行和调整。例如渠道管理的一个基础方向“渠道培训”,我们需要调查加盟团队的可能受训时间,对培训方式的需求及认可程度,现在运营所处阶段及各个阶段主题面临的主要问题等。因此我们的管理模式采用渠道管理。

(二)渠道管理模式详解

渠道管理模式的定位——“统一合作,局部灵活”

1.统一合作

是指形成以地区理事处为核心的城市连锁加盟体系,将公司的项目发展目标,逐渐辅助加盟连锁店,共同确立统一的发展原则。原则包括:

(1)友好合作;

(2)争取大众意见;

(3)服从总体战略目标。

2.局部灵活

是指各连锁店、加盟店在坚持总体原则的前提下,各加盟店、连锁店具有独立开展自主活动以及项目的自由,理事处不予不合理干涉。理事处协助提供发展建议,并保证总体原则的实施。

(1)各城市理事处运营模式——"以总部为中心,联合营运,自负盈亏,互帮互助。"

(2)城市理事处负责人隶属总部正式员工,享受总部员工的正式待遇,工资采取浮动工资的方式。

四 、管理发展方向

公司的管理将以合作化人性管理思想为指导,以目标管理为基础,同时实施数字化管理、知识管理的方向发展。

(一)目标管理:将公司三年发展规划确定的目标层层分解、落实,明确责任,以目标为尺度进行考核。

(二)数字化管理:利用先进的信息技术建立公司的内部网络,实现资源共享与信息的快速传递。

(三)知识管理:知识经济时代,企业竞争优势来自对知识资源的开发和利用。公司将建立基于内部网络的知识库,完善知识共享体制,培养和提高公司的集体创造力。

※第十部分　机遇与风险※

一、机遇

随着社会的发展,人们的质量意识逐步提高,对质量的要求与日俱增,人们都想买到安全、卫生、优质的牛羊肉,青藏奔跑生态肉品公司致力于质量的严格控制,从源头开始,层层把关,保证牛羊肉的质量。

二、风险

企业与风险总是联系在一起的。成功的实现创业设计并不仅仅是敢于冒险,而是在懂得如何分析风险的大小后以便看清自身承担的能力。就此创业设计而言,其风险可分为以下几类:

(一)外部风险

1.政策风险是指政府机构对企业进行政策上的干预,制定一些影响肉类产品空间扩展的文件,阻碍限制企业的发展。

2.加盟店、连锁店能力的不确定性。

3.潜在竞争者的加入。

4.风险投资以及银行贷款的风险。

5.灵活多变的市场小商贩会取得一部分散户的信任,和他们争夺边缘化的市场。

(二)内部风险

1.市场预测能力的风险:也就是指计划的决策者对市场的洞察力是否有偏差,而这种偏差的大小就决定了计划能否成功推广。

2.市场运作能力风险:公司建立后,公司的管理层和运营层是否能按照决策层的思想去贯彻和落实。

三、解决方案

(一)外部风险的解决方案

1.敏锐的把握国家政策,逐步地、分阶段地实施计划,尽量减少政策方面的风险所带来的损失。

2.加强对各加盟店、连锁店的培训管理。总部始终做到主动联系各个连锁店、加盟店并及时处理问题。

3.不断拓展业务与市场,使自身不断处于本领域的领先地位。

4.增加广告投入,完善市场。

(二)内部风险的解决方案

1.首先,市场分析的资料全部来源于可靠的咨询调查公司或政府机构;其次,在制定计划时战略发展方面还邀请资深业内人士配合在计划的不同战略发展时期作出决策。组织具有专业素质的营销队伍,完善和强化总部的管理及推广策略方案。

2.市场运作的成败取决于管理者的管理能力及市场的分析和把握能力。人才是关键,企业要面向全社会公开招聘人才,并通过一系列措施来保障公司计划的实现。

※第十一部分　风险资本的退出※

一、公司上市

风险投资一个重要的推出方式就是促使被投资企业直接上市。公司经过较长年限的经营,发展到适度规模后风险投资机构可以利用在证券市场上市的机会,帮助公司“直接上市(IPO)”或者“间接上市(买壳)”,从而使风险投资得以套现退出。

二、积极推进以并购方式退出

新的战略投资机构购买现有的风险投资者的股份,早期风险投资者以此实现资本退出。

三、企业出售

企业整体出售给新的投资机构和投资人,原有风险投资人根据其持有的股份比例获得收益,从而实现风险资本的退出。

四、股权转让

公司在保持每年具有一定盈利规模的情况下,但因种种原因不够上市要求和条件,或在几年之内无法尽快上市,风险投资人可以选择股权转让实现风险资本的退出。股权转让可以通过投资机构或者风险投资人自由的渠道完成,如促成不同投资机构或投资人之间的股权转让。

五、股份回购

针对于早期风险投资退出,公司的管理层可以选择股份回购风险资本。

14.2.2 创业计划书案例分析

案例优点:

1.青藏奔跑生态肉品有限责任公司创业计划书创新性较好。把西北饮食中牛羊肉分散经营进行规模化连锁,把生产、渠道、销售等环节整合到创业计划书中,使整个产业链得到优化。

2.创业计划书十一个部分内容完整,创业理念新颖,立意深远,有地域特色。

3.青藏奔跑生态肉品有限责任公司投资财务预算合理。

4.计划书文字通畅、表述准确、排版规范、装帧整齐。

案例不足:

1.青藏奔跑生态肉品有限责任公司的渠道策略有待完善,与分散经营企业如何差异化竞争,需要把企业核心优势提炼到位。

2.投资财务分析中,有些预计指标数据需要进一步推导,机遇与风险部分和风险资本的退出部分内容需要更加详细的阐述。

参考文献

[1]刘良惠、赵小宁.ERP 沙盘博弈对抗实验教程.清华大学出版社,2011.

[2]罗鸿.ERP 原理·设计·实施.电子工业出版社,2002.

[3]陆安生、吴巍.ERP 原理与应用.清华大学出版社,2010.

[4]樊晓琪、周曙红、彭伟斌.ERP 沙盘实训教程及比赛全攻略.立信会计出版社,2009.

[5][美]托马斯·H·达文波特.ERP 必备指南.机械工业出版社,2002.

[6]朱春燕.ERP 教育在中国——360°谈信息化人才的需求与培养.清华大学出版社,2006.

[7]王新玲、陈利霞、王刚.会计信息系统实验教程——用友 ERP-U8.61.清华大学出版社,2010.

[8]李湘琳、张文、傅仕伟.财务管理系统实验教程——金蝶 ERP K/3 V12.1 版.清华大学出版社,2010.

[9]SAP 企业网站:http://www.sap.com/

[10]ORACLE 企业网站:http://www.oracle.com/

[11]浪潮企业网站:http://www.sap.com/

[12]用友企业网站:http:// www.ufida.com.cn/

[13]金蝶企业网站:http:// www.kingdee.com/

[14]商道企业网站 http://www.premking.com.cn/

ERP 软件平台

[1]用友《创业者企业模拟经营系统 V4.0》

[2]金蝶《创业之星——大学生创业模拟实验室》

[3]派金《“商道”企业经营模拟系统》